韓復榘

傳說與史實對比研究

本書利用真實可信的原始檔案文獻，努力恢復韓復榘的歷史本來面目，不掩非，不飾是，不拔高，不貶低，每一章都從有關韓復榘的傳說入手，在傳說和檔案文獻的對比研究和考證，逐漸得出真實可信的結論，和原始事實經委。

(美)劉正 著

元華文創

作者介紹

劉正，著名美籍華裔歷史學家、古文字學家和經學家。族名劉元正。籍貫北京市。清代學術世家直系後裔，高祖系著名歷史學家和經學家、同治三年進士劉鍾麟。日本大阪市立大學文學博士、日本京都大學博士後。曾任日本愛知學院大學、日本京都大學、武漢大學、中國人民大學、華東師範大學教授、研究員等。是中外多所大學的兼職教授和客座教授。是中國殷商文化學會理事、中國文字博物館學術委員、中國國際易學研究中心理事、美國國際考古學暨歷史語言學學會等學術機構常務理事。

迄今為止在國內外發表學術論文一百七十餘篇。另有有關商周歷史和古文字研究、金文學術研究、國際漢學研究、傳統經學研究、近代歷史和人物研究等方面學術專著四十餘部、總篇幅達到一千二百餘萬字在海峽兩岸出版。其中，所撰《中國易學》、《陳寅恪史事索隱》、《京都學派》、《圖說漢學史》、《陳寅恪別傳》、《造神與造假》、《閒話陳寅恪》、《傅斯年：價值取向與歷史學》、《國際易經學史》、《中國彝銘學》等專著皆名傳一時的暢銷書。論文《從觀象系辭說到乾卦之取象》獲中國中青年哲學工作者最新成果交流會優秀論文獎，《筮短龜長說的成立史研究》獲馬來西亞主辦第十二屆國際易學大會優秀論文獎，博士學位論文《東西方漢學発展史の研究》獲得日本國大阪市立大學優秀博士畢業生「總代」稱號（等同於中國的優秀博士畢業生）等。多篇學術論文被譯為英、日等文字在海外發表。二〇一五年夏移民美國，當選為美國中華書院學術委員會副主任。二〇一六年夏當選為美國漢納國際作家協會副會長。二〇一七年六月至今，就任美國國際考古學暨歷史語言學學會（聯合國教科文組織備案認可）會長及學刊發行人。

書前題記

韓復榘認為：

丟失山東他可以為此負責。但是丟失東北、丟失南京，誰又該對此負責?!

韓復榘又認為：

既然已經是全面抗戰，在山東抗戰和在河南抗戰有何區別?!難道武勝關不是一個最佳的阻止日軍南下的戰略要塞?!

韓復榘再認為：

為何非要在泰山山脈一帶打游擊？怎麼可以得到中央支持和部隊後援補給?!

韓復榘認為：

既然蔣介石多次提出讓他把山東各個銀行的現金攜帶出來，交給中央政府，山東的經濟民生怎麼辦？軍隊供給怎麼辦？這難道不是中央要放棄山東戰場又是什麼?!

韓復榘又認為：

他執行了蔣介石的焦土抗戰政策，焚毀了山東各地大大小小的日本企業，配合焦土抗戰打擊日軍，何錯之有?!

韓復榘再認為：

在山東多地戰場與日軍進行了半年多的大小激戰，在敵強我弱又得不到中央軍的支持和援助後才進行的戰略撤退，並且立刻致電給蔣介石，向蔣彙報，蔣為什麼沒有反對和制止他的戰略撤退?!

如此等等，涉及到了很多很多的蔣、韓之間的相互往來電報、蔣介石下達的軍事命令和韓復榘的立刻執行行為，當然更有蔣介石信任的在韓軍中的監軍蔣伯誠的為韓復榘軍事行動、尤其是撤退戰略的解釋，全可以充分支持韓復榘的反駁。這些太多太多的話題、原始檔案和當事人見證材料，無論我們再怎麼陳述，都無法改變一個歷史事實：

——在蔣介石最需要殺人祭旗以振奮民族精神的時候，他選擇了韓復榘！

韓復榘並非歷史傳說的那樣為了保存實力就一槍不發地丟掉了濟南、濟寧、大汶口等地！他也絕非私下裡與日軍有協議或謀逆！歷史真相究竟如何，讓我們在利用了中、日兩國最新解密的機密檔案和原始材料的基礎上，努力加以還原，瞭解韓復榘最真實的歷史和內心世界！

韓復榘青年時代像

山東省主席時期韓復榘像

河南省主席時期韓復榘像

韓復榘夫妻在北京萬安公墓墓地

韓復榘遺族合影

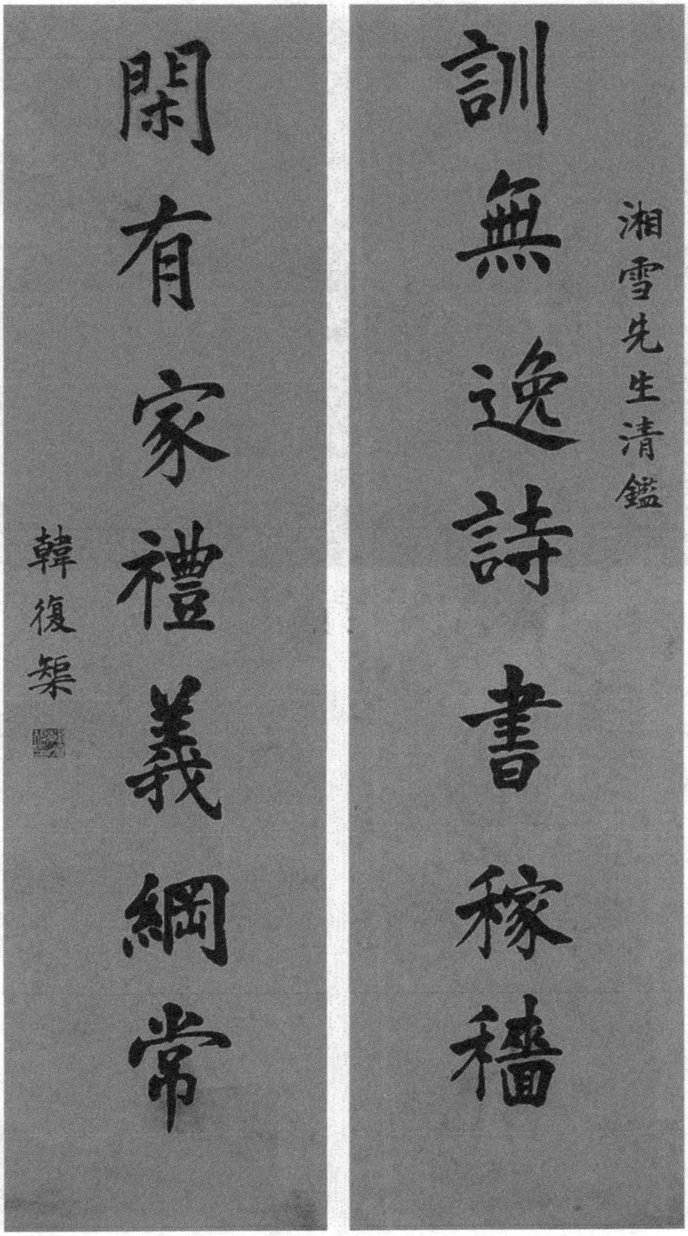
湘雪先生清鑑
訓無逸詩書稼穡
閑有家禮義綱常
韓復榘

韓復榘書法

韓復榘之孫韓宗喆先生和本書作者在京合影

正在演練意拳平推試力的韓嗣煌先生

韓復榘之子、意拳大師韓嗣煌先生

如今的韓復榘後代家人合影

韓復榘後人撰寫的有關韓復榘的兩部暢銷書：
《我的父親韓復榘》和《韓復榘與西北軍》

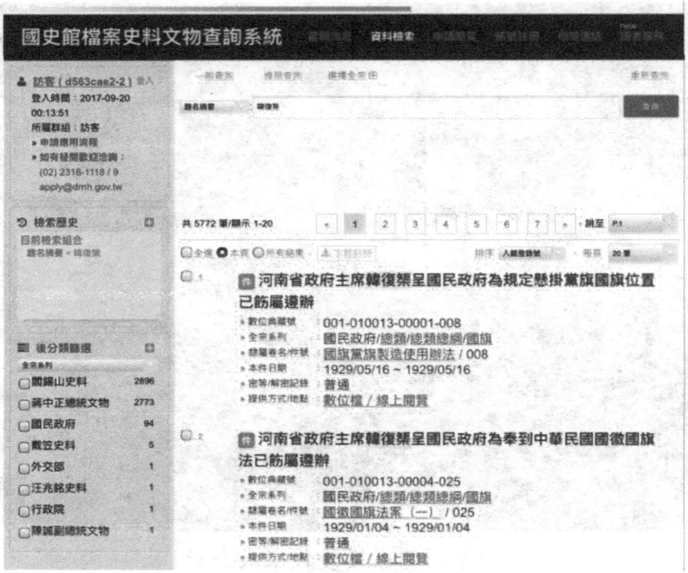

臺灣國史館保存的韓復榘「題名查詢」檔案5772件

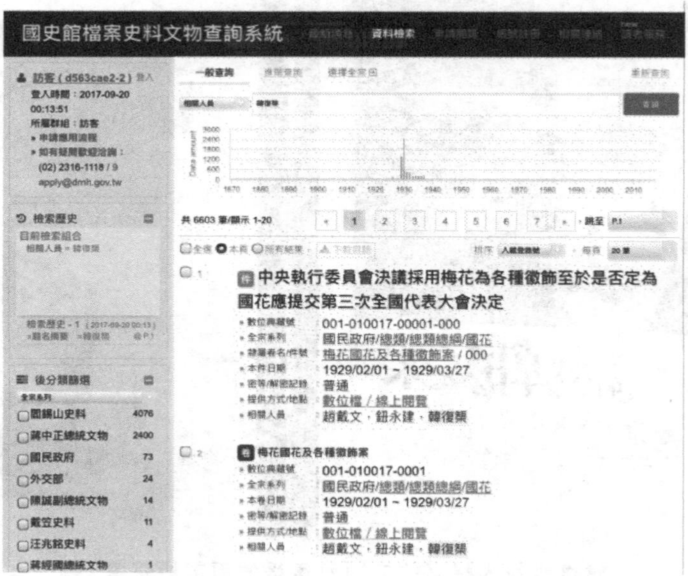

臺灣國史館保存的韓復榘「相關查詢」檔案6603件

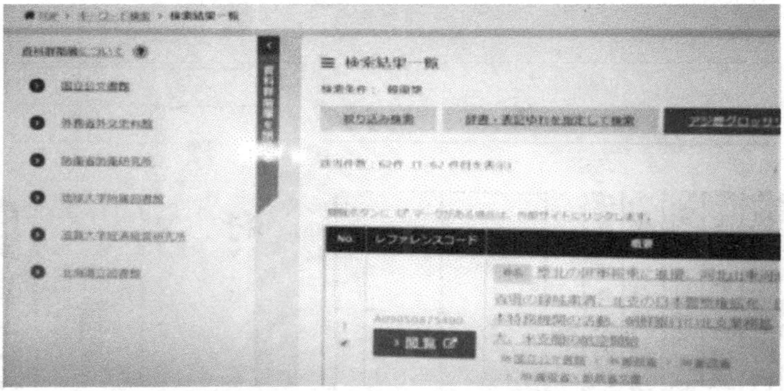

日本國立檔案館保存的題名「韓復榘」62件檔案

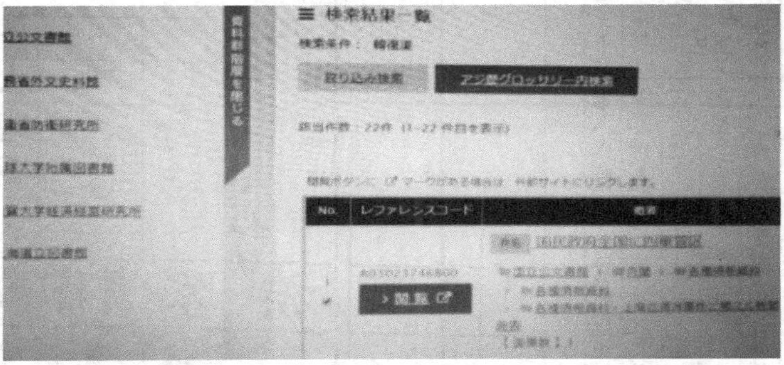

日本國立檔案館保存的題名「韓復渠（榘）」22件檔案

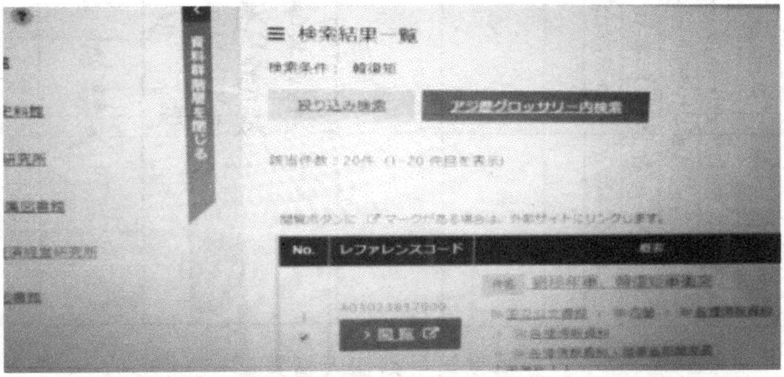

日本國立檔案館保存的題名「韓復矩（榘）」20件檔案

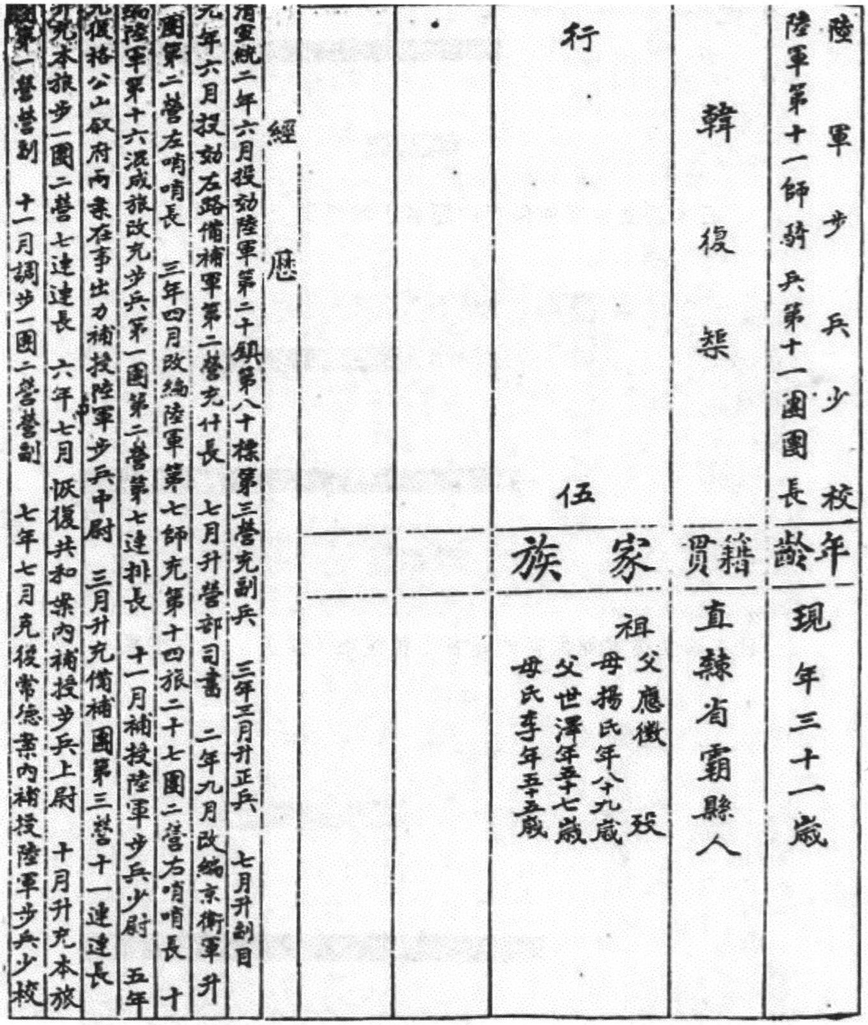
陸軍步兵少校
陸軍第十一師騎兵第十一團團長

年齡　現年三十一歲

籍貫　直隸省霸縣人

韓復榘

家族
祖父應徵　歿
母揚氏年八十九歲
父世澤年五十七歲
母氏李年五十五歲

行伍

經歷
清宣統二年六月投効陸軍第二十鎮第八十標第三營充副兵　三年三月升正兵　七月升副目
元年六月投効左路備補軍第二營充什長　七月升營部司書　二年九月改編京衛軍升
團第二營左哨哨長　三年四月改編陸軍第七師充第十四旅二十七團二營右哨哨長　十
編陸軍第十六混成旅改充步兵第一團第二營第七連排長　十一月補授陸軍步兵少尉　五年
克復格公山叙府兩案在事出力補授陸軍步兵中尉　三月升充備補團第三營十一連連長
升充本旅步一團二營七連連長　六年七月恢復共和案內補授步兵上尉　十月升充本旅
團第一營營副　十一月調步一團二營營副　七年七月克復常德案內補授陸軍步兵少校

韓復榘早期個人檔案

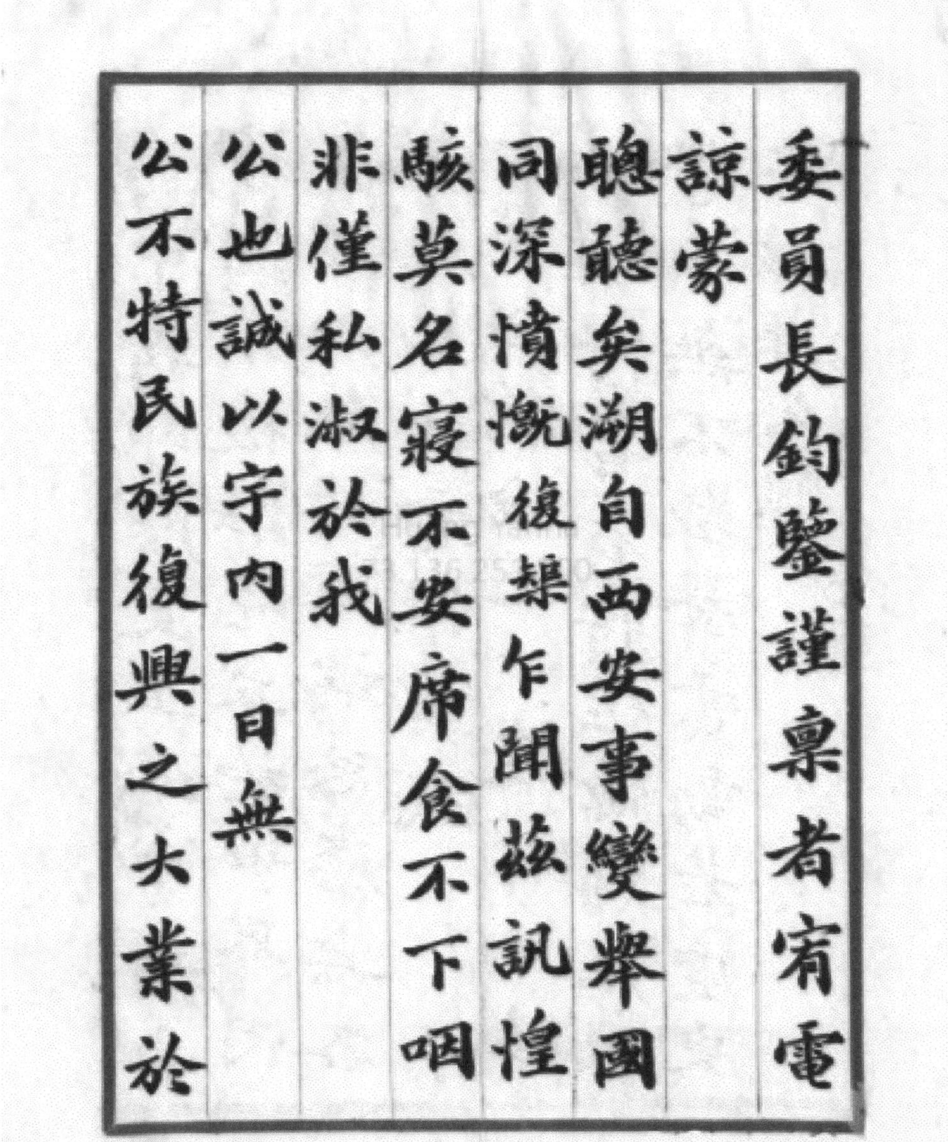

委員長鈞鑒謹稟者甯電
諒蒙
聰聽矣湖自西安事變舉國
同深憤慨復榘乍聞茲訊惶
駭莫名寢不安席食不下咽
非僅私淑於我
公也誠以宇內一日無
公不特民族復興之大業於

西安事變中韓復榘致蔣介石親筆信第一頁
（首次公開機密檔案）

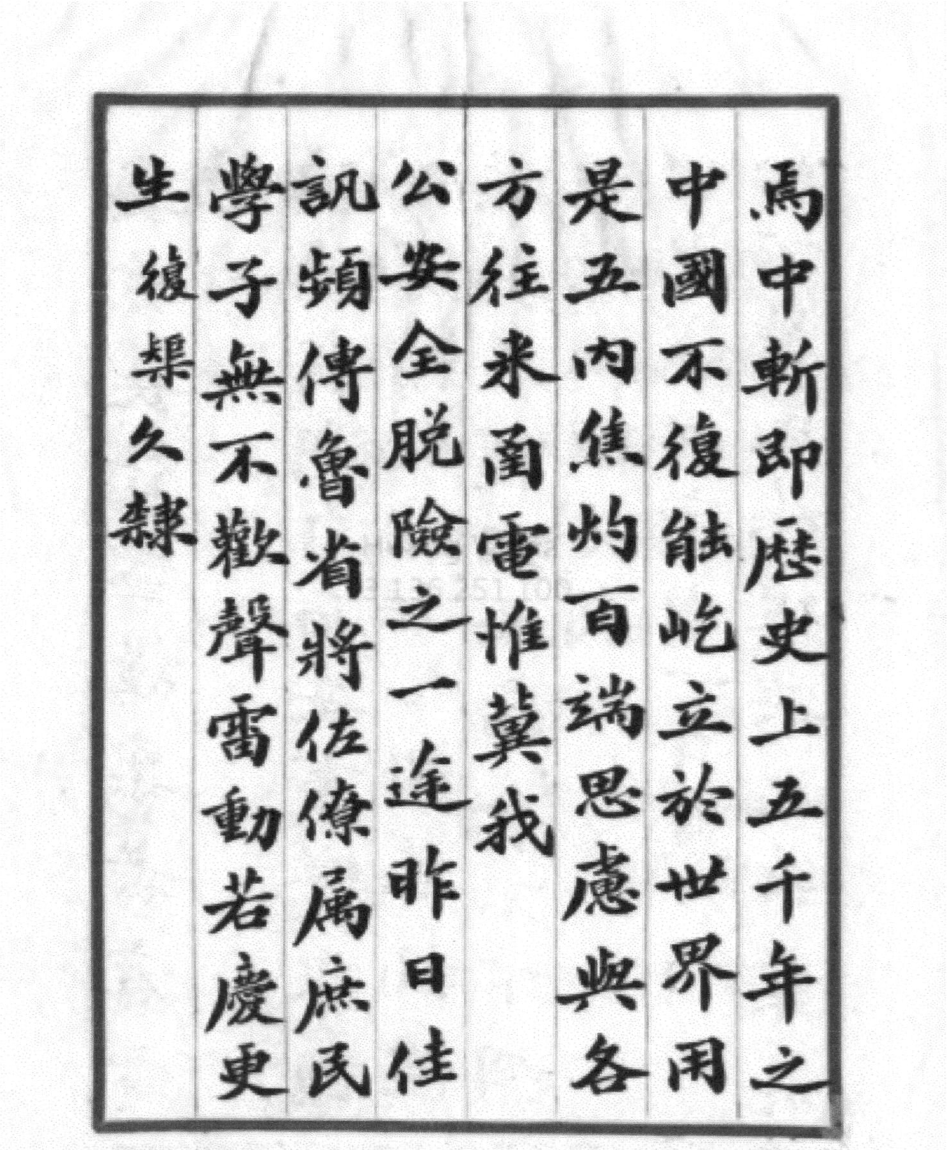

焉中斬即歷史上五千年之
中國不復能屹立於世界用
是五內焦灼百端思慮與各
方往来函電惟冀我
公安全脫險之一途昨日佳
訊頻傳魯省將佐僚屬庶民
學子無不歡聲雷動若慶更
生復榘久隸

西安事變中韓復榘致蔣介石親筆信第二頁
（首次公開機密檔案）

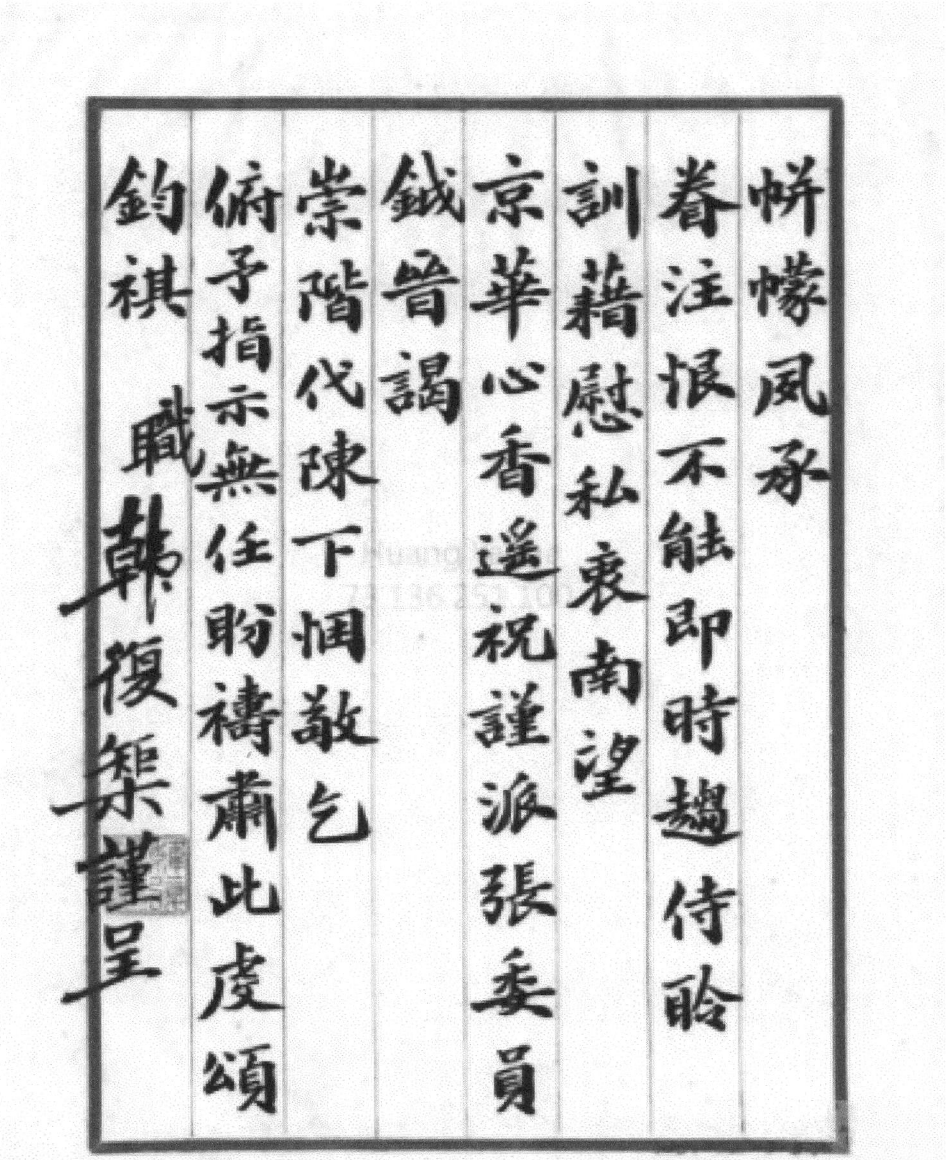

悚懍風承
眷注悵不能即時趨侍聆
訓藉慰私衷南望
京華心香遙祝謹派張委員
鉞晉謁
崇階代陳下悃敬乞
俯予指示無任盼禱肅此虔頌
鈞祺　職韓復榘謹呈

西安事變中韓復榘致蔣介石親筆信第三頁
（首次公開機密檔案）

目次

第一章
不該被遺忘的韓復榘抗日史實

蓋棺而論定，是現實人物進入歷史的重要象徵。但是，有些人物卻蓋棺已久而論定很難。更多的是在不同的社會和歷史時期，被反復地加以重新解釋和演繹，給予了種種褒貶不同的解釋。這樣一來，對於死者，其實已經無所謂是非功過、或褒或貶；解釋死者，是為了要安慰和教育生者，是為了實現教育後人「以史為鑒」這一傳統教育意義而來的。儘管在更多的時候，這一解釋活動和教育活動在本質上其實是離科學而嚴謹的歷史學越來越遠的一種遊戲和玩弄行為而已。

——韓復榘似乎早已經被蓋棺而論定了。即他不戰而退，喪失了山東戰場！但是歷史真相是否如此呢？讓我們以原始檔案文獻考察和恢復那個已經被掩蓋了很久的歷史事實！

一九三〇年二月二十三日，劉熙眾致電韓復榘：「日本大倉洋行來，並與二三集團接洽售械事，有意即電示。」[1]上個世紀二、三十年代，盡人皆知日商和德商是中國軍火的主要供給商。而且，各個軍閥的武器彈藥來源主要是日商提供，其次才是德商。面對這一軍火商的主動示好，中國軍人韓復榘在當年二月二十五日，立刻回電劉熙眾：「我人民血汗，可惜均送於日本。我軍不敢補充槍械！」[2]

如此強硬有力而具有民族氣節的答覆，充分顯示了韓復榘的反日意識。這件十分重要的史料和鐵證，長期以來一直被人無視！卻以私通日偽說來長期惡意侮辱韓復榘的軍人風骨和民族氣節，實在讓人感到無奈和歎息！

一九三二年一月二十八日，日本派海軍陸戰隊登陸上海。第十九路軍奮起迎戰抵抗，引起了日

1 見臺灣國史館保存檔案，編號為116-010107-0035-037。
2 見臺灣國史館保存檔案，編號為116-010107-0035-043。

軍多次派兵增援。

在強敵入侵後十九軍被迫撤退到江蘇省太倉瀏河鎮一帶。正在這一關鍵時刻，同年二月十日，是韓復榘在山東前線主動增兵六千人，預防日軍來犯，配合了十九路軍保衛上海的戰鬥。這一歷史記載見臺灣國史館保存檔案，編號為 116-010108-0190-049。這個時候，韓復榘絲毫沒有想保存實力，更沒有坐山觀虎鬥！因此，他的民族氣節和軍人風骨不該因為以後的主動戰略撤退而被掩蓋和無視！

圖一　韓復榘與蔣介石合影

——本書作者仔細審查了韓復榘在各個歷史時期的表現，不認為一九三七年底前後出現的主動戰略撤退是逃跑或者是保存實力！

一九三二年七月二十九日，韓復榘就正式向國民政府提議：「糾合鄂魯晉等組織軍委會抗日。」[1]一九三三年二月一日，韓復榘致電蔣介石，通報了日軍在青島登陸並干擾其部隊北上之事[2]。同時，在該電文中，他特別向蔣介石彙報了日本關東軍派人在煙臺、濟南等地從事軍事情報活動的事實。同年二月二十七日，韓復榘致電蔣介石，介紹了他正部署對日作戰之事：「已通令我

1 見臺灣國史館保存檔案，編號為116-010108-0209-126。

2 見臺灣國史館保存檔案《韓復榘電蔣中正：據報日軍將由青島上陸，沿津浦線擾亂阻止我南軍北上》，編號為002-020200-00016-052。

部擔任海防部隊，趕築工事矣。」[1]

因此，韓復榘在上個世紀三十年代早期的抗日策略，是和國民政府保持一致的。

一九三六年二月七日，方覺慧致電蔣介石：「韓對日採取敷衍方式。對魯境漢奸，決嚴厲制裁。」[2] 由此可以看出，當時韓復榘雖然對日採取了「敷衍方式」，這一方式也就是蔣介石安排宋哲元的「虛與委蛇」的對日方針。但是對於境內出現的漢奸，則是採取了「決嚴厲制裁」的抗日態度。

同年七月三十日，蔣介石致電何應欽，要求立刻給韓軍補充武器彈藥[3]。

通過梁漱溟的介紹，我們知道一九三七年的十月即使在韓復榘準備要戰略撤退之前，他一直在抗戰前線指揮抗日：「十月二、三日韓於是將部隊全部由膠濟線高密等地調津浦線，並親去指揮，曾一度攻入德州，但反被日軍包圍，幾乎被俘。」[4]

一九三七年一月十五日，戴笠再次致電錢大鈞轉蔣中正：「報告韓復榘親函：『願告所部聽曹福林指揮，服從中央。若不從，則定以軍法。』」[5] 這是韓復榘在山東局勢越來越危機之時，他向中央政府的表態。

一九三七年五月二十二日，蔣介石致電韓復榘，和他談了準備將山東地區的鹽稅收入用於抗戰的想法。這是最為基本的戰略經濟部署。該電文原始照片見圖二。

1 見臺灣國史館保存檔案《韓復榘電蔣中正：日軍擬攻略山東，已通令職部擔任海防部隊趕築工事》，編號為002-020200-00016-076。
2 見臺灣國史館保存檔案，編號為002-080200-00468-033。
3 見臺灣國史館保存檔案《蔣中正電囑何應欽：分期發足韓復榘所需軍械》，編號為002-010200-00164-037。
4 梁漱溟《七七事變前後的韓復榘》，《傳記文學》，一九八八年七期，二九—三三頁。
5 見臺灣國史館保存檔案，編號為144-010104-0002-038。

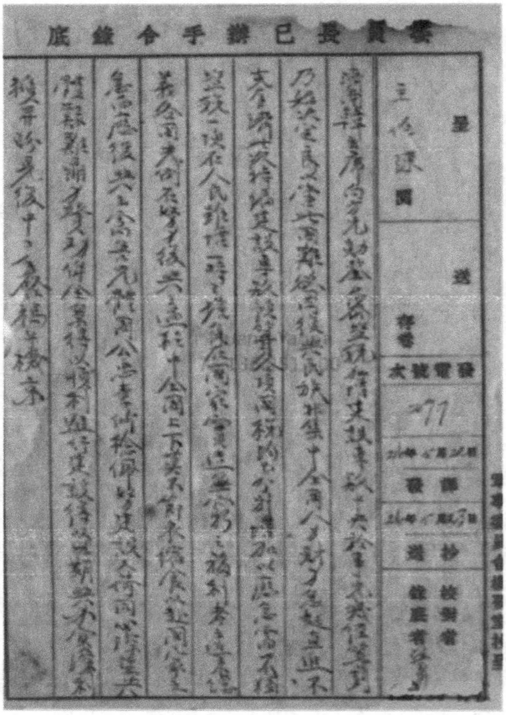

圖二

蔣介石這裡明確點出：「中央於事先幾經籌劃。乃使決定。良以逢此國難，欲圖復興，非集中全國民力、財力，急起直進」[1]，可見，當時蔣介石還是決定在山東地區徵集鹽稅以提供戰時經濟保障。這也是他看中山東的原因之一。

一九三七年七月十日，韓復榘向蔣致電，彙報了電話線被日軍破壞之事[2]。同年七月十一日，正是七七事變時期，蔣介石接秦德純、張自忠、馮治安等人來電，向他彙報了：「日軍向盧溝橋陣地猛攻並強奪盧溝鐵橋，戰至午後六點三十分，槍聲漸稀。」蔣介石回電答覆說：「盧溝橋、長辛店，萬不可失守。」然後，蔣介石立刻致電韓復榘，向他下達「魯東國防工事，應星夜趕築」的指示[3]。韓復榘回電立刻執行。同年七月十五日，蔣介石再次致電韓復榘，通報他日軍兩個師團正在向青島和濟南開進，讓他做好迎戰準備[4]。第二天，

1 見臺灣國史館保存檔案，編號為002-020200-00033-036。
2 見臺灣國史館保存檔案《韓復榘電蔣中正：北平保定等地電話線與平保間軍事交通均被日方破壞》，檔案編號002-020300-00001-021。
3 見臺灣國史館檔案，編號為002-060100-00260-011。
4 見臺灣國史館保存檔案《蔣中正電韓復榘等：日軍第五與第十師團準備待發，目的地在青島濟南速備》，檔案編號002-020300-00001-037。

韓復榘明確答覆：「謹將准據部頒作戰計畫」，進行防禦部署[1]。同年七月三十日，蔣介石致電韓，約他速來京面談對敵之策。同年八月八日，蔣介石致電韓復榘，詢問煙臺、龍口一帶海岸工事的材料是否牢固的問題。同年八月十五日，蔣介石再次來電提醒韓復榘：「日軍日內必在青島煙臺行動，望特加準備」。同年九月二日，蔣介石致電韓復榘，注意加強魯北、魯西防禦工事[2]。同年十月十日，蔣介石再次致電韓復榘，要求「前方部隊退卻無紀律，糾察拿辦」，並且再次勸告他「並請勿再有辭意」。

這裡特別說明幾點事實真相：

一九三七年七月二十六日，韓復榘致電蔣介石說：「倭寇登陸，當拚命一決」[3]。同年九月二十三日，蔣伯誠致電蔣介石，向他彙報：「據韓復榘云：『決遵鈞座意旨，抗日到底』」[4]。同年十一月二十四日，韓復榘再次致電蔣中正，鄭重其事表明了自己的立場：「誓當追隨，與國家共存亡」[5]。

可見，韓復榘的抗日準備和決心十分堅定。

——而且，一九三七年七月九日，他向蔣介石正式提出：「對於日本的侵逼，不宜輕起戰端以延長準備時間。且應有一百萬野戰軍及充分給養方可言戰。但若不得已，則應照既國策正式宣

1 見臺灣國史館保存檔案《韓復榘電蔣中正：謹將准據部頒作戰計畫現擬採取方式列呈》，編號為002-020300-00001-041。
2 見臺灣國史館保存檔案《蔣中正電韓復榘：日軍將下濟南，應加強魯北魯西防務構築黃河沿岸工事》，編號為002-020300-00008-091。
3 見臺灣國史館保存檔案，編號為002-090105-00004-589。
4 見臺灣國史館保存檔案，編號為002-090105-00001-196。
5 見臺灣國史館保存檔案，編號為002-090105-00004-340。

戰。」[1]他的這一主張和建議絕對是清醒而理智的，而且是個軍事指揮家的戰略部署。最後，他也表明了「但若不得已，則應照既國策正式宣戰」的觀點，是追隨國民政府和蔣介石軍事部署的象徵。

一九三七年九月三十日，沿津浦線南下的日軍磯谷廉介第十師團一部佔領冀魯交界的桑園車站，戰火燒到山東的大門口。韓部第八一師師長展書堂親率由該師第二四三旅第四八六團及師直屬部隊組成五百人之奮勇隊，於當年十月一日夜飽餐酹酒之後，自平原車站以東之任莊向桑園方向急行軍三〇餘里，於午夜衝進桑園火車站，與日軍激戰四小時，完全控制了火車站。據八一師戰報稱：「今（二日）早七時據趙團長廷璧派便衣口述報告如左：該團已於今（二日）早四時三十分佔領桑園及車站，奪獲火炮三十餘門、鋼甲車一列。」[2]

當年十月二日，日軍磯谷師團之一部繞道桑園以西南下，與於莊日軍會合，包圍德州。是時我德州守軍為運其昌旅長率領之第八一師第二四三旅第四八五團（團長陳延年）、第二四三旅直屬部隊及一個重迫擊炮營。展書堂師長率從桑園撤回之第四八六團在德州以東游擊策應。入夜，日軍向德州發起猛攻。我守城部隊與敵鏖戰竟夜，擊退日軍進攻。三日晨，日軍全力攻城，飛機、大炮狂轟濫炸，步兵頻頻發起猛攻。敵軍數次攻到城下，均被我軍擊退。據八一師戰報稱：「四日晨七時，所獲敵情如次：大約有敵炮兵兩連向城南西北門外約兩千公尺處有敵重炮一連進入村莊。至午前十一時，敵以飛機、大炮、坦克車掩護步兵向我城牆三面進攻。小西門戰事尤為劇烈。敵炮射入城內者不下數十發。飛機指揮炮兵射擊我城垣工事及重兵器之位置，城上守兵傷亡過百。旅之預備隊均

1 見臺灣國史館保存檔案，編號為002-090105-00001-207。

2 《陸軍第八一師德州戰役戰鬥詳報》，中國第二歷史檔案館，卷宗號：七八七，案卷：七三六〇。

已用盡。」[1] 當時的南京《中央日報》一九三七年十月三日以《津浦路我軍大捷》為題，報導了第三集團軍夜襲桑園成功的消息。

隨後，日軍又出動飛機轟炸，由三架增加到十二架。當日下午一時，德州西北隅城牆被炸開一個大豁口，日軍蜂擁而入。埋伏在豁口兩側之我軍丁營，以輕、重機槍組成交叉火力網，封殺入城之敵，同時堆積沙袋堵住豁口。下午四時，德州東北隅城牆亦被炸塌，我城防再次被突破。第四八五團全體官兵與敵展開巷戰，一直持續到黃昏。此刻我軍官兵子彈大都告罄，只剩少許手榴彈。至夜十一時，運旅長奉命棄城，命部隊分兩路從南門和東門突圍。展師長指揮第四八六團在城外接應。運旅長率迫擊炮營突圍成功，在城外第四八六團掩護下，向淩縣方向撤退，而我第四八五團官兵在突圍過程中，運旅四八五團陣亡團長一人，傷亡營長五人，連以下軍官三九人，士兵一六〇〇餘名。我軍則是：「斃敵五百餘名、戰馬百餘匹，傷者當倍於以上數目。炸毀敵鋼甲車兩輛，炮十數門。」[2]

據韓部第七四師戰報：

十月初，本師（欠四四〇零團）奉命赴魯北德縣參戰，其時正當友軍南來，寇焰方張之際。師在德縣二十里鋪附近與諸兵種連合之敵五千餘名遭遇，激戰竟日，反復肉搏，斃敵千餘名。然我亦損失慘重，四四四團第三營全部犧牲，四四三團第二營亦損失過半，無如敵一再增援，卒因眾寡不敵，奉命撤至黃河岸南阻敵南犯。相持五日，轉進至平原城北。是時四四四團奉命

1 《陸軍第八一師德州戰役戰鬥詳報》，中國第二歷史檔案館，卷宗號：七八七，案卷：七三六〇。

2 《陸軍第八一師德州戰役戰鬥詳報》，中國第二歷史檔案館，卷宗號：七八七，案卷：七三六〇。

調濟南，以兩團兵力與敵激戰經旬，斃敵五百餘名，且戰且退至黎濟寨、張莊之線。是時二十師之一團加入戰鬥，激戰竟日，撤至禹城北、徒駭河南岸構築工事，阻敵南犯，相持三十餘日。十一月初旬將河防移交二十師接替，師調長清、平陰一帶，沿黃河南岸佈防。[1]

時任南京大本營軍令部長的徐永昌在一九三七年十一月十六日日記中稱：「濟南黃河橋已炸斷，向方部隊完全撤回，前後損失九千人。」

對此，呂偉俊《韓復榘傳》一書中，就韓復榘魯北抗戰中的表現有一段精闢的論述：「從上述抗戰以來韓復榘的表現來看，總起來說他還是抗戰的，不論其態度是消極或是積極，他還是堅持打了幾仗。因此一般史書上稱韓『不戰而逃』是不妥當的，也不符合事實。逃在後，戰在前。至於傳說他想投降當漢奸，就更是無事實根據的。」[2]

一九三七年十一月二日，面對日軍攻佔南京，

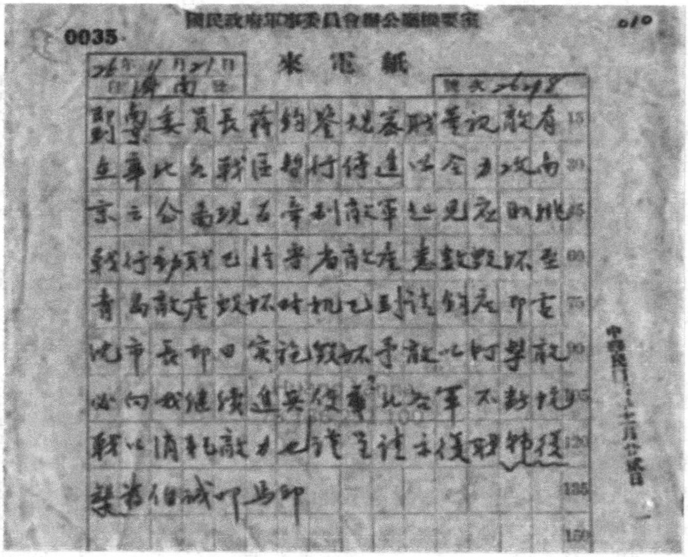
國民政府軍事委員會辦公廳機要室

0035

來電紙

圖三

1 《陸軍第七十四師魯省德縣、平原、禹城、長清、肥城各戰役戰鬥詳報》，（中國第二歷史檔案館，卷宗號：七八七。案卷：七三六〇。

2 呂偉俊《韓復榘傳》，山東人民出版社，一九九七年，三五七頁。

憤怒的韓復榘，聯合蔣伯誠一起致電蔣介石（圖三），提出：「現為牽制敵軍起見，應取挑戰行動。職已將魯省敵產悉數毀壞。之青島敵產毀壞時機已到，請鈞座即電沈市長，即日實施毀壞，予敵以打擊。敵必向我進兵，使華北各軍不斷抗戰，以消耗敵力。」

該原始電報見臺灣國史館保存檔案《為牽制日本進攻南京，應採取挑戰行為。現已毀壞山東日產，懇請即電沈鴻烈，毀壞青島日產，予以打擊》，編號為 002-090105-00001-010。

一九三七年十二月二十六日，韓復榘軍隊在周村一帶激烈抗敵後，最後因為抵禦不住才撤退。並且韓復榘立刻致電蔣介石說明情況[1]。

該電報原始照片如圖四。

全文如下：

二十六年十二月二十七日泰安　編號二八七五五

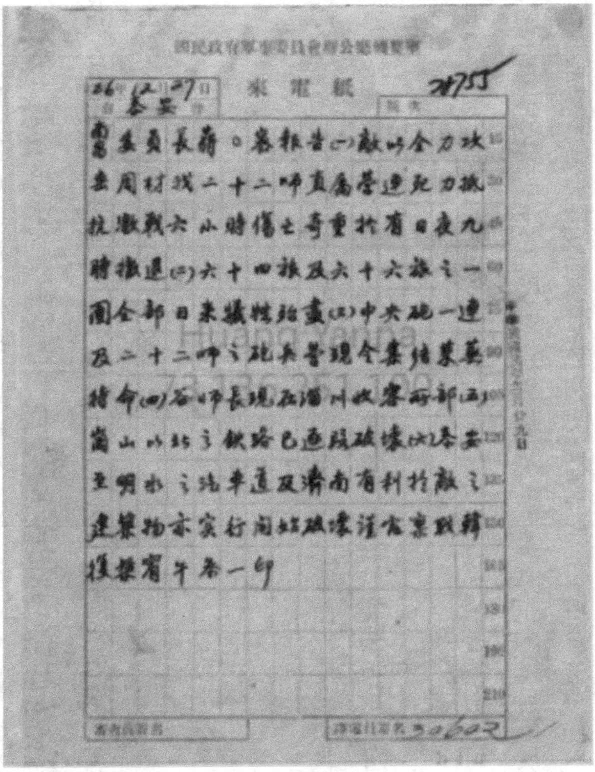

圖四

1 見臺灣國史館保存檔案《韓復榘電蔣中正：「日軍全力攻擊周村，國軍竭力抵抗，於二十五日夜晚撤退」》，編號為002-020300-00010-001。

南昌委員長蔣

密報告：

（一）敵以全力攻擊周村。我二二師直屬營連死力抵抗。激戰六小時，傷亡奇重！於有日夜九時撤退。（二）六四旅及六六旅之一團全部日來犧牲殆盡！中央炮一連及二二師之炮兵營，現令集結萊蕪待命。（四）谷師長現在淄川收容所部。（五）崗山以北之鐵路已逐段破壞。（六）泰安至明水之汽車道及濟南有利於敵之建築物，亦施行開始破壞。

謹電稟。

職韓復榘　宥午忝一印。

讀了這封電文，我們徹底知道了韓復榘領導的周村保衛戰之殘酷和激烈程度！首先是「激戰六小時，傷亡奇重」的戰況！而且，「六四旅及六六旅之一團全部日來犧牲殆盡」！既然如此，何談韓復榘為了保存實力而逃跑?!他哪裡還有實力可保?!

當年的最後一天，蔣介石再次致電韓復榘，要求他務必帶兵返回泰安、臨沂一帶，絕對不可將國土送給日軍，該電文主要內容就是：「第三路軍向方兄所部，務希遵照前令，其主力須分佈於泰安至臨沂一帶泰山山脈地區之各縣，以為將來收復失地之根據，萬勿使倭寇垂手而定全魯也。」（圖五）

見臺灣國史館保存檔案《蔣中正電李宗仁：第三路韓復榘部務遵前令其主力分佈於泰安至臨沂》，檔案編號 002-020300-00010-002。但是，韓復榘顯然沒有立刻執行這一軍令。應該說，這才是蔣介石決定殺韓復榘的致命導火線。在此之前，韓復榘的戰略轉移和撤離行為均得到了蔣介石的認可。因為他認為一旦將主力「分佈於泰安至臨沂」一帶，則必然腹背受敵，而且無法取得中央軍隊的支援和給養，等於面臨逐漸死亡、被各個擊破的尷尬局面。實際上，他早就在以往的電文中和蔣介石說明多次了他的這一想法。可是一直不被採納。

甚至到了一九三七年十二月二十九日，韓復榘手下的第一三二團第三營收復了淄川縣城，他立刻致電蔣介石，報告喜訊：《韓復榘電蔣中正：約千餘日軍進攻大青山梁營陣地，及一三二團第三營今早向淄川日軍進攻並占得該縣城等》，該電報原始照片如圖六。

這件一直到了「民國一〇五年十一月十日」、即二〇一六年十一月十日才被臺灣方面根據「國辦文檔字第 1050005267 號函」註銷機密等級、公開解禁的原始檔案，更加證明了韓復榘真實存在的抗戰史實！可見，在大陸、在臺灣，維護國民政府的定論、抹殺韓復榘的抗日史實的現象是一直存在的。

該電報核心內容是說明：

特急！武昌委員長蔣。密報告（1）2849。

敵約千餘名，向我大青山梁營陣地猛攻。該陣地被敵佔領，經我逆襲，當時該陣地奪回。今早，小嫖山前方發現敵二三百名，襲我一二〇團第二營。對戰中，敵有向西活動之樣，即派隊堵之。我一三二團第三營於今早二時，向淄川前進襲敵側背。至七時將縣城佔領。即以一部固守，以大部向石門子前進……[1]

這一鐵的事實徹底摧毀了一切強加在韓復榘頭上的種種不抵抗、主動逃跑、不放一槍、保存實力等誣陷、不實之言。

1 見臺灣國史館保存檔案，編號為002-090200-00032-111。

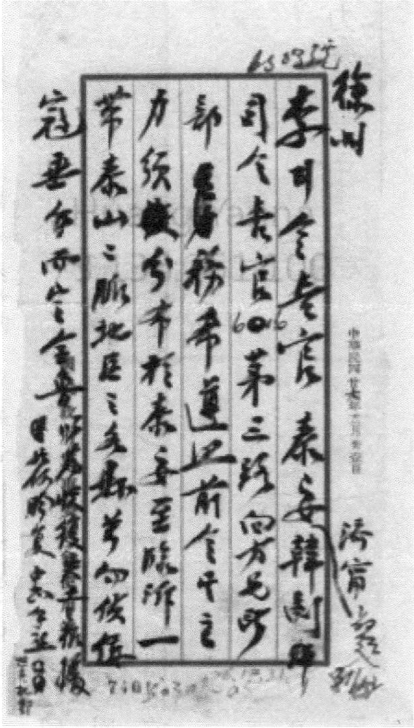

圖五

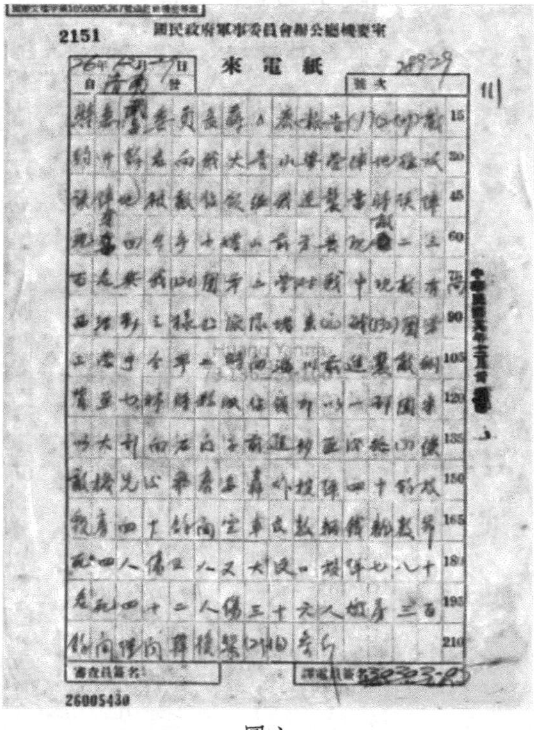

圖六

第二章
逃跑還是戰略轉移、保存實力

茅民的《復興記》居然再次偽造歷史，聲稱：「日軍攻下南京城之後，在山東的日軍遂與韓復榘攤牌，但韓復榘仍不願宣佈山東獨立。於是，山東日軍於十二月二十三日在青城、濟陽之間渡過黃河，韓復榘不戰而退。二十七日，日軍進入濟南。三十一日韓復榘不戰而放棄泰安，次年一月二日放棄大汶口，五日再棄濟寧。」[1]

請問：誰？哪一天？在哪裡？見證人是誰？檔案在哪裡？可以證明「在山東的日軍遂與韓復榘攤牌」？歷史永遠不要戲說！更不可偽造史實！茅民的《復興記》不是想指責韓復榘暗中通日軍嗎？怎麼這時候反而出現「韓復榘仍不願宣佈山東獨立」的事呢?!

——可見謊言製造者自己也不能自圓其說！

再看那個當事人李宗仁的說法：「二十六年十二月中旬，日方既攻下南京，乃強迫韓復榘攤牌，韓氏不肯。敵軍遂於十二月二十三日由青城、濟陽間渡河。二十七日侵入濟南。」[2]

請問：哪個日軍「強迫韓復榘攤牌」了？韓復榘答覆誰了證明「韓氏不肯」？這個過程李宗仁又是怎麼知道的？如此重大的所謂日軍「強迫韓復榘攤牌」和「韓氏不肯」的答覆，為何沒有任何日方的電報、檔案、文件涉及哪怕幾個字的說明呢？為何在整個山東全省的日本數百名諜報人員和韓軍中的日軍軍事專家沒有一個人寫哪怕幾個字的彙報給日本特務機關呢？卻只有李宗仁的神來之筆「日方既攻下南京，乃強迫韓復榘攤牌，韓氏不肯。敵軍遂於十二月二十三日由青城、濟陽間渡河。」

1 見http://fuxingjimaomin.wix.com/fuxingjimaomin。

2 《李宗仁回憶錄》，廣西人民出版社，一九八一年，五〇一頁。

我們再看看臺灣最近新出版的著作張毓中《隨衛蔣介石之特勤人員的回憶錄》一書中的相關內容：「民國二十六年（一九三七）十二月，日軍進攻山東半島。山東省主席兼第三集團司令韓復榘，擁兵自重，在我政府節節失利之際，他有心隔山觀虎鬥，坐收漁人之利，因此在日軍攻佔華北時，他不但不積極在山東進行佈防備戰，反而在山東進行搜括，將可帶走的資產，全都運往河南，然後指揮部隊，一路退卻，伺機而動。」[1]

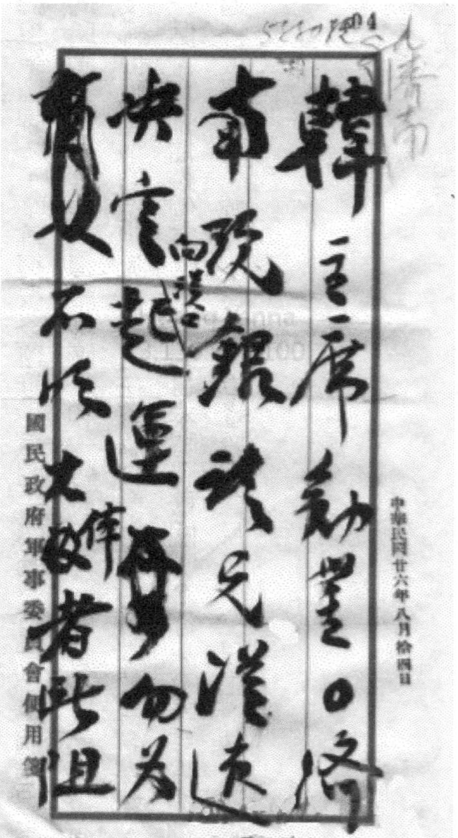

圖七

首先這裡所謂的「他不但不積極在山東進行佈防備戰」就與事實完全不符，證據請見下一章。其次，所謂「在山東進行搜括，將可帶走的資產，全都運往河南」也與事實正相違背！因為一九三七年八月十四日蔣介石已經向韓復榘下達了立刻「處置現銀」的電令。蔣介石的這一封電文，這就是事後所謂的韓復榘強搶銀行、搜刮民財等傳聞的真正由來。

這封電報原始照片見圖七。

1 見http://www.ccbc.com.tw/pro_detail.php?book_sn=1686。

實際上，韓復榘在執行蔣介石的命令，韓復榘將此理解為「焦土抗戰」政策的一個環節而已。[1]一九三七年十二月二十七日，韓復榘致電陳蔣介石，向他彙報：「今晨敵侵入濟南，我已實行大破壞」等，可證韓復榘繼續在執行「焦土抗戰」政策。[2]

而且，蔣介石的命令不只是這一次！早在一九三七年七月三十一日，他就下達了類似的命令！見該命令如圖八。

——在此問題上，對於韓復榘的所有「在山東進行搜括，將可帶走的資產，全都運往河南」的指控顯然全是站不住腳的惡意誹謗和落井下石而已。

當然，這些事肯定離不開戴笠及其軍統局。劉臺平在《追尋真實的戴笠——永遠的戴科長》一文中，就得意洋洋地陳述：「抗戰初期，山東省主席、軍閥韓復榘為保存實力，經常未經奉准就擅自撤

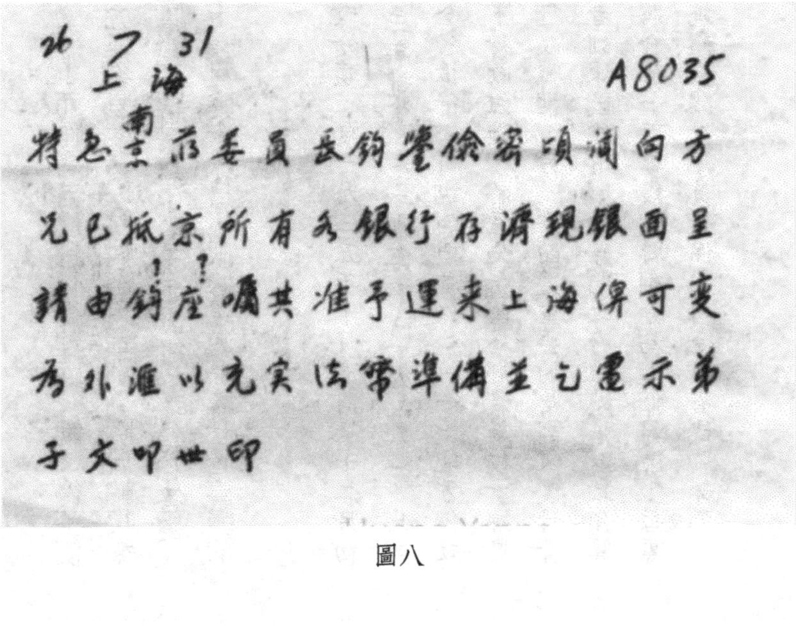
26 7 31
上海
A8035
特急 南京 蔣委員長鈞鑒 倫密 頃詢向方
兄已抵京 所有各銀行存濟現銀函呈
請由鈞座囑其准予運來上海 俾可變
為外滙以充實法幣準備 並乞電示 弟
子文叩世印

圖八

1 見臺灣國史館檔案，編號為002-060100-00261-014。
2 見臺灣國史館檔案，編號為002-060100-00265-029。

退，造成黃河一帶重要據點盡失，打亂整體佈局，敵前抗命十分嚴重；當時考慮韓叛跡明顯，可能率部降日，忌憚之餘不易將之繩之以法。……韓復榘和日本土肥原勾搭的事，戴笠早已知曉，便策畫召開北方抗日將領會議，奉蔣介石手令，誘捕敵前抗命退兵的韓到案，祕密迅速押解到漢口軍事法庭審判槍決。」[1]

全文除了貼標籤沒有任何實際證據可以證實韓復榘通敵！而作者自己也覺得理虧，就不得不使用了「當時考慮」、「可能」等虛擬語氣。這和古代的「莫須有」指控有何本質區別?!關於韓復榘是否通日偽的問題，我們已經在本書的第三章「日方對韓復榘的打算」中給予了詳細的考證和答覆。

讓我們看看真實的歷史是怎麼一回事！一九三七年十一月二十八日，根據梁漱溟《七七事變前後的韓復榘》一文中記載：

> 我與鄉建同人梁仲華、孫廉泉兩先生，或相偕或分頭，自一九三五年十月下旬至十二月初之間，先後與韓談話多次。……他同意執行一個「三年計畫」（一九三六～一九三八）。此計畫主要內容包括兩項工作，將在三年內分期分區在全省推行。所說兩項工作：（一）地方行政改革——為準備應付敵人（日本）入侵，改組縣以下行政組織，將區公所改為鄉農學校；鄉農學校為政教合一的單位，它一方面行使原區公所的行政職權，另一方面更重要的是訓練農村青壯年，以備自衛。鄉農學校校長要由我們鄉村工作者訓練後任用。改善縣政府組織，財政預算公開。考慮以縣為單位抗擊敵人入侵，力量單薄，將全省一百零幾個縣劃分為七個專區，每專區十至七個縣；專區設行政專員公署，為省政府下統轄機關；專員兼保安司令。省武裝部隊，

1 見http://www.chinatimes.com/newspapers/20160317001022-260306。

戰時可與敵人周旋。……這個「三年計畫」制定後，一切均按步驟進行。一九三六年上半年即開始執行。先劃定了濟寧、菏澤、臨沂三個專區。專員一般由鄉村工作人員中選任。如濟寧專區由梁仲華任專員兼保安司令。進入一九三七年，又劃了幾個專區。[1]

由此可以看出，在日軍尚未大舉攻佔山東的時候，當時的韓復榘已經在山東執行了一個「三年計畫」的抗日政策和準備。在這一大是大非問題上，一切不合實際、違反歷史的對韓復榘的通敵和投降指控應該休矣！什麼「不但不積極在山東進行佈防備戰」，什麼「有心隔山觀虎鬥，坐收漁人之利」，如此等等，純屬扯蛋！這樣的書，還有臉自稱是「隨衛蔣介石之特勤人員」?!真讓人笑掉大牙！

曾經在韓復榘領導下工作多年的著名哲學家、學者梁漱溟《七七事變前後的韓復榘》一文中記載：

一九三七年五月我去四川，後經武漢於七月二日七七事變前五天到達北平。那時北平謠言極多，形勢更為緊張。我在北平即未再多停，於四日到濟南，五日回到鄒平。兩天後盧溝橋戰火起。又因南京政府為大局問題邀集各界知名人士約四百人，分批（每批約四十人）去廬山開談話會，共商國家大計，我與梁仲華均在被邀之列，在鄒平只停留三天，就折回濟南，準備轉赴廬山。過濟南，我找韓復榘，說韓不在。我就找韓的秘書長張紹堂，張與韓通了電話。韓要張紹堂和劉書香以韓的名義給蔣介石寫一信，要我順便帶去廬山。信內大致是說韓部下將領有

---

1 梁漱溟《七七事變前後的韓復榘》，《傳記文學》，一九八八年七期，二九—三三頁。

在廬山受訓的，要求蔣儘快讓他們回來，以做好應戰的準備。再就是向蔣提出補充防空武器（高射炮等）的要求。張在電話上還轉告韓：「方才收到北平市長秦德純的來電，說局勢趨於緩和，日本人表示願意妥協，他們也不想擴大事態」等等。韓聽後在電話上笑了，並說「這是日本人的緩兵之計，想借機調動力量；仗定規要打，日本人不拿下北平不會甘休。」[1]

這裡，「這是日本人的緩兵之計，想借機調動力量；仗定規要打，日本人不拿下北平不會甘休。」，這一鐵證可以證明韓復榘對中日戰爭有清醒的認識。

梁漱溟，生於一八九三年十月十八日，卒於一九八八年六月二十三日。原名煥鼎，字壽銘。曾用筆名壽名、瘦民、漱溟，後以漱溟行世。生於北京，故籍河南開封。現代著名思想家，哲學家，教育家，現代新儒家的早期代表人物之一，社會活動家，愛國民主人士，同時他還是一位社會改造實踐家，對推動鄉村建設不遺餘力。一九一一年，加入同盟會京津支部。一九一七年－一九二四年，應蔡元培之聘，任北京大學印度哲學講習。一九三一年，在韓復榘支持下，他與梁仲華等人在山東鄒平縣創辦鄉村建設研究院，出版《鄉村建設》。因此，他和韓復榘有著長期的私人交往和友情。抗日戰爭爆發後，先後任最高國防參議會參議員、國民參政會參政員。一九三九年，蔣介石特委任其為軍事委員會特派員，二月一日離開重慶，十月二十二日返回。為推動團結抗戰，發起組織統一建國同志會。

但是到了一九三七年的八、九月，按照梁漱溟的觀察，韓復榘的積極抗戰態度發生了改變。改變的原因是：

---

1 梁漱溟《七七事變前後的韓復榘》，《傳記文學》，一九八八年七期，二九－三三頁。

後來我見到韓時問到他去南京的情況，韓說，他在去南京之前，於七月二十八、二十九日一連兩個電報，要求蔣各路同時出擊，蔣回電說，他自有主張，自有辦法。待三十日到南京面向蔣請示機宜，蔣還是不談什麼。他一肚子心事，卻一點也不吐露。待臨走時蔣向我說：「我的意思，你完全明白。」韓末後說：「我哪裡明白他的意思呢？我是糊裡糊塗去南京，又糊裡糊塗回濟南的。我看蔣介石並無抗日決心。」[1]

蔣介石的不明朗的態度，讓韓復榘得出了「我看蔣介石並無抗日決心」的結論。此時此刻，梁漱溟認為：蔣介石的「一肚子心事，卻一點也不吐露」，使得一向狡猾、多變的韓復榘，開始為自己的實力和地盤問題考慮起來。其實，我們只要公佈一下當時韓復榘的三次致電蔣介石的電文，就可以知道梁先生的解釋已經背離了韓復榘的行為準則：

一九三七年七月二十六日，韓復榘致電蔣介石說：「倭寇登陸，當拚命一決」。（見臺灣國史

圖九　韓復榘與梁漱溟像

1　梁漱溟《七七事變前後的韓復榘》，《傳記文學》，一九八八年七期，二九—三三頁。

館保存檔案，編號為 002-090105-00004-589。）

一九三七年九月二十三日，蔣伯誠致電蔣介石，向他彙報：「據韓復榘云：『決遵意旨，抗日到底。』」（見臺灣國史館保存檔案，編號為 002-090105-00001-196。）

一九三七年十一月二十四日，韓復榘再次致電蔣介石，鄭重其事表明了自己的立場：「誓當追隨，與國家共存亡」。（見臺灣國史館保存檔案，編號為 002-090105-00004-340。）

這些原始檔案和韓復榘的抗日準備和決心，顯然是梁先生生前是無法得知的。但是，梁漱溟的文章向我們揭示了一個鐵的事實，我們需要特別肯定一點，那就是：「但敵人曾兩次用飛機投書誘降，韓則不曾接受。」[1] 這就是軍人韓復榘的硬骨頭所在！這些並非傳說，而是有事實根據。一九三七年十二月中，日軍強大的軍事進攻，逼得韓復榘一再撤退。這時候，日軍和偽軍高層將領再次策動韓復榘，讓他帶領山東加入「北平臨時政府」。結果他們怎麼也沒想到，遭到了韓復榘的斷然拒絕！這一正義的行動立刻深深感動了長期以來奉命監視他的蔣介石的嫡系親信蔣伯誠，他在一九三七年十二月十五日致電蔣介石：「向方兄接齊燮元電謂：三日內即在平組織『臨時民國政府』……請向方兄參加以與日合作。……向方概置不理。」[2]

該原始電報照片如圖一〇。

這一鐵的事實更加證實了在最危機的關頭，韓復榘並沒有叛變投敵！想想看，這距他被蔣介石當作祭旗殺掉之日已經屈指可數了！到了現在，蔣介石終於明白了韓復榘的可靠。真正到了危機關

1 梁漱溟《七七事變前後的韓復榘》，《傳記文學》，一九八八年七期，二九—三三頁。

2 見臺灣國史館保存檔案，編號為002-090200-00021-171。

頭，他並沒有為了保存實力而私下配合日軍的所謂「聯省自治政策」。

考察韓復榘的軍事生涯，我們發現，他多次主動戰略轉移或說撤退。

比如，一九三〇年三月二十六日，當韓復榘決定撤退時，蔣則致電何應欽，要他派兵掩護。[1]同年三月二十八日，蔣介石致電韓復榘，命令他快速撤向亳州。[2]同年四月二日，韓復榘決定戰略撤退。[3]同年六月二十四日，閻錫山部隊由青城渡河後，進攻濟南，韓復榘軍隊在防守無效的情況下，立刻率部下向膠濟路濰縣一帶撤退，造成了濟南失守。韓復榘再次面臨撤退的選擇時，蔣介石則致電韓復榘，安排他向泰安方向撤離。[4]同年七月十一日，當中央軍

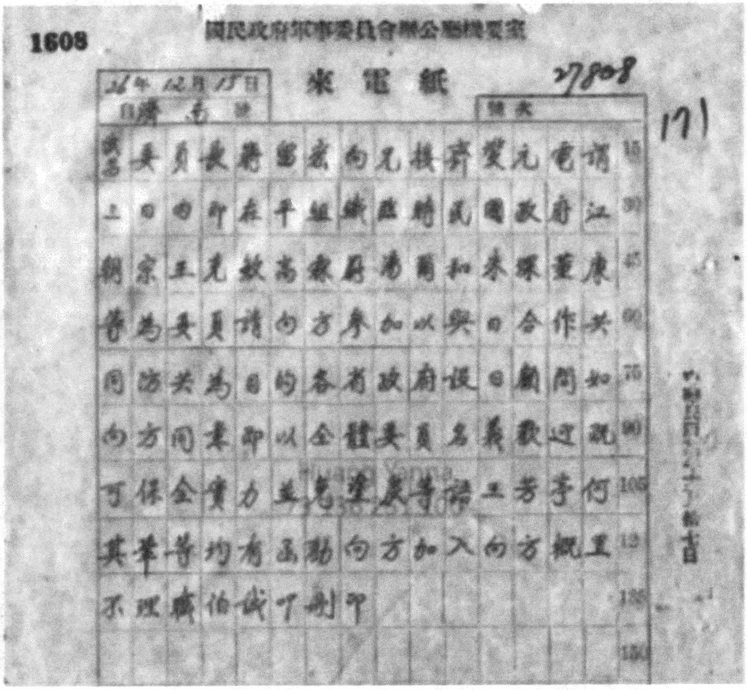
國民政府軍事委員會辦公廳機要室
1608
來電紙
27808
171

圖一〇

1 見臺灣國史館保存檔案《蔣中正電何應欽：令第三師掩護韓復榘部東撤》，編號為002-070100-00004-031。

2 見臺灣國史館保存檔案《蔣中正電韓復榘：速東移亳州》，編號為002-070100-00004-048。

3 見臺灣國史館保存檔案《閻錫山現以六師之眾南犯，韓復榘放棄開封，退魯西》，編號為116-010107-0054-003。

4 見臺灣國史館保存檔案《蔣中正電韓復榘：固守濟南。若不敵則率主力部隊向泰安撤退》，編號為002-070100-00006-062。

取得戰場勝利後，蔣介石立刻命令韓復榘，攻打濟南。[1]同年七月二十九日，蔣介石再次致電韓復榘，讓他堅守膠濟線。[2]這些撤退行為，每一次全得到了蔣介石的認可和支援，已經給韓復榘形成了一種模式：即韓復榘認為是戰略撤退，蔣介石全是認可和支持的。對於韓復榘來說，主動或被動的軍事撤退是兵家常識，無足輕重。

那麼，韓復榘想撤到哪裡呢？是武勝關！

根據史直在《主席韓青天》一文中回憶：「到了十一月底韓復榘的部隊自黃河線撤守的時候中國北方的抗日戰節節失利：太原和保定區均已陷落，南京大屠殺正在進行，中國已決定遷都重慶。山東西北部屬大平原，無險可守，相傳他為保全實力，計畫撤退至湖北與河南省交界處大別山系的武勝關，然後化整為零，做游擊式的長期抗戰。由於他一時忽視了中央命令有悖軍法，乃遭不幸的下場。」[3]

武勝關，古稱大隧、直轅、武陽、禮山、武陽關等，到宋代才改名武勝關。它在雞公山南邊峽

圖一一　武勝關的隧道及橋樑

1 見臺灣國史館保存檔案《蔣中正電蔣伯誠：曲阜、兗州已解圍，請韓復榘乘機急取濟南》，編號為002-070100-00007-049。

2 見臺灣國史館保存檔案《蔣中正電韓復榘：膠濟線責任重大艱危，請努力苦撐》，編號為002-070100-00008-047。

3 見《寰宇古今》，二〇〇六年五期。或見http://www.ebaomonthly.com/ebao/readebao.php?a=20060517。

谷中最狹窄的一截，攔腰成關，所以又叫隘道，足見其險要。河南和湖北兩地想要連接，必須得經過這裡。只要這裡一堵，長江南北交通立斷。自古以來它就是連接南北交通的九大關口之一。蔣介石、韓復榘都知道這裡的重要。這不能不說是軍事家韓復榘的戰略眼光！

又見《陳誠回憶錄》一書記載：

二十七年（一九三八）春，敵雖略有蠢動，但因我戰略誘敵計畫成功，主戰場已經轉移，敵軍被迫須沿江西犯，故平漢路情況變動不大。敵於進攻南口之際，另以西尾壽造為第二軍司令，率第十師團沿津浦線東側、第十六師團沿津浦線西側分途南犯。九月二十四日，滄縣不守，馮家口、泊頭鎮、東光等處曾節節抵抗；十月一日，各部隊向德縣以東地區撤退；五日，德縣失守，我軍退至老黃河右岸佈防，並以一部在黃河南岸構築工事。十月十二日，敵偷渡老黃河向我平原以北陣地攻擊，我韓復榘部撤守徒駭河南岸。時華北敵軍正以全力竄擾山西，轉用其第十六師團於平漢線，津浦路方面，敵兵力大減。我統帥部乃令韓復榘部以主力規復德縣，進出滄縣，以牽制敵人。不料韓復榘遲疑觀望，無意奉行命令，我黃河北岸陣地，全線動搖。韓部於破壞黃河鐵橋後，悉數轉進南岸，一時與敵成隔河對峙狀態。南京失陷後，華南方面敵軍一部渡江北犯，津浦北段敵軍亦於十二月二十三日渡河南犯，企圖南北夾擊，打通津浦路。韓復榘於敵軍渡河後，除留第二十師守濟南外，其餘部隊均撤至泰安。二十七日濟南失守，三十一日泰安繼陷。二十七年（一九三八）一月二日，韓復榘又放棄大汶口，五日濟寧再陷，韓部均撤至運河西岸，有開往漢中意圖。當韓在泰安時，統帥部令其依山構工，憑險固守，韓覆電有云：「首都尚且不守，區區泰安如何守得著？」後又屢次放棄陣地，統帥部責以守土有責，不可擅離職守，韓答得更妙：「全面抗戰，何分彼此？」泰安既失，青島方面過於突出，也只好隨之放棄。所以如說山東是韓復榘斷送的，不為過也。中央為整飭紀綱嚴明賞罰，乃於一月二十四日將韓復榘明正典刑，所部第三集團軍改任孫桐萱統率，士氣為之一振，此一方面之陣線得以暫時穩住。[1]

後來韓復榘在山東境內的表現，尤為醜惡，遂使北戰場終抗戰之世，成為一塊死棋。[2]

又案，該書記載：

王紹常接任後，即開各縣縣長會議於菏澤中學。決定各縣之自衛隊或民團未奉專員命令，不得抵抗日軍。王氏接任兩星期後，六十八軍軍長劉汝明在菏澤城內捕獲大批漢奸，並抄出太陽旗及菏澤政權維持會印鑒，和許多重要信件等。所捕獲之維持會人物，均係菏澤士紳，當時王專員即急請轉移專員公署審理，被劉汝明拒絕。審問之結果，該犯供出係王紹常授意組織者，該機關為魯西各縣維持會之總機關，此總機關之負責人，可與日人直接發生關係，其介紹人為朱經古（單縣人，濟南私立齊魯中學校長，日本東京早稻田大學畢業）、趙蓮塘（曹縣人，曾任省政府參議及冀察政務委員會參議，現住濟南）。自此案發生後，王紹常即托人極力向劉汝明疏通，請其不深究此事，後經省政府秘書長張紹堂之疏通，此事即以馬虎了之。所捕維持會之人犯，並以釋放。[3]

1 見《陳誠回憶錄：抗日戰爭》，東方出版社，二〇〇九年。又見http://www.anysafer.com/chuanji/25/。
2 見《陳誠回憶錄：抗日戰爭》，東方出版社，二〇〇九年。又見http://www.anysafer.com/chuanji/25/。
3 見《陳誠回憶錄：抗日戰爭》，東方出版社，二〇〇九年。又見http://www.anysafer.com/chuanji/25/。

此事並未涉及到韓復榘本人。而王紹常當時還曾任山東鄉村建設研究院副院長：

梁漱溟氏在周村所辦之實驗區，自得魯主席韓復榘信任後，即在山東急遽的發展。經梁氏向韓復榘建議，在重要縣區設專員公署，每署轄實驗縣若干縣。菏澤即設為第二區行政專員公署。第一任專員為王紹常氏（菏澤人，舊西北軍系統，平常言行對國民黨反對甚力，亦為村治派之要人，曾任山東鄉村建設研究院副院長）。[1]

難道也要把梁漱溟納入通日偽？顯然，陳氏的回憶錄並非客觀公正。而且，「全面抗戰，何分彼此」之說，有何不妥?!

反而白崇禧很真實記述了全部會戰經過：

第五戰區司令部檄調駐防濟南之第三集團軍（韓復榘），青島之海軍陸戰隊（沈鴻烈）與臨沂之第三軍（龐炳勳），守備黃河沿岸與東海沿岸之要地，並自青島調遣於學忠之第五十一軍駐守蚌埠阻止敵人由滁縣北上。二十七年一月下旬，敵軍第十三師團自滁縣以北向我三十一軍之防地明光、池河等處推進，我軍力量微薄，被迫放棄向西退守定遠、鳳陽。二月三日，敵人佔領定遠、鳳陽、臨淮關、蚌埠等地，五十一軍於學忠被迫自淮河南岸退守淮河北岸，於是敵乘勢渡淮，五十一軍與敵搏鬥後，退至澮河、渦河沿岸。第五戰區司令部見戰事不利，復調張自忠之五十九軍增援於學忠，另以新到之二十一集團軍廖磊所部第七軍，及韋雲淞之三十一軍向定遠一側擊敵人，敵第十三師團之主力側背受敵，退而增援淮南之戰場。五十九軍乘勢收

1 見《陳誠回憶錄：抗日戰爭》，東方出版社，二〇〇九年。又見http://www.anysafer.com/chuanji/25/。

復淮河北岸之陣地。退而旋以津浦北段戰事吃緊，五十九軍奉命北調滕縣，防地由五十一軍周守。津浦南段之戰事，因敵被我廖磊集團軍與李品仙集閉軍牽制，不能北上參加臺兒莊戰事，形成對峙之勢。[1]

又見該書記載：

敵人因鑒於戰事之全面性與持久性，於二十六年十一月三十日，設立大本營，華北派遣軍遵照大本營之計畫攻略膠濟路、濟南以東之黃河沿岸地區。二十六年十二月二十三日，敵第二軍之第十師團磯谷廉介因濟南城之黃河橋被炸斷，為執行大本營之命令，遂在青城，濟陽間渡黃河。二十七日敵下濟南，三十一日陷泰安。二十七年一月七日，敵連下蒙陰、鄒縣、濟南、大議口等地。敵所以能長驅直入，與韓復榘之避戰態度有直接關係。[2]

韓復榘以第五戰區副長官兼第二集團軍總司令，山東省主席等職，為保全實力，令所部放棄濟南，擅離作戰地，退至魯西單縣、城武、曹縣一帶，僅留少數部隊於黃河沿岸與敵相峙。軍委會原有令給各戰區云；「各戰區守土有責，不能退入其他戰區。」待韓部退出泰安，軍委會復有令給李宗仁與韓復榘，令韓重入泰安並以泰山為根據地指揮地方團隊打游擊戰，韓接奉命令後，仍然將公私輜重物品由津浦、隴海路轉平漢路停於漯河，李宗仁勸其重入泰安，且不可違背軍委會命令擅入第一戰區之防地。韓非但不理，竟復電云，「南京失守，何有於泰安？」

---

1 《白崇禧回憶錄》，解放軍文藝出版社，一九八七年，一二四頁。

2 《白崇禧回憶錄》，解放軍文藝出版社，一九八七年，一二五頁。

又云，「全面抗戰，何分彼此？」言下之意以為入第一戰區防地為理所當然。李長官見其執迷不悟，將其態度轉報軍委會。蔣委員長接此報告甚為重視，召集軍委會高級幕僚開會……會前委員長乘各別召見將韓逮捕。[1]

甚至，通過白崇禧的記載，我們知道了當時蔣介石決定殺韓復榘前後，馮玉祥並不知道，也就不存在有些人所謂的馮玉祥見死不救的指控：「韓是馮玉祥歸部，時馮為軍委會副委員長，馮平日帶兵重視愛國教育，唯韓與之關係密切，恐其洩漏，故事前並未就捕韓一事與之商量。」[2]

一九三七年十二月二十九日，蔣伯誠親自致電蔣介石，為韓復榘的戰略轉移放棄濟南而做解釋。見臺灣國史館保存檔案《韓復榘態度曖昧，外界頗多揣測。蔣中正以此為憂。蔣伯誠自泰安來電為之解釋》，編號為002-060100-00265-029。因此，這才出現了當年十二月三十一日，蔣介石致電徐州第五戰區司令長官李宗仁、副司令長官韓復榘：「第三路韓復榘所部主力須分佈於泰安至臨沂一帶泰山山脈各縣，晚考慮傷兵散勇之處置、游擊部隊紀律之整飭。」[3]從內容看，因為蔣伯誠的解釋，這時侯蔣介石依然對韓復榘充滿信任！然而，如此重大歷史檔案，臺灣國史館至今依然不解禁，使我們獲知具體內容（圖一二）：

同年十二月三十一日，韓復榘致電蔣介石，為自己做最後的辯護和解釋：「自日軍渡黃河後，

1 《白崇禧回憶錄》，解放軍文藝出版社，一九八七年，一二六頁。
2 《白崇禧回憶錄》，解放軍文藝出版社，一九八七年，一二六頁。
3 見臺灣國史館保存檔案，編號為002-060100-00265-031。

重武器部隊全數參戰，已令谷良民、李漢章等三師分在泰山各山地抗拒。」[1]這是在嚴格執行蔣介石發給他的電文「所部主力須分佈於泰安至臨沂一帶」打游擊的戰略部署。歷史就是真實經歷的事實，而不是虛假的理解和編造。在民國史研究中，尤其需要使用真實的、準確的原始檔案文獻，而如果只是過分相信當事人的口述，只能是將真實的歷史事實演繹成江湖恩怨的傳奇故事。

進入一九三八年一月的韓復榘，他或許意識到了他戰略撤退的錯誤。一月一日，他主動致電蔣介石，彙報了他的軍隊在青石關、博山、界首、長清、肥城等處與日軍激戰的情況，並且已下令第二十師等向泗水、寧陽、兗州、濟寧等處警戒[2]。一月二日，他再次致電蔣介石，向他彙報了自己部下孫、谷兩師在黃河南岸守備佈置及傷亡情形，其到濟寧在運河西部署情況[3]。但是這兩次電報，蔣介石全置之不理！

——因為蔣介石眼下最需要看到的是他執行了「韓復榘所部主力須分佈於泰安至臨沂一帶泰山山脈各縣」帶兵去打游擊的戰略部署！而韓復榘並沒有執行這一軍令！

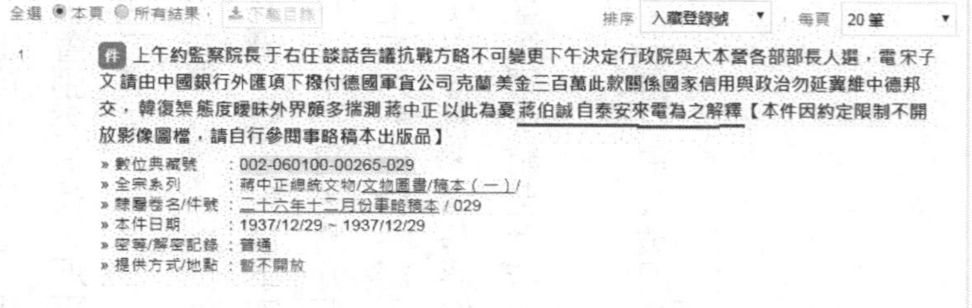
全選 本頁 所有結果 下載目錄 排序 入藏登錄號 每頁 20筆

1 件 上午約監察院長于右任談話告議抗戰方略不可變更下午決定行政院與大本營各部部長人選，電宋子文請由中國銀行外匯項下撥付德國軍貨公司克蘭美金三百萬此款關係國家信用與政治勿延冀維中德邦交，韓復榘態度曖昧外界頗多揣測蔣中正以此為憂蔣伯誠自泰安來電為之解釋【本件因約定限制不開放影像圖檔，請自行參閱事略稿本出版品】

» 數位典藏號：002-060100-00265-029
» 全宗系列：蔣中正總統文物/文物圖書/稿本（一）/
» 隸屬卷名/件號：二十六年十二月份事略稿本 / 029
» 本件日期：1937/12/29 ~ 1937/12/29
» 密等/解密記錄：普通
» 提供方式/地點：暫不開放

圖一二

1 見臺灣國史館保存檔案，編號為002-090200-00036-109。

2 見臺灣國史館保存檔案《韓復榘電蔣中正：青石關、博山、界首、長清、肥城等處與日敵激戰情況，已令第二十師等向泗水、寧陽、兗州、濟寧等處警戒》，編號為002-090200-00037-038。

3 見臺灣國史館保存檔案《韓復榘電蔣中正：孫、谷兩師在黃河南岸守備佈置及傷亡情形，其到濟寧在運河西部署，擬堅強抵抗》，編號為002-090200-00037-037。

第三章
日方對韓復榘的打算

我們覺得，有必要詳細考察和以事實說明當時日方對韓復榘的真實想法。我有證據表明，日軍方的確想策動韓復榘脫離中央政權管轄，希望山東省設立偽自治政權。但是，至今為止，沒有任何證據證明韓復榘準備回應或者支持日方的這一打算。郭廷以《中華民國史事日誌》一書中主張的：「傳韓與日人有勾結，謀退漢中反抗中央。」[1]此說連他自己也知道實為缺乏證據之猜測而已。更有甚者，天方夜譚般的描述：「當時，日軍已佔領平、津，正沿津浦線南下。韓復榘的代表曾與日軍指揮官秘密接觸，日方要他宣佈山東獨立，而他只是希望日軍不犯魯境，以利其保存實力，這樣雙方沒有談攏。但日方仍期待韓復榘妥協，因此遲遲未渡黃河。」[2]

這樣任意指控而不提供任何證據的文章和文學作品，多如牛毛！足可以想見被殺後的韓復榘背上了怎麼樣的黑鍋！我們有必要使用真實的歷史檔案，還原這一歷史真相。特別是誰在背後為了迎合蔣介石的多疑心理，利用一切機會舉報、抹黑、猜疑韓復榘？本章中，我們盡可能的只公佈事實而儘量不公布舉報者姓名（我們使用從英文字母順序來表示舉報者）。儘管這些舉報者並非中統或軍統的小特務，而是重量級人物。我們只想從事真實的歷史研究，不想結怨江湖。

日本軍方和外務省要人多次跑到濟南約見韓復榘，策動他加盟所謂的「華北五省自治運動」確是事實。這集中出現在一九三四年至一九三七年的三年間。但是，其結局卻是以失敗而告終。

在這期間，比較重要級人物向蔣介石舉報韓復榘的有如下兩次：

---

1 郭廷以《中華民國史事日誌》第四冊，中央研究院近代史研究所，一九八五年，八頁。

2 茅民《復興記》第四章，見http://fuxingjimaomin.wix.com/fuxingjimaomin。

一九三四年一月五日，蔣介石接到親信劉峙密報：「請防韓復榘將於華北各省實行聯省自治，及可否以張學良牽制魯晉兩省」[1]。同年八月二十二日，蔣介石接到大特務頭子陳果夫密報：「據報：日參謀本部派二千人探中國軍情，及日方酒井隆前往濟南，與馮玉祥、韓復榘接洽反動行動。」[2]一年之中，先後有劉峙、陳果夫兩位重量級人物秘密舉報韓復榘，無疑加重了蔣介石對韓復榘的猜疑和戒備心理。但是，根據《民國人物傳．韓復榘》一文中記載：

> 一九三五年後，日本幾次誘使他參加「華北自治」時，他怕被人罵作「漢奸」，而不肯幹。日本駐濟領事怕他「蠻幹」（一次，日領事邀他「赴宴」，他調炮隊巡守在使館外），也不敢過分脅迫他。[3]

這一觀點是有可取之處的。即：連日本人當時也不敢過分逼迫韓復榘加盟「華北自治」。

根據檔案記載，我們可以發現，日本軍方和外務省要人策動韓復榘先後共有十次，我們依次說明如下：

第一次，一九三四年十一月十七日，日本駐華大使有吉明從天津來到濟南，約見韓復榘。有吉明，生於一八七六年四月十五日，卒於一九三七年六月二十五日。日本駐中華民國第一位大使。他一八九九年畢業於東京高等商業學校（今一橋大學），考入日本外務省，先後在日本駐韓

---

1 見臺灣國史館保存檔案，編號為002-080200-00143-054。

2 見臺灣國史館保存檔案，編號為002-080200-00175-068。

3 《民國人物傳．韓復榘》，中華書局，一九七八年，二四六頁。

國和英國大使館工作。一九〇九年，他出任日本駐上海總領事。一九三五年，他出任日本駐中華民國大使。他是個職業外交官，沒有從軍的經歷和軍方背景。

關於這次約見，有吉明事後沒有按照慣例向外務省撰寫任何彙報。可見這應該是一次不成功的約見。當年的十一月九日，日本駐華使館的代理公使服部，發給當時的日本外務大臣廣田的第二七四號密電[1]第二、三款特別說明：「蔣介石對閻錫山和韓復榘採取了離間的戰術，馮玉祥為此勸說韓復榘繼續歸順閻錫山，而韓則不為所動。」因此，在一九三四年十一月十七日前後，查遍日本軍方和外務省各個檔案館保存的有關有吉明相關電文、奏報、日記、書信等各類檔案，沒有任何證據可以證明韓復榘「與日人有勾結」。

圖一三　有吉明像

第二次，一九三五年十一月十二日，日本華北駐屯軍司令多田駿從天津來到濟南，約見訪韓復榘。這次約見，郭廷以《中華民國史事日誌．一九三五年十一月十二日》一書中主張：「天津日軍司令多田駿到濟南，訪韓復榘（策動華北自治）。」[2]我們不知道這一觀點的史料證據出自何處？

多田駿，生於一八八二年二月二十四日，卒於一九四八年十二月十六日。日本陸軍大將。一九〇三年，他畢業於日本陸軍士官學校。一九一七年，他應北洋政府約請，出任中華民國陸軍大學教

1　該檔在日本外務省外交史料館保存，編號為B02031827700。

2　郭廷以《中華民國史事日誌》第三冊，中央研究院近代史研究所，一九八四年，五二五頁。

師。一九三二年，他晉升少將。一九三五年八月，他出任日本華北駐屯軍司令。一九三六年，他晉升中將。一九三七年，他出任陸軍大學校長。一九四一年，他晉升大將。

一九四五年，他被遠東國際軍事法庭定為甲級戰犯。但是，他是唯一的一個被遠東國際軍事法庭審查後宣佈無罪釋放的人。因為他出示了全部證據證明在全面侵華和南京大屠殺事件等政策和問題上，他和日本陸軍省、和日本天皇意見相左。在天皇多次勸說下，他不得不以日本華北駐屯軍司令名義簽字，接受了日本天皇的命令。他洗刷了他自己，也證明了日本天皇對於侵華戰爭具有實際的戰爭責任！可惜當時的遠東軍事法庭放過了對日本天皇的追責！

圖一四　多田駿像

當年的昭和十年至十三年《支那事局報綴》[1]中，日本陸軍省收到的這份報告中重點介紹了「北支各將領の態度」，即：華北地區各個軍事將領對蔣介石政權的態度。顯然，這應該就是多田駿四處約見華北各個軍事將領得出的調查結果。這份報告中肯定了韓復榘是華北地區軍事實權派之一、又是馮玉祥的心腹、和宋哲元保持步調一致等內容。但是，在《南京政府の北支自治切崩し工作》[2]文件中，則可發現中華民國國防部副總參謀長熊斌代表蔣介石表達了對宋哲元、韓復榘二人

1　該檔在日本防務省防務研究所保存，編號為C11110596600。

2　該檔在日本防務省防務研究所保存，編號為C11110596800。

可能參與華北自治運動的不滿和擔憂。可能這就是郭廷以《中華民國史事日誌‧一九三八年一月二十四日》一書中主張的一個佐證吧？

蔣介石對他有十分精彩的刻畫：

一九三五年九月二十九日《蔣介石日記》記載：「倭寇多田宣言，詈罵詆毀，對我黨國誣蠛極矣。其政府又聲明取消此種蠻橫威逼。倭情上下既背離，內外又矛盾，其亂亡將不旋踵而至。惟國人識淺，魯韓態度可慮耳，華北偽組織醞釀，其必出現乎。」

秦孝儀《總統蔣公大事長編初稿》一書：

蓋日本派駐天津「駐屯軍」司令多田駿於九月二十四日招待日本記者，發表聲明，狂言：「為自華北排除阻礙此地區成為『日、中、滿共存基礎之明朗化』之國民黨與蔣政權，仍將不得不行使武力。」同時，並分發小冊，題曰：《北支（華北）基礎觀念》，主張使華北成為日本實施對華「經濟提攜」之特殊地帶，其意即欲利用「自治運動」，使華北置於脫離中央情勢之下，以達成其分割我華北之陰謀也。[1]

這裡，蔣介石表達了「魯韓態度可慮耳」，顯然是對韓復榘的不放心。蔣介石甚至在當年十月八日在西安接見山東代表沈鴻烈時，公開表示希望沈鴻烈向韓復榘轉告蔣介石的話：「勸韓復榘以大義與利害」。[2]這一時期，他甚至極力想將韓軍全體換防到江西，去攻打蘇區，以免除他對韓復

---

1 見http://dbj.sinica.edu.tw:8080/handy/index。

2 見臺灣國史館保存檔案，編號為002-060100-00103-008。

桀的擔憂。

其實，多田駿主張：華北經濟圈應該獨立，相應的，華北五省也該加強軍事合作並驅逐反日分子。和武力侵華相比，他更看重的是分割中國。他鼓吹華北地區成立多個自治政府，以便使日本從中獲得最大利益。因此，他遭到了蔣介石的痛斥。

因此，在一九三五年十一月十二日前後，查遍日本軍方和外務省各個檔案館保存的有關多田駿相關電文、奏報、日記、書信等各類檔案，沒有任何證據可以證明韓復榘「與日人有勾結」。

就在此時間前後，一九三五年七月二十四日，蔣介石再次接到重量級人物吳忠信密報：「綜合情報：日方醞釀華北新組織，並運用閻（錫山）、宋（哲元）、韓（復榘）。閻（錫山）亦思自成局面。日方有在閩浙沿海及京滬一帶搗亂企圖，操縱上海金融，妨害我方經濟活動。」蔣中正已經知悉此事，答覆是「復查」二字。[1]

幾個月後的十月十五日，劉峙再次向蔣介石舉報：

> 商主席啟予派員到汴，據稱「日人極力提倡『華北聯省自治』，主張推倒委座，推出曹錕主政。……韓復榘為保全個人利益，深恐自治成功、於己不利，故極力與閻（錫山）聯絡」。[2]

這裡舉報信中使用了當時的河北省主席商震的話，揭示了當時日軍積極策動「華北聯省自治」

1　見臺灣國史館保存檔案，編號為002-080200-00240-037。
2　見臺灣國史館保存檔案，編號為002-090200-00019-025。

以分裂中國的歷史事實。但是，舉報信中卻透露出這樣一個事實，即：韓復榘當時根本沒有自治之心！原因是韓復榘以為「自治成功、於己不利」。可見當時韓復榘的保全山東地盤、保存實力之想法。

而且，一九三五年十一月十九日，當時的河北省主席商震主動向蔣介石彙報：

> **對方曾聲明三點：不侵犯中國領土、內政、主權；此項組織將名為「華北防共自治委員會」，現俟魯主席、冀主席及各關係省市當局及代表在平或津一度會商，即可決定。**

見臺灣國史館保存檔案《商震電蔣中正：日蕭振瀛發表談話以日方曾聲明不侵略中國、不干涉中國內政、不侵犯中國主權，組織名為『中華民國華北防共自治委員會』，俟韓復榘及商震等會商即可決定》，檔案編號 002-080103-00020-128。商震顯然是主動彙報，以避免被蔣介石猜疑和查問時顯得尷尬。主動彙報是證明自己清白的最佳方法。

第三次，一九三五年十一月二十二日，日軍大將松井石根攜帶日本駐華領事館武官花穀等人從瀋陽來到濟南，約見韓復榘。這次和十天前的約見，全是軍方高層親自出馬，而且十天之內，連續約見，暴露了日本軍方的急躁情緒和重視態度。

松井石根，生於一八七八年七月二十七日，卒於一九四八年十二月二十三日。一八九七年，他畢業於日本陸軍士官學校。一九〇七年開始，被日本陸軍省派駐北京和上海。一九

圖一五　松井石根像

二三年，他晉升少將。一九二七年，他晉升中將。一九三三年，他晉升大將。一九三七年，他出任日軍上海派遣軍司令。

一九四五年，他被遠東國際軍事法庭定為甲級戰犯。因為製造了震驚中外的南京大屠殺而被遠東國際軍事法庭判處死刑，一九四八年十二月二十三日被執行絞刑。多田駿來約見韓復榘只是中將，而松井石根則是大將。已經是日軍在華最高軍事將領了，足見日方對策動韓復榘下了十足的籌碼和決心。

因此，在一九三五年十一月二十二日前後，查遍日本軍方和外務省各個檔案館保存的有關松井石根相關電文、奏報、日記、書信等各類檔案，沒有任何證據可以證明韓復榘「與日人有勾結」。一九三五年十一月二十二日當晚，蔣介石接到了來自山東省青島市的重量級人物E秘密舉報電文：

據確報：「花穀武官於昨日離濟，臨行時與韓晤談，韓表示：『本人為地方疆吏，責在捍衛地方，至外交事，故應由中央辦理。』花穀謂：『山東與日人相處素洽，將來中日間縱有事變，日本決不糜爛山東。想貴主席居時決不與日軍為難』云云」[1]。

韓復榘的態度十分明確，他不想聯省自治，他認為這屬於外交事務，聯省自治不是他的權力範圍。「本人為地方疆吏，責在捍衛地方，至外交事，故應由中央辦理」這句外交辭令，十分得體。可見韓復榘答覆的如此機智和聰明。但是這封舉報密電則顯然有將日人的答覆強加給韓復榘頭上的

1 見臺灣國史館保存檔案，編號為002-080103-00020-100。

嫌疑：製造一個韓復榘準備「不與日軍為難」的假象。此人的陰險用心由此可見。

花穀的「想貴主席屆時決不與日軍為難」這樣的一句話到了第二天十一月二十三日另一位重量級人物F的舉報電文中，就已經演變成了「韓允將來不打日本」——花穀的話，變成了韓復榘的話！而舉報者說：這是他從其下屬、也是重量級人物G在一九三五年十一月二十二日當晚寫給他的報告中摘錄而成的。這個舉報的最核心點就是：

> 花穀自言所得的結果即「山東不參加華北自治運動，但韓允許將來亦不打日本。」[1]

而根據前面引用的一九三五年十一月二十二日蔣介石再次得到的來自山東省青島市的重量級人物沈鴻烈密報電文之內容，我們知道：「韓允許將來亦不打日本」這個承諾，並非出自韓復榘，而是出自花穀當時自己的要求：

> 花穀謂：「山東與日人相處素洽，將來中日間縱有事變，日本決不糜爛山東。想貴主席屆時決不與日軍為難」。

如此重大的一九三五年十一月二十二日歷史談話，卻在當天晚上就被上述多個重量級人物舉報者錯誤理解和舉報、傳播！好在還有一個現場證明人、一直替蔣介石監視韓復榘的言行的重量級人物蔣伯誠的存在及其當晚的致蔣介石的秘密電文可以證明事實真相！「將來亦不打日本」並非是「韓允許」，而是「花穀自言」。上述諸多密報的秘密電文證明了舉報信的錯誤。

---

1 見臺灣國史館保存檔案，編號為002-080103-00020-102。

但是，就在這封歪曲事實的重量級人物張道藩自稱「摘錄」其下屬、也是重量級人物何思源在一九三五年十一月二十二日當晚寫給他的報告，我們還發現了這樣一個事實：

花榖在平運動未成，回津後即改為「三省防共自治」字樣，復來濟，要求韓主席參加。韓即拒絕。往返商談四日之久。最後花榖大怒，聲言「如不允，其要求當以四十架飛機炸濟南」。言語之間，幾至用武。韓始終以淡笑對之。並云：「我是武人，外交事請你們找中央去。你們這個辦法，是像發瘋。」[1]

在這封本來是要舉報韓復榘「韓允許將來亦不打日本」的秘密電文中，卻也真實記載了韓復榘的冷靜、理智和民族氣節還有日本軍官的狂妄！最後，這封舉報電文還記載了韓復榘的真實對日態度：「如中央對日開戰，他決願幹。但如零星對付，恐其不願輕於犧牲。」[2]這裡，韓復榘將國家、民族大義和個人利益、山東利益明白地交代出來。即：他一定回應國家和中央的對日宣戰決策和命令，但是他不想用山東地盤和他個人的軍隊去零星的對抗日軍做無謂的犧牲。顯然，他是在向蔣介石和中央軍要政策、要行動指南。我們知道，梁漱溟《七七事變前後的韓復榘》一文中曾經揭示：

後來我見到韓時問到他去南京的情況，韓說，他在去南京之前，於七月二十八、二十九日一連兩個電報，要求蔣各路同時出擊，蔣回電說，他自有主張，自有辦法。待三十日到南京面

1 見臺灣國史館保存檔案，編號為002-080103-00020-102。
2 見臺灣國史館保存檔案，編號為002-080103-00020-102。

向蔣請示機宜，蔣還是不談什麼。他一肚子心事，卻一點也不吐露。待臨走時蔣向我說：「我的意思，你完全明白。」韓末後說：「我哪裡明白他的意思呢？我是糊裡糊塗去南京，又糊裡糊塗回濟南的。我看蔣介石並無抗日決心。」[1]

蔣介石的不明朗的態度，讓韓復榘得出了「我看蔣介石並無抗日決心」的結論。因此，他才說出了「如零星對付，恐其不願輕於犧牲」這樣的話。

就在幾天前，一九三五年十一月十八日，蔣介石曾接到了一個重量級人物H的舉報：

聞花穀武官亦於同日乘飛機到濟。韓（復榘）已啟其所部師長五人齊聚濟垣。聞會形勢甚為緊張。……烈與韓（復榘）晤談。據稱「花穀武官又代表南大將來濟，仍欲其加入聯合防共委員會，促會於號日赴平津，與宋、商共同主持一切。榘甚感應付困難」等語。烈即就公私各方面示以大義，曉以利害，榘甚感動。但仍謂「濟南，後方運輸困難，中央援軍又無確實把握。一旦有事，誠恐進退失據。」……榘又謂「數月來日人希望甚殷，倘我方長此敷衍，仍無具體辦法，陽曆年底平、津方面終不免釀成巨變。屆時，政府如置平、津於不顧，則山東亦當受其影響。」……榘始謂「本人據此環境，不得不力與敷衍，但決不聽日人之言。前往平、津，並不與其簽任何協定，請為放心」等語，其言語、態度似非虛偽。[2]

緊接著在一九三五年十一月二十日，當時的一個重量級人物I曾經秘密致電蔣介石：

1 梁漱溟《七七事變前後的韓復榘》，《傳記文學》，一九八八年七期，二九—三三頁。
2 見臺灣國史館保存檔案，編號為002-080103-00020-124。

> 關於華北宣佈自治事，土肥原同意「暫緩一星期再行討論」等語。……石野主張「將來華北實行自治，青島市應歸屬於魯，由韓（復榘）派人主持此間」[1]。

顯然，這兩封電報是前後呼應，通知蔣介石，高度懷疑韓復榘已經私下裡和日本軍方達成了協議。

與此同時，一九三五年十一月十八日，青島市長沈鴻烈曾致電孔祥熙，孔則轉蔣一閱：

> 此間關於組織問題（自治），有「尚待向方來此商洽」之說。但向方意見，尚無所聞。特聞。頃接中央平行來電稱：「聞此間當局因自維定力不堪逼迫，有決定採取聯省自治說，馬日前後即可宣佈」等語，「市面仍照常」等語。[2]

圖一六　板垣征四郎像

第四次，一九三六年一月十二日，日本關東軍副參謀長、陸軍少將板垣征四郎，從瀋陽來到濟南，約見韓復榘。這次距離上次才僅僅是一個半月左右！日本關東軍副參謀長板垣征四郎居然親自出馬了。

板垣征四郎，生於一八八五年一月二十一日，卒於一九四八年十二月二十三日。一九〇四年，他畢業於日本陸軍士官學校。一九一七年，他被日本陸軍省派駐昆明。一九二四年，他被派遣到北

1 見臺灣國史館保存檔案，編號為002-090200-00016-063。

2 見臺灣國史館保存檔案，編號為002-080200-00459-067。

京。一九三二年，他晉升為少將。一九三六年四月，他晉升為中將。一九三九年，他晉升為日本陸軍省大臣。一九四一年，他晉升為大將。

一九四五年，他被遠東國際軍事法庭定為甲級戰犯。

一九四八年十二月二十三日被執行絞刑。

因此，在一九三六年一月十二日前後，查遍日本軍方和外務省各個檔案館保存的有關板垣征四郎相關電文、奏報、日記、書信等各類檔案，沒有任何證據可以證明韓復榘「與日人有勾結」。但是，這次來訪，蔣介石已經得知。一九三六年一月十四日，蔣介石召開行政會議，提及了「日關東軍參謀長板垣征四郎、偽外次大橋等濟訪韓復榘」之事。顯然應該就是沈鴻烈的密報。[1]

圖一七　土肥原賢二像

第五次，一九三六年三月四日，關東軍特務機關長土肥原賢二中將從天津來到濟南，約見韓復榘。

土肥原賢二，生於一八八三年八月八日，卒於一九四八年十二月二十三日。一九〇四年，他畢業於日本陸軍士官學校。一九二〇年，他被派遣到中國。一九三一年，他出任日本駐奉天特務機關長。一九三三年，他晉升為少將。一九三六年三月，他晉升為中將。一九四一年四月，他晉升為大將。

1 見臺灣國史館保存檔案，編號為002-060100-00107-014。

一九四五年，他被遠東國際軍事法庭定為甲級戰犯。一九四八年十二月二十三日被執行絞刑。毫無疑問，他是日本駐華最大特務頭子。他出面約見韓復榘，應該是最後決策人出馬的勸說了。作為日軍駐華最高軍事將領和特務頭子，松井石根、板垣征四郎和土肥原賢二這三人，不需要再給誰日本軍方和外務省大臣撰寫密報。他們就是對華問題的最高、最後決策人。

為此，杜林在《梁漱溟韓復榘的合作與衝突》一文中分析：

一九三五年十月是「華北五省三市自治」醞釀最緊迫的時候，華北局勢之惡化達於極點。這時，梁先生……十月十七日路過南京時聽到此事，他立即返魯。為決定山東的進退必先探明韓復榘的態度。於是梁漱溟、梁仲華、孫廉泉三人在十月下旬至十二月上旬之間，頻頻與韓復榘接觸，韓當時表示堅決拒絕敵人的脅迫，日本關東軍參謀曾多次飛濟南脅迫韓復榘同赴平津開會，而他堅持不去。因此，日本特務頭子土肥原一手策劃的「華北五省三市自治」陰謀隨之破產。[1]

可見，當時的策反活動並沒有產生任何結果。「韓當時表示堅決拒絕敵人的脅迫，日本關東軍參謀曾多次飛濟南脅迫韓復榘同赴平津開會，而他堅持不去。」

因此，在一九三六年三月四日前後，查遍日本軍方和外務省各個檔案館保存的有關土肥原賢二相關電文、奏報、日記、書信等各類檔案，沒有任何證據可以證明韓復榘「與日人有勾結」。但是，關於韓復榘秘密接受了土肥原賢二的自治策動的相關舉報、抹黑和猜疑一直不絕。早在

1 《炎黃春秋》，二〇〇二年一〇期，六六頁。

一九三四年四月十六日，蔣介石曾接到重量級人物戴笠舉報，電文中說：

據北平電謂：「土肥原賢二與韓復榘密談華北局勢，積極聯絡東北海軍將領，並企圖探取我軍事消息。及計畫扶植劉桂堂，俾於華北變動時伸長其勢力。」[1]

第六次，一九三六年六月十七日，日本外務省東亞事務局局長、日本駐天津總領事桑島主計、日本駐濟南領事西田耕一從天津來到濟南，約見韓復榘。

桑島主計，生於一八八四年三月四日，卒於一九五八年九月二十四日。一九〇六年，他畢業於早稻田大學。一九〇八年，他考入日本外務省。一九一二年，他被派遣來華。但是，一九三七年，他被日本外務省調到荷蘭任公使。日本職業外交官。

韓復榘知宴無好宴，事先帶上手槍，並吩咐參謀長劉書香：「把十五門的重迫擊炮拉來，我若中午十二點不回來，你們就往領事館裡打炮，不要管我。」飲宴間，日人果然又提出「華北五省自治」方案。韓復榘顧左右而言它，大打「太極」。領事館武官石野失去耐心，徒然動粗：

掏出手槍，置案上，曰：「所議請一言！」韓笑曰：「我來時誡我部下，至午不歸署，即我死矣，汝等即將境內脅我之人盡殺之。」既視手錶，曰：「時將至矣，舉酒痛飲，遂罷。」[2]

1 見臺灣國史館保存檔案，編號為002-080200-00160-089。
2 趙新儒《樂陵宋上將明軒事略》，《宋上將哲元將軍遺集》，臺灣傳記文學出版社，一九八五年，五頁。

是時，劉參謀長已將幾門重迫擊炮用卡車運來，圍著領事館轉了幾圈。日人見韓復榘已下魚死網破之決心，只得草草收場。

這個西田耕一，一九二八年二月至一九三六年，就任日本駐濟南總領事。應該是此事後不久就被調離濟南。

因此，在一九三六年六月前後，查遍日本軍方和外務省各個檔案館保存的有關桑島主計、西田耕一相關電文、奏報、日記、書信等各類檔案，沒有任何證據可以證明韓復榘「與日人有勾結」。

這一時間前後，蔣介石也得到了桑島主計、西田耕一來濟南見韓復榘的秘密情報。於是，他多次致電秘密舉報人沈鴻烈，詢問韓復榘的情況，特別是韓復榘是否北上和宋哲元會面。見：一九三六年六月十八日《詢以韓復榘是否赴津於十八日與宋哲元會商》，見臺灣國史館保存檔案，編號為002-080200-00266-079。一九三六年六月二十日《詢宋哲元在山東與韓復榘會商詳情》，見臺灣國史館保存檔案，編號為002-080200-00266-093。這些電報更暴露和證實了秘密舉報人、重量級人物M奉命對韓復榘進行監視的歷史事實。

第七次，一九三六年八月二十五日，日本駐華大使川越茂從天津來到濟南，約見韓復榘。

川越茂，生於一八八一年一月十四日，卒於一九六九年十二月十日。一九〇八年，他畢業於東京帝國大學。一九一二年，他考入日本外務省。一九二五年，他轉任日本駐吉林總領事。一九三六年五月，他出任日本駐華大使。職業外交官。

因此，在一九三六年八月二十五日前後，查遍日本軍方和外務省各個檔案館保存的有關川越茂相關電文、奏報、日記、書信等各類檔案，沒有任何證據可以證明韓復榘「與日人有勾結」。

第八次，一九三六年十一月十一日，日本華北駐屯軍參謀長橋本群少將來到濟南，約見韓復榘。

橋本群，生於一八八六年十月二十三日，卒於一九六三年十二月十日。一九〇八年，他畢業於日本陸軍士官學校。一九三六年，他晉升少將。同年八月，他轉任日本華北駐屯軍北參謀長。一九三九年三月，他晉升為中將。

因此，在一九三六年十一月十一日前後，查遍日本軍方和外務省各個檔案館保存的有關橋本群相關電文、奏報、日記、書信等各類檔案，沒有任何證據可以證明韓復榘「與日人有勾結」。

第九次，日本駐華北駐屯軍司令官田代皖一郎中將約請韓復榘來北平面談。

一九三七年初，日本駐華北駐屯軍司令官田代皖一郎中將派花穀正大佐飛到濟南，面邀韓復榘赴平參加所謂「自治」問題會談，並以「五省（冀魯晉察綏）三市（平津青）自治」頭領為餌。

花穀正，生於一八九四年一月五日，卒於一九五七年八月二十八日。他一九一四年畢業於日本陸軍士官學校第二六期。一九二二年，他畢業於日本陸軍大學。然後來華，在鄭州就任日本駐華軍事特別研究員。一九二九年開始，他出任陸軍少佐。一九三三年八月轉任日本駐濟南領事館武官。一九三七年以後，他晉升為陸軍大佐。一九四〇年，他晉升為陸軍少將。一九四三年，他晉升為陸軍中將。然後，他被調往緬甸。

花穀正自詡與韓復榘「私交甚厚」，行前曾向田代皖一郎司令官誇下海口，保證不虛此行。由於華北局勢極度緊張，一觸即發，韓復榘已無任何迴旋餘地，到了非攤牌不可的地步。會談中，韓復榘一改過去敷衍曖昧態度，斷然拒絕參與「自治」，且不留任何餘地。花穀無地自容，惱羞成怒，竟解衣拔刀，欲

圖一八　花穀正

當韓復榘面剖腹自殺。幸韓復榘的日語翻譯朱經古及時阻攔而未遂。會談不歡而散。[1]因此，在一九三七年初前後，查遍日本軍方和外務省各個檔案館保存的有關花穀正相關電文、奏報、日記、書信等各類檔案，沒有任何證據可以證明韓復榘「與日人有勾結」。

第十次，一九三七年三月二十二日，日本使館武官喜多誠一到濟南拜訪韓復榘。

喜多誠一，生於一八八六年十二月二十日，卒於一九四七年八月七日。一九〇七年，他畢業於日本陸軍士官學校。一九一〇年以後絕大多數時間派遣在中國。一九三六年三月，他晉升為少將和大使館武官。一九三九年，他晉升為陸軍中將。一九四五年，他晉升為陸軍大將。二戰後被蘇軍拘捕，死在西伯利亞。

因此，在一九三七年三月二十二日前後，查遍日本軍方和外務省各個檔案館保存的有關喜多誠一相關電文、奏報、日記、書信等各類檔案，沒有任何證據可以證明韓復榘「與日人有勾結」。

可見，當時一定是出現了什麼重大的內幕，才使日本軍方和外交方一致認可需要加緊對韓復榘的策反工作。經過我反復多次審查這幾年日本軍方、外交方對韓復榘和山東的相關記載和密報，我相信我找到了原因。即：一九三五年十月八日，當時的日本駐南京總領事須磨彌吉郎，寫給日本外務省的一份密報中，這樣描述了韓復榘：「最近出現了以韓復榘為首，宋哲元、商震、閻錫山、傅作義、秦德純等人結成了一個對日本誠心合作、相互提攜為宗旨的華北特殊群體。」這份密報至今保存在日本外務省外交史料館，檔案編號是B02030151200。這應該是當時日本軍方和外交方短時間內派出多名最高層人員約見韓復榘的根本原因！這也應該是引起了蔣介石對韓復榘等人產生懷疑

---

1 見何思源《我與韓復榘共事八年的經歷》，《文史資料選輯》，第三七輯，二二一頁。

的核心原因。

該電報原件如下圖一九。

但是，密報的內容並不足以對韓復榘產生致命影響。因為這裡面還談到了宋哲元、商震、閻錫山、傅作義、秦德純等人。事實證明，這些人除秦德純之外，沒有人真正出現那個「對日本誠心合作、相互提攜為宗旨的華北特殊群體」。但是，正是這分異想天開的密報，給日軍高層將領和外交官瞬間增加了火花！他們以為山東也將出現一個上接東北、下連華北的自治政府！從而徹底實現了分裂和瓦解長江以北中國的終極目的。這也正是蔣介石的中央政權所擔心和憂慮的！也是上述幾個舉報人的先後多次向蔣介石的舉報，加重了蔣介石對韓復榘的猜疑心理，因此蔣介石在日記中多次留下了「致慮」的記載。

可以發現，一九三七年十二月三十一日之前，沒有任何證據可以指證韓復榘曾經接受了日本軍方的勸說、想要獨立自治！在這個大是大非問題上，韓復榘一點也不糊塗、不含糊。一九三

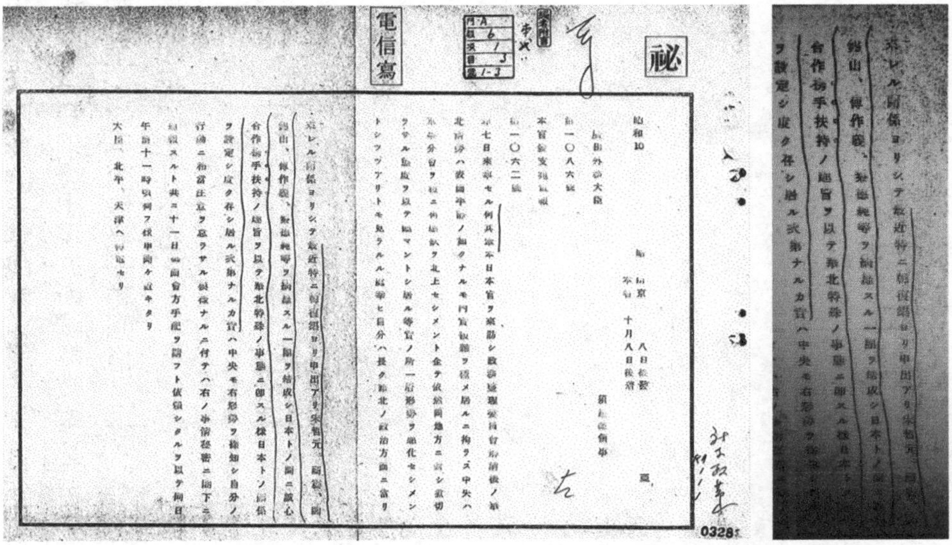

圖一九　1935年10月8日須磨彌吉郎寫給日本外務省的密報及其局部特寫（首次公開機密檔案）

六年十月二十八日《馮玉祥日記》中明確肯定了韓復榘主持山東的三點成就，第二點就是「對外之不屈」。這個「對外」的「外」即日本。因此，在韓復榘被殺前後出現的所謂韓復榘私通日本想要自治的種種傳說和文章、甚至某些著名人士（如李宗仁等）的「回憶錄」和回憶文章，其內容有不實之詞和造謠中傷的嫌疑，既有記憶錯誤，也有各懷恩怨借機落井下石。

第四章
韓復榘訪日引出的問題及其深遠影響

根據一九二五年九月十五日《馮玉祥日記》記載：「下午八點，會圖野俊吉、徐田久晴及日本海軍少佐松室孝良。」[1]第二天晚上，再次和松室孝良會面，談中日關係。應該就是在這一天，松室孝良建議馮玉祥派人訪日，觀看日軍秋操。雖然《馮玉祥日記》這一天只記載了他反感《順天時報》造謠中日關係。所謂秋操，指秋季檢閱軍隊操練和軍事演習。一九二五年九月二十一日《馮玉祥日記》中記載：「十一點，會松室孝良，為派人往日本參觀秋操事。」[2]

關於松室孝良，日本陸軍大學第十九期畢業，當時軍銜是騎兵大尉。在華先後任奉天特務機關承德機關長、多倫機關長和北平機關長、大佐軍銜。一九三六年十二月他晉升為騎兵第四旅團長、少將。兼任日本真如親王奉賢良會理事長、馮部軍事顧問。和馮、蔣夢麟、宋哲元等人保持長期的聯繫。他是當時著名的文化間諜和中國通，又是職業特務和軍人。一九三七年，他寫有專著《支那事態の正しき認識》，日本外交協會出版。一九三八年，他寫有專著《支那及び支那人》，日本東亞研究所出版。

一九二五年十月三日《馮玉祥日記》中記載：「午後二點，囑程希賢、韓復榘往日本參觀時，應行注意之事如下：一、表示中日互助。二、日本對中國有三派：其一謂中國非亡不可；其二謂中國雖不至於亡，但亦無甚希望。其三則謂中國將來統一以後，前途發展，頗難限量。汝等當與此派接近。三、言語當謹慎，如與基督教徒談話時，則告以吾等所信者為捨己救人之基督教，絕非強盜

1 《馮玉祥日記》卷一，江蘇古籍出版社，一九九二年，一〇五頁。
2 《馮玉祥日記》卷一，江蘇古籍出版社，一九九二年，一〇八頁。

式或買賣式之基督教也。」[1]

又見韓宗喆《韓復榘與西北軍》記載：

一九二五年九月十五日，日本武官松室孝良面晤馮玉祥，請西北軍派人參加以陸軍總長吳光新（日本陸軍士官學校第三期畢業生，段祺瑞妻弟，段門「四大天王」之一）為首的中國軍事代表團，赴日參觀日軍秋操，並訪問東京、仙臺等地。馮決定派韓復榘、程希賢等前往。

中國軍事代表團主要成員由東北軍和西北軍軍官組成，奉軍首席代表為郭松齡，成員有高紀毅、劉翼飛等人；西北軍首席代表為韓復榘，成員有程希賢等。[2]

一九二五年十一月六日《馮玉祥日記》中再次記載：「八點半，韓復榘、程希賢等由日本參觀秋操回，報告日本各種兵之分配及動作，並其團結之精神。」[3]《中華民國史事日誌．一九二五年十一月六日》一書記載：「（2）馮玉祥派往日本觀操之韓復榘、程希賢回抵包頭（韓等在日與奉天派往之郭松齡曾商洽合力倒張作霖）。」[4]

具體的問題出現在在日時和郭松齡的意外談話：

十月六日，中國軍事代表團啟程東渡扶桑。在東京下榻帝國飯店三樓。

---

1 《馮玉祥日記》卷一，江蘇古籍出版社，一九九二年，一一三頁。
2 《韓復榘與西北軍》，團結出版社，二〇一二年，一六二頁。
3 《馮玉祥日記》卷一，江蘇古籍出版社，一九九二年，一二八頁。
4 《中華民國史事日誌》第一冊，中央研究院近代史所出版社，一九七九年，九四二頁。

一日深夜，韓復榘已睡下，猝然有人敲門。韓披衣起視，來訪之不速之客竟是奉軍首席代表郭松齡！（另有一說是，奉軍第十九旅旅長高紀毅代表郭松齡訪韓。）[1]

郭松齡生於一八八三年，卒於一九二五年十二月二十五日。字茂宸，奉天府（今瀋陽市）深井子鎮漁樵村人，祖籍山西省汾陽縣。一九一五年，他出任東三省陸軍講武堂戰術教官，而後轉任第八混成旅旅長。一九二五年十一月，他起兵反奉失敗後，夫婦同時被殺。

圖二〇　郭松齡像

按照吳錫祺《馮玉祥、郭松齡聯合反對張作霖的經過》一文的記載：

> 郭松齡到東京後，有日本參謀本部一位重要官員來訪，問他此次來日本觀操是否兼有代表張作霖與日本國簽約的任務。事後他覺得事出蹊蹺，細心打問，才獲悉張作霖為攻打國民軍，擬同日本秘密簽約，從日本獲得一大批軍火。此項密約已在奉天談妥，張作霖通知日方，簽字代表近日將抵達東京。郭松齡認為：連年軍閥混戰，張作霖為了個人利益，不顧一切，出賣國家。無論如何我是不能苟同的。郭松齡又鄭重請求韓復榘嚴守秘密，並向馮玉祥轉達他願與國民軍合作的誠意。韓復榘深感茲事重大，表示等自己回去之後，一定將郭松齡的意思報告馮玉

1 《韓復榘與西北軍》，團結出版社，二〇一二年，一六四頁。

祥，再商量進一步的辦法。[1]

於是就出現了一九二五年十一月二十二日，馮玉祥、郭松齡決定密謀合作的結果：

十七日深夜，郭松齡在醫院召見其三弟郭大鳴及親信秘書李堅白，面授機宜，派他們前往包頭謁馮。十九日，郭、李二人持郭松齡親擬的密約條款，在馮玉祥駐津代表王乃模陪同下，前往包頭。

二十日，郭大鳴、李堅白在包頭謁見馮玉祥，出示郭松齡親擬的密約條款，凡四條，大意是：奉張若攻國民軍，郭即倒戈相向，攻打奉張；郭誠意贊助馮開發西北，所部番號改用「國民軍第四軍」或「東北國民軍」；事成後，郭率部出關，專事開發東北，不問關內事；擬將直隸、熱河劃歸李景林。馮贊成條款內容，只提出國民軍可在保大及京漢路駐紮軍隊並自由出入天津港，建議郭部改稱「東北國民軍」為宜。最後雙方達成協議，馮為甲方，郭為乙方，繕成密約兩份，馮簽字。雙方還約定以「母病癒，已出院」為發動之隱語。

郭方代表當天走後，馮玉祥命在北京參加「和平會議」的參謀長熊斌立即去天津會晤郭松齡。馮令宋哲元率騎兵兩師開往多倫，以牽制熱河奉軍。

郭松齡二十二日在密約上簽字。[2]

1 吳錫祺《馮玉祥、郭松齡聯合反對張作霖的經過》，《文史資料選輯》第一二卷第三五輯，中國文史出版社，一七〇頁。

2 《韓復榘與西北軍》，團結出版社，二〇一二年，一六四頁。

正是在這一天，郭松齡致電閻錫山，表明了要反叛張作霖之事。[1] 閻錫山看了頗不相信。十一月二十四日，馮玉祥致電閻錫山，說明情況[2]。閻錫山依然半信半疑。直到十一月二十六日，閻錫山才致電曹步章，確認郭松齡已經開始反叛張作霖。[3] 十一月二十八日，郭松齡帶隊已經佔領山海關。[4] 第二天，郭松齡帶隊進攻奉天。[5] 十一月三十日，張作霖派人和日本駐軍簽署密約，請日軍出兵平叛郭松齡。[6] 十二月九日，日軍第十師團進入奉天。十二月十三日，日本關東軍阻止郭松齡軍隊，暗中支持張作霖軍隊反擊郭松齡。這時，閻錫山已經獲悉日軍出兵一萬八千人增援張作霖軍隊。[7] 針對日軍的出面干涉，郭松齡在十二月十九日致電日本大使館表示抗議。但是沒有任何效果。十二月二十七日，在日軍、奉軍和關內軍隊的聯合夾擊下，郭松齡兵敗，夫妻被殺。[8]

訪日時為馮玉祥聯繫郭松齡這件事，應該是韓復榘意外辦成的一件對西北軍有利、而對東北軍不利的事情。這也是後來為韓復榘惹出是非的一次訪日。

一九三五年九月二十四日，韓復榘因此事再次被人整肅。當天晚上六點，韓復榘來見馮玉祥說

1 見臺灣國史館保存檔案，編號為116-010101-0024-085。
2 見臺灣國史館保存檔案，編號為116-010108-0079-027。
3 見臺灣國史館保存檔案，編號為116-010101-0023-174。
4 見臺灣國史館保存檔案，編號為116-010101-0024-106。
5 見臺灣國史館保存檔案，編號為116-010101-0024-109。
6 見臺灣國史館保存檔案，編號為116-010101-0024-125。
7 見臺灣國史館保存檔案《閻錫山電溫壽泉轉王監：先悉日兵一萬八千助張作霖抵抗郭松齡》，編號為116-010108-0083-035。
8 見臺灣國史館保存檔案，編號為116-010101-0024-223。

明此事。《馮玉祥日記》中記載：「韓向方來，言及秋操事件。」[1] 這裡並沒有具體記載是如何涉及的此事。但是事隔十年再次被人在這時提起，顯然是目標直接對準的是韓復榘。他被人看作是挑起東北軍郭松齡反叛事件的幕後黑手。其實，韓復榘只是意外地成為和馮玉祥之間的聯繫人而已。

但是，這個事件本身對於韓復榘造成了巨大的震撼和影響！

——至今，國內外很多歷史學家並未注意到這一事件對韓復榘的軍事生涯造成的深遠影響，他們只是簡單地將韓復榘解釋為一個狡猾而注重利益的多變軍閥，從不追問和研究這一次次多變背後的客觀歷史原因！在我看來，軍人和重要軍事將領的韓復榘，他作為這一事件的最初聯繫人，親眼目睹了事件的起因和結果，特別是郭松齡強烈的愛國之心和反對軍閥內戰意識！對一個軍人和軍事將領的韓復榘來帶了巨大的衝擊和震撼。

1 《馮玉祥日記》卷四，江蘇古籍出版社，一九九二年，六一一頁。

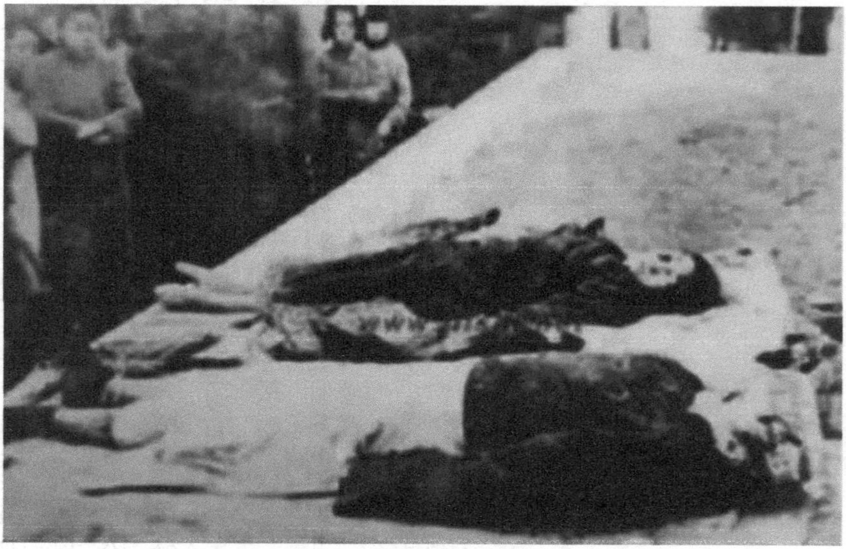

圖二一　兵敗被殺的郭松齡夫婦像

三年後，韓復榘在中原大戰的關鍵時刻，家中母親病重，已經到了瀕臨死亡的邊緣時刻（一個多月後韓母病逝）。而軍隊戰士面臨無休止的內戰和長期缺乏給養的尷尬狀況、馮玉祥對他的用而又疑的粗暴家長作風等等原因，三年前的郭松齡振臂而起反對軍閥內戰、維護中國統一的形象再次激勵了他。諸多主觀和客觀的原因促成了他毅然決然地決定：反馮投蔣，歸順中央，以此實現結束中原大戰的目的！他的這一目的真正的達到了。

第五章
韓復榘和日本財政大臣的通信

渋沢栄一，生於一八四〇年三月十六日，卒於一九三一年十一月十一日。他是日本明治—大正期間最著名的大實業家。一八六九年，他加盟日本新政府。一八七二年，他成為日本大藏大臣（相當於財政部長）。而後從政府退休，轉任日本第一國立銀行總監督、董事長。然後，他為王子制紙、大阪紡績、東京煤氣等多個近代日本大企業的創立和發展作出了巨大貢獻。一九一六年，他從日本實業界退休，致力於社會公共事業和國際親善事業。

圖二二　渋沢栄一像

根據《渋沢栄一伝記資料》第四一卷一六三頁中的史料記載，一九三一年七月十四日，渋沢栄一致函韓復榘，該信內容如下：

渋沢栄一書翰　控　韓復榘宛昭和六年七月十四日　（渋沢子爵家所蔵）

未だ謦咳に接せす候へとも一書敬呈仕候、就ハ貴國累年戦亂之餘殃先般遂に曲阜に於ける大聖孔子之霊廟をも大破せしむるに至り候由長大息に堪へさる所に禦座候、然る処尊臺ハ其復興を以て任とせられ日夜禦盡瘁あらせられ候由伝承深く感激致居候、誠に夫子之教ハ醇正忠篤にして東洋道徳之本原ニ有之、獨り貴國のミならす我日本國に於ても二千年來由りて以て孝弟忠信之美風を長養致來り候ものにて、老生の如きも少年時代より夫子之教を尊奉し、論語を以て処世之准繩と致居候程に候処、去る癸亥九月一日之大震災にて江戸幕府以來之唯一之聖堂を烏有に帰せしめ候ニ付、老生等知友と相謀りて目下鋭意其復興に相勉め居候次第ニ候へハ、尊臺刻下之禦努力に対し一入感銘を深くする所に禦座候、何卒此上とも十分禦戮力、一日も早く完成致し益夫子之遺風を発揚し、以て名教之維持思想之善導に資せられ候様偏ニ希望

致候

不宣

昭和六年七月十四日　渋沢

韓復榘殿　（山東省長）

該信原始照片如圖二三。

這封信的中文內容大意是：

就貴國累年受戰亂之餘殃，致使位於曲阜的大聖先師孔子之廟也遭受了很大程度的破壞，我對此感到非常難過和歎息。您就任以來，為努力復興文化傳承，日夜操勞而鞠躬盡瘁，我對此深深感激。孔夫子之教實在是醇正忠篤，是東洋道德的本原。不單單只是在貴國，而且也是我們日本國二千年以來延續至今的孝弟忠信之美風，哪怕如老生的我在少年時代就開始了尊奉孔夫子之教，每時每刻以《論語》作為處世之準繩。癸亥九月一

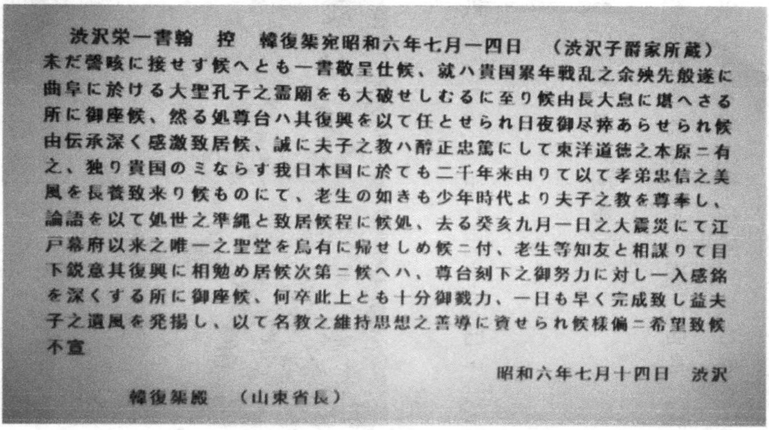

渋沢栄一書翰　控　韓復榘宛昭和六年七月一四日　（渋沢子爵家所蔵）

未だ謦咳に接せす候へとも一書敬呈仕候、就ハ貴国累年戦乱之余殃先般遂に曲阜に於ける大聖孔子之靈廟をも大破せしむるに至り候由長大息に堪へさる所に御座候、然る処尊台ハ其復興を以て任とせられ日夜御尽瘁あらせられ候由伝承深く感激致居候、誠に夫子之教ハ醇正忠篤にして東洋道徳之本原ニ有之、独り貴国のミならす我日本国に於ても二千年来由りて以て孝弟忠信之美風を長養致来り候ものにて、老生の如きも少年時代より夫子之教を尊奉し、論語を以て処世之準縄と致居候程に候処、去る癸亥九月一日之大震災にて江戸幕府以来之唯一之聖堂を烏有に帰せしめ候ニ付、老生等知友と相謀りて目下鋭意其復興に相勉め居候次第ニ候へハ、尊台刻下之御努力に対し一入感銘を深くする所に御座候、何卒此上とも十分御戮力、一日も早く完成致し益夫子之遺風を発揚し、以て名教之維持思想之善導に資せられ候様偏ニ希望致候

不宣

昭和六年七月十四日　渋沢

韓復榘殿　（山東省長）

圖二三

日發生的關東大地震，使得江戸幕府以來唯一的湯島孔子聖堂，頃刻化為烏有。老生等聯合友人們正一起計畫著恢復它。現在正是復興孔夫子學說的最佳時期，我們深深感到您在山東的努力成果，希望儘快實現發揚孔夫子之遺風，以推廣名教思想。

昭和六年（一九三一）七月十四日致山東省長韓復榘

這裡提到的所謂在山東努力的成果，大概就是指韓在山東對修復孔廟的支持。更具體來說，一九三一年三月二十三日，韓復榘向國民政府提出了《曲阜先聖先賢林廟修復申請資助》的議案[1]。或許，渋沢栄一聽到這一消息後才給韓復榘寫信。

當年一九三一年八月六日，韓復榘給渋沢栄一回信，該信原始照片如圖二四。

該信內容，我加以標點如下：

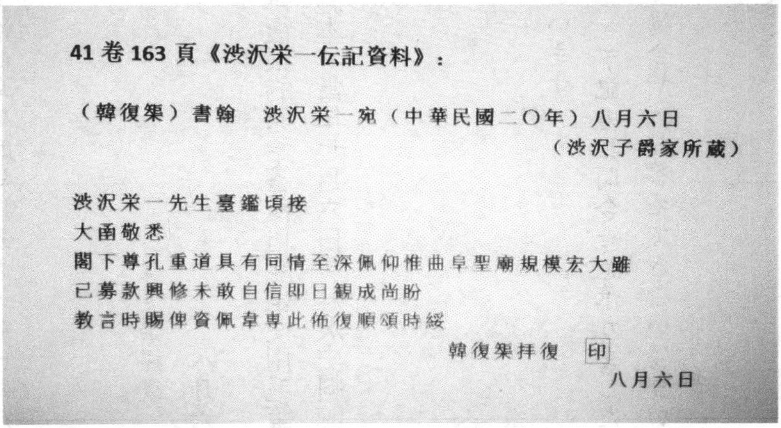
41卷163頁《渋沢栄一伝記資料》：

（韓復榘）書翰　渋沢栄一宛（中華民國二〇年）八月六日

（渋沢子爵家所蔵）

渋沢栄一先生臺鑑頃接

大函敬悉

閣下尊孔重道具有同情至深佩仰惟曲阜聖廟規模宏大雖

已募款興修未敢自信即日觀成尚盼

教言時賜俾資佩韋專此佈復順頌時綏

韓復榘拜復　印

八月六日

圖二四

1　見臺灣國史館保存檔案，編號為001-051800-0004。

（韓復榘）書翰　渋沢栄一宛（中華民國二〇年）八月六日

（渋沢子爵家所蔵）

渋沢栄一先生臺鑒：

頃接大函，敬悉閣下尊孔重道，具有同情，至深佩仰！惟曲阜聖廟規模宏大，雖已募款。興修未敢自信。即日觀成，尚盼教言，時賜俾資佩韋。

專此，布復，順頌時綏。

韓復榘拜復　印

八月六日

二〇一七年七月一日，我給日本渋沢史料館去信，我懷疑韓復榘的原始答覆可能是使用毛筆撰寫的，於是要求調閱此信的原件，並希望可以得到這封信函的影本。當年七月六日，渋沢史料館答覆我如下：

發送時間：二〇一七年七月六日 18:35

收件人：kyotosizumoto@hotmail.com

主題：【渋沢栄一記念財団】お問合せありがとうございます。

この度はお問合せいただき誠にありがとうございます。下記のお問合せを承りました。お問合せの内容によっては、數日以上お時間をいただく場合や、お答えできない場合がございますのであらかじめご了承ください。

這封答覆的大意是：

您所詢問的內容，我們需要幾天的時間去查閱原始檔案然後再答覆，現在無法回答您的問題。

七月十一日，渋沢史料館再次答覆如下：

發送時間：二〇一七年七月十一日 5:50
收件人：kyoto sizumoto
抄送：kuwabara@shibusawa.or.jp
主題：Re: 轉發：【渋沢栄一記念財団】お問合せありがとうございます。

Dear Mr. Zheng Liu,

Thank you very much for your inquiry. I am sorry for not replying earlier.

Our curator is now checking if the letter in question is included in the Shibusawa Memorial Museum collection. I will come back to you as soon as we found it.

Thank you very much for your kind understanding and patience.

Best regards,

Ruri Kato (Ms.)
Manager of the Research Center
Cultural Resources Department
Shibusawa Eiichi Memorial Foundation

2-16-1 Nishigahara, Kita-ku
Tokyo 114-0024 Japan

這次回信再次答覆我，讓我等待幾日，他們正在查找相關檔案。七月二十六日，渋沢史料館第三次答覆如下：

Dear Mr. Zheng Liu

Sorry that it took for a while to reply to your message.

Our curator searched the letter in question, but unfortunately the Shibusawa Memorial Museum collection does not include the original letter.

We are sorry that we cannot answer to your request. I wish you the best of success in your research in the future.

Best regards,

Ruri Kato (Ms.)
Manager of the Research Center
Cultural Resources Department
Shibusawa Eiichi Memorial Foundation
2-16-1 Nishigahara, Kita-ku
Tokyo 114-0024 Japan

我被告之，他們沒有查找到這封來信的原始毛筆件。顯然，應該是列印的公函。可見，韓復榘的回信沒有絲毫的個人情感因素介入其中，完全是本著公事公辦的態度，使用列印件回覆。但是，此信已經證明了韓復榘在山東的治理產生的影響已經在日本國內被廣泛認可。

第六章
是文盲草寇大軍閥
還是儒雅書生武狀元

除了侯寶林惡意改變傳統相聲《關公戰秦瓊》以羞辱韓老太爺來達到間接羞辱韓復榘的效果之外，一九四九年以後基本上沒有再出現新的羞辱韓復榘的那些「傳說」。因為，韓復榘被殺的直接理由盡人皆知是所謂的不抗日、為保存實力而帶兵逃跑……誠如是，則羞辱韓復榘的活動應該圍繞著這個大是大非的民族問題而出現才顯得國家和民族的正氣、正義！可是，十分可惜和不解的是：至今傳世的全部有關韓復榘的政治笑話、生活笑話、帶兵笑話等等，根本沒有任何文字對他的這一最該被指控的罪行給予痛斥和批判！換句話說，所有對韓復榘的指責、嘲諷和批判，沒有一句話是配合戰時的國民政府對他的罪行指控，卻是一味的集中在虛構一個大字識不了幾個、張嘴必定是滿口污言穢語的大草包、大土豪、大軍閥的典型惡霸。

這些羞辱更多的只是沒有任何事實根據的人身攻擊而已。也即沒有任何事實根據的「標題黨」而已。歷史一旦被文學戲說，則真實的歷史也就開始走進了被侮辱、被曲解、被無視的階段了。在中國相當的歷史時期，文學戲說成了正史，客觀助長了「歷史嫖客學」的發達！歷史學瞬間變成了青樓女子，盡人可夫！文學戲說歷史，最後演繹成民間傳說，真實的歷史則蕩然無存！韓復榘就是這樣一個被不停地戲說的歷史人物。只是這些有關韓復榘的「傳說」出於什麼目的呢？是為了配合和證明蔣介石殺韓復榘的正確，還是為了鄙視民國軍隊的無能？是為了印證和彰顯國民黨的腐敗和腐朽，還是為了自己茶餘飯後得以開心消遣？

我們在揭穿這些「傳說」的虛偽和無聊、甚至無恥之前，先羅列一些主要的「傳說」的兩個核心要點：

第一，必定要說韓復榘是「行伍出身，認識不了幾個字」，或者客氣一點說他「粗通筆墨」，或者就開心地轉告一則故事：「他看了電報不太高興了，對副官們說，俺的公務這麼繁忙，就為了一『語』呀！副官說：不是一『語』，是一『晤』，委員長要見你一面。韓復榘說，俺一個大老爺們，有啥好看的？」類似的故事還有很多，只要你耐心搜索。

第二，必定要說韓復榘說話不合邏輯。如「開會的人來齊了沒有？看樣子大概是五分之八啦，來到的就不說咧，沒來的舉手吧！」又如「你們這些烏合之眾是科學科的，化學化的，都懂七八國的英文。兄弟我是大老粗，連中國的英文也不懂。你們是從筆筒裡爬出來的，兄弟我是從炮筒裡鑽出來的。」再如「十來個人穿著褲衩搶一個球，像什麼樣子？多不雅觀！明天到我公館再領筆錢，多買幾個球，一人發一個，省得再你爭我搶。」這樣的例子還可以無限例證下去，只要大家開心。

其實，我們只需要如實介紹一下韓復榘和教育及傳統文化之間的關係，通過他的親身成長經歷就立刻明白了這些「傳說」的荒唐、可笑和無稽、甚至無恥！

先看第一個證據：來自《霸縣新志》的歷史記載。

根據《霸縣新志》記載：「民國二十一年（一九三二）春，經全縣民眾要求：添設初中。由韓復榘先生捐助建築費。是年八月公竣。」（圖二五）

這是韓復榘為家鄉捐款，建設初中的歷史記錄。這是本書作者所接觸到的第一條關於韓復榘和教育及傳統文化之關係的相關記載。

第二個證據：其生母墓誌銘中記載

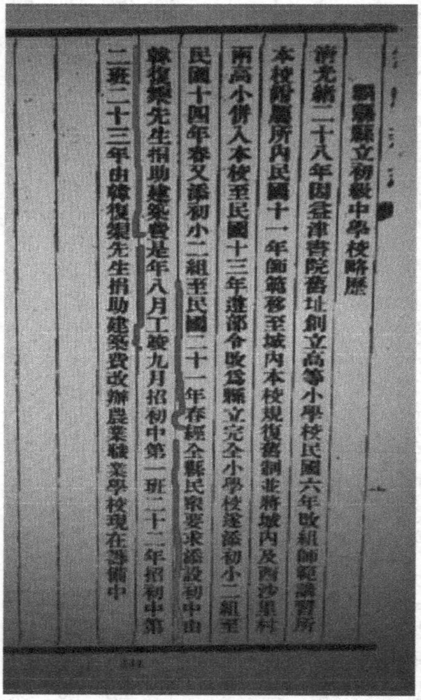
霸縣縣立初級中學校略歷
清光緒二十八年因益津書院舊址創立高等小學校民國六年改組師範講習所
本校館屬所內民國十一年師範移至城內本校規復舊制並將城內及西沙里村
兩高小併入本校至民國十三年遵部令改爲縣立完全小學校並添初小二組至
民國十四年春又添初小二組至民國二十一年春經全縣民衆要求添設初中由
韓復榘先生捐助建築費是年八月工竣九月招初中第一班二十二年招初中第
二班二十三年由韓復榘先生捐助建築費改辦農業職業學校現在籌備中

圖二五

的對子女的相關教育。

《韓太夫人李氏墓誌銘》：「生子凡六人。噢咻不怠，而教誨必嚴。晨起操作，夜分檢校，盤匜盤籚，簋筥孅屑，悉備悉慮。暇則課督子女。書簽在前，針絥在右。載譙載紉，口手交乘。嘗曰：『貧困不足慮，要當使兒輩奮發，有所建樹，為邦國光，斯不負耳！』……而復榘遂以軍功顯擢，洊膺河南省政府主席，奉迎板輿至開封就養。……太夫人慈祥愷悌，老而不衰。常以『盡忠國事，愛惜民生』為復榘誡。……太夫人於民國十八年七月十九日病卒，享年七十有二。子復森、復懋、復榘、復彬。」

圖二六　清代畫家筆下的《孟母三遷》

韓復榘母親對他的教育具有絕大的重要性。因為中國的傳統從先秦時期的孟母三遷，就奠定了母親的教育行為對子女所具有的巨大作用。

韓復榘母親最重要的教育觀點被保留下來，即：「貧困不足慮，要當使兒輩奮發，有所建樹，為邦國光，斯不負耳」和「盡忠國事，愛惜民生」這兩點母訓。這兩點母訓簡直就是「精忠報國」的現代版。也是草根階層最佳的勵志語言！

第三個證據：韓復榘本人的書法見證。

中國傳統文化人和民間信仰相信：從一個人的書法可以看出其人的知識水準和學術深度。我通過韓復榘的題字、題詞、尺牘、法帖四個方面，以事實加以說明。

一、題字

這裡的題字是韓復榘比較著名的顏體題字之一。首先是「裕魯當」題字，這是當時的當鋪之名，一九三二年六月十六日創建。當時的山東省賑務委員會常務委員趙新儒任監督，辛鑄九為董事長，薛映書為總經理。《濟南大觀》記載：「山東裕魯當，設城內按察司街，係山東省官典。資本金定國幣三十萬元。以救濟民生為宗旨，以董事會組織法組織之。韓復榘主席為監督，辛鑄九為董事長，薛映書為經理。每日出當時間，上午七點至午後五點止，中間並不休息；星期日休息半日；舊曆年，正月初一日休息一日，初二、初三兩日上午照常，下午休息。節季臨時規定。」

這家當鋪的創建，打破了當時日本當鋪佔據山東全省地盤的局面。「裕魯當」的「裕魯」兩個字，是「富裕齊魯」的簡稱。這三個字使用顏體正楷書寫，功力深厚，非書法平庸之人所能寫出。落款時間為「癸酉仲秋」，即一九三三年十月四日。該當鋪已經開張了一年半之後，他才給予題字。可見他的慎重。

其次是他給濟南電氣公司新廠房的題字。該公司成立

圖二七

於一九一九年。一九三四年，韓復榘指令山東省政府收購該公司。一九三五年春，該公司新廠落成，使用了英國產的五〇〇〇千瓦汽輪發電機組。為此，韓復榘為此題字。

沒有時間落款。根據我們上述說明，可以知道題字應該出自一九三五年春夏之際。「大放光明」四個字使用的是隸書。其中，「放」字和「明」字中的豎鉤以筆，他省略了末筆鉤的寫法，修改為豎筆的中間收筆，形成向下紮入的筆勢，使圓潤的隸書書法中的橫空出現了鋒利的氣勢。十分難得！而且「明」字的一撇，以尖鋒展開，而不是以圓潤停頓收筆，和前三個字的一撇格外不同。四個字的隸書，圓潤中蘊涵著鋒芒，間架結構穩中有變，具有強烈的藝術感染力！充分顯示出作者在隸書上過人的功力和造詣。落款使用的是魏碑體字。

最後，再看他給山東大學學報的題字。依然沒有題字時間。但是我們根據當時記載的國民政府主席林森、行政院長于右任、青島市市長沈鴻烈等人給予《山大二五年刊》題字之事，由此而來可以推斷出山東省政府主席韓復榘題字時間當為一九三六年六月。青島藍山路醒民印刷局承印該年刊，一六開道林紙印刷，軟精裝，棗紅色皮面護封。

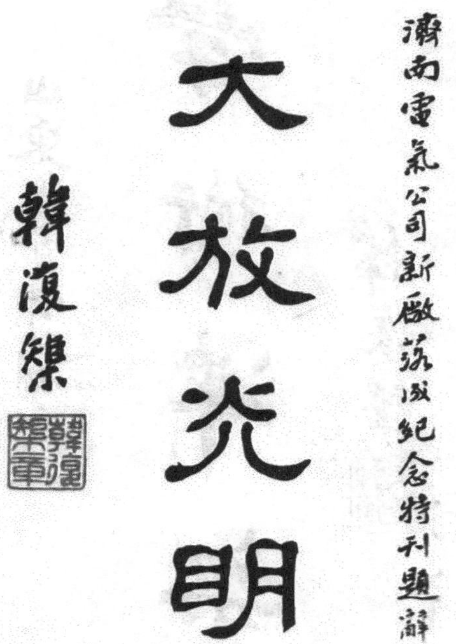
濟南電氣公司新廠落成紀念特刊題辭
大放光明
韓復榘
圖二八

題字「學術津梁」四個字，屬於魏碑體字。這是韓復榘個人書法最常用的字體。「津梁」一詞，典出《國語．晉語》：「豈謂君無有，亦為君之東遊津梁之上，無有難急也。」又如《魏書．封懿傳》：「每薦此二公，非直為國進賢，亦為汝等將來之津梁也。」韓復榘在此使用了很少見的古語，以此比喻山東大學在引導學生走入學術研究發揮的橋樑作用。可以說比喻非常貼切！

圖二九

二、尺牘

接下來再看韓復榘的個人往來書信中的書法。至今，在河北省檔案館保存了一封完整而罕見的韓復榘致函商震的兩頁親筆書信。該信內容如下：

啟予主席鈞簽：久疏問候，殊切瞻依恭維。
政躬納祜，
潭第口庥，為煩為祝。謹啟者弊友
李君國鈞自隸
栟櫲，多蒙噓掖並任感謝。嗣後
仍熙隨時指導，俾免損越。則所

感者不止李君一人已也。耑此。敬候

鈞祺。

委員韓復榘謹啟

十二月十六日

這封信是韓復榘寫給好友、時任河北省主席的商震。該信內容只是涉及到了李國鈞叛變之事。商震是一九三五年六月至一九三六年出任河北省政府主席一職。而此信落款是「十二月十六日」，則寫作時間只能是一九三五年十二月十六日。全信使用標準行書，而且是顏體，並且略有魏碑風格特點。可見這是韓復榘本人的一貫書風。此函清秀大方，佈局嚴整，筆意流暢。是難得的優秀尺牘。

我們再看看韓復榘給蔣介石的一封尺牘，原始尺牘照片如圖三一。

總司令鈞鑒：久違

鈞範，時切馳依。頃悉

旌麾蒞潯，伏諗

德望。秋高

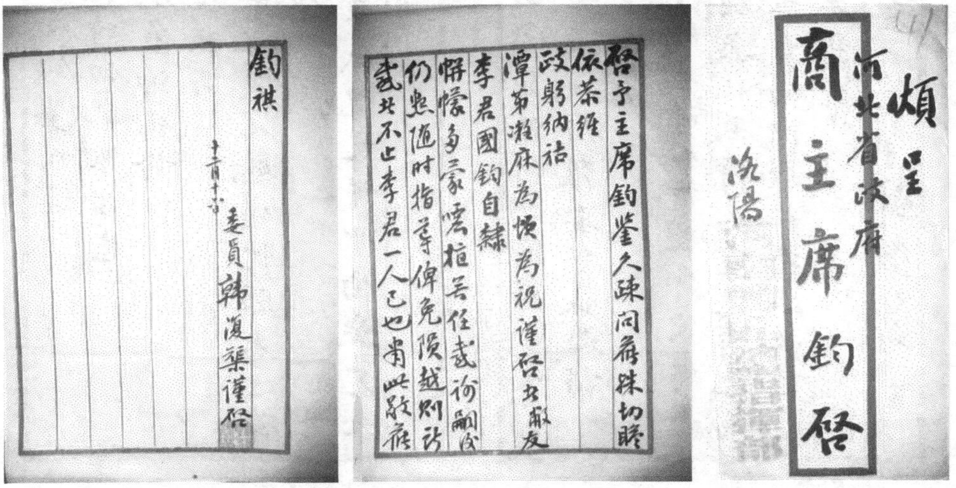

圖三〇　（首次公開機密檔案）

勳華，日茂定慰頌忱。膠東之事，
至勞
廑系。感愧交並。昨伯誠兄來
魯，特轉承
鈞誨，當即攜同返濟。切實籌商
矣。茲遣職府張委員鉞，趨謁
麾下，伏乞
俯予賜見，詳加指教。俾便轉達
遵循，無任感禱。未盡之情，統囑
張委員面陳。謹此奉函，敬請
鈞安！諸維
霽鑒。　職韓復榘謹呈

韓復榘給蔣介石的信，基本上多是楷書，表示尊敬。而且他的楷書具有魏碑的風格，顯得極其特殊而富有金石韻味。雖然沒有寫信日期，但是從內容有「膠東之事」來分析，應該出自一九三二年十一月至十二月之間。

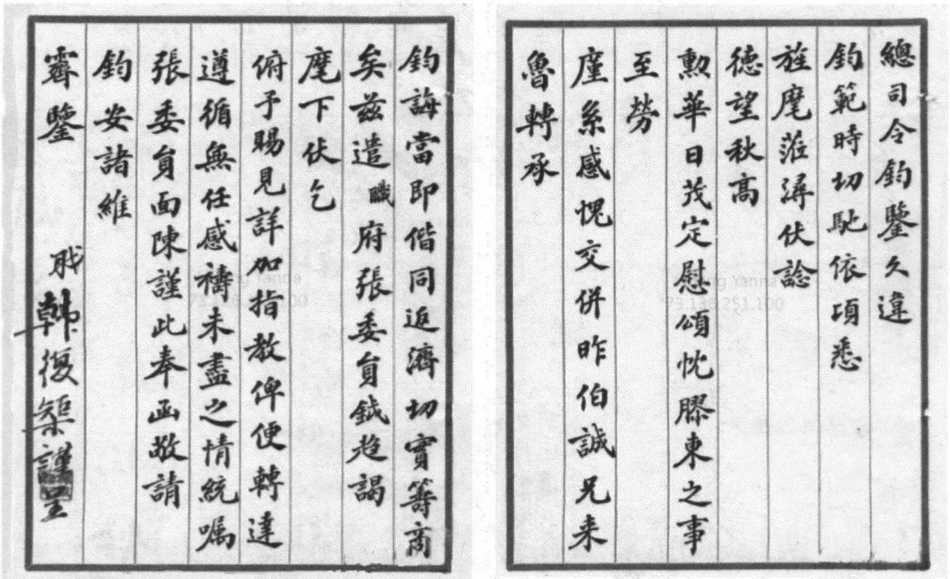
總司令鈞鑒久違
鈞範時切馳依頃悉
旌麾蒞濟伏諗
德望秋高
勳華日茂定慰頌忱膠東之事
至勞
廑系感愧交併昨伯誠兄来
魯轉承
鈞誨當即偕同返濟切實籌商
矣茲遣職府張委員鉞趨謁
麾下伏乞
俯予賜見詳加指教俾便轉達
遵循無任感禱未盡之情統囑
張委員面陳謹此奉函敬請
鈞安諸維
霽鑒　職韓復榘謹呈

圖三一　（首次公開機密檔案）

三、題詞

一般書法家寫題字，多以十四個字以內為度。多寫就是題詞，題詞一多則難免出現佈局問題和用筆不到之處。但是，韓復榘的題字卻是不畏其多。見如下他給煙臺紅十字會撫養院成立三周年寫的題詞。

煙臺紅十字會最早成立是在一九〇四年。一九三〇年，煙臺紅十字會設立了撫產局。專門負責向產婦及嬰兒施捨藥品和給予貧婦生育撫恤大洋三元等優惠待遇。撫產局下設立撫養院，主要針對無人照顧的孤兒和老人。韓復榘一九三〇年九月五日出任省政府主席，同年設立了民政廳。煙臺紅十字會設立撫產局的時間顯然應該在九月五日之後。則這個題詞是撫產局設立撫養院三年之時，此題詞最早不會超過一九三三年十月，最晚不會遲於一九三六年十月。

該題詞內容如下：

煙臺紅十字會撫養院三週紀念題詞

養老慈幼，王政所先。窮民無告，凍餒堪憐。貴會宗旨，仁愛纏緜。推恩孤獨，功莫大焉。籌備完善，已三週年。各遂生活，永免顛連。海山蒼莽，海水淪漣。心存利濟，化日光天。

韓復榘題

原始題詞照片見圖三二。

這裡，標題有個明顯的失誤：將「三週年」誤作「三週」。足見當時是一氣呵成，沒有修改和再寫。使用的字體依然是韓復榘的具有顏體和魏碑雙重特點的一貫書風。但是通篇佈局緊湊、和諧、完整，顯得十分精美。

四、法帖

這裡所謂的法帖，我們專指書法家自己書寫後掛在自家中欣賞之物，一般多是精心策劃建構的。也足以顯示出書法家本人的愛好、品格和精神追求。因為寫給別人的題詞、題字可能是隨意的、應酬的。而寫給自己的才是最見精神的物件。

韓復榘的這樣的法帖保存下來的並不多。下面這幅顯得尤其珍貴。

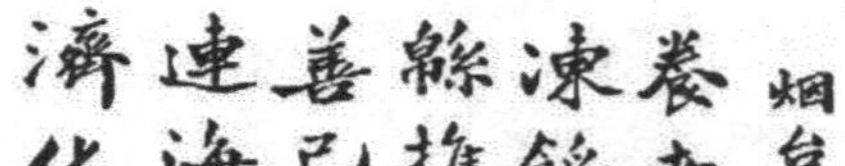
烟台紅卍字會恤養院三週紀念題詞
養老慈幼王政所先窮民無告
凍餒堪憐貴會宗旨仁愛纏
綿推恩孤獨功莫大焉壽備完
善已三週年各遂生活永免顛
連海山蒼莽海水淪漣心存利
濟化日光天
韓復榘題

圖三二

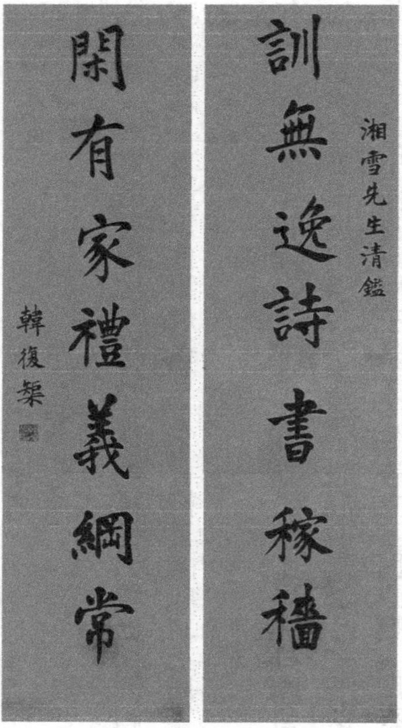
湘雪先生清鑑
訓無逸詩書稼穡
閑有家禮義綱常
韓復榘

圖三三

這幅法帖只是「訓無逸詩書稼穡，閑有家禮義綱常」一幅對聯，直接使用清代大學者王鳴盛的對聯，既顯示了韓家的家教傳統，也是他本人信奉的人生信念之一，更是他學問廣博的象徵。字體依然是具有顏體和魏碑的雙重風格，而且是大字，寫法極其特殊而且瀟灑，金石韻味十足。但是卻顯得有幾分悲傷、悲壯的審美效果！

落款是「韓復榘」，上款是「湘雪先生清鑑」。沒有時間款。我們推測說明此幅作品是他出自山東省政府主席的任上。湘雪先生，即李炳南。字雪廬，法號德明，山東濟南人。別署雪僧、雪叟。生於一八八九年，卒於一九八六年。曾任孔廟衍聖公孔奉祀官府秘書長。則此法帖顯然應在韓復榘在山東整修孔廟前後，即一九三四年。

關於韓復榘的學書記載，我們看看《韓復榘與西北軍》一書中對於其書法的記載：

韓復榘自幼聰穎好學，在塾中隨父讀書，通讀四書（《大學》、《中庸》及《論語》、《孟子》）、《詩經》、《書經》、《春秋左傳》等，除子、史外，還學習古文選、八股文、唐詩絕句等，練習作文及習字也是重要功課。韓對書法尤為偏愛，時時臨摹，頗有造詣，小楷更見清秀工整，為他日後在縣衙裡任「帖寫」謀生，並在軍旅中以「司書生」進身創造了條件。1

又見該書記載：

光緒三十四年（西元一九〇八年）春，韓世澤托友人、縣衙刑房主管王佐舟舉薦韓復榘拜縣衙蔣稿公（掌稿房吏）為師，在戶房內當了一名「帖寫」（抄寫小吏），主要工作就是伏案

---

1 《韓復榘與西北軍》，團結出版社，二〇一二年，六頁。

謄錄文牘。[1]

在《我的父親韓復榘》一書記載為：

父親曾在縣衙當過「帖寫」，又是部隊「司書」出身，書法頗有根底，因此直接過問我們的習字。他親自佈置我們作業，規定每天必須寫幾篇大字、若干小楷，雖公務繁忙，仍不忘檢查。[2]

後裔的言論可能還需要更多的證據支撐。我們找到了一份珍貴的證據資料：根據《劉汝明回憶錄》記載：

韓復榘和我一樣，也是先到後哨當「文案」，後來改為什長。[3]

這是韓復榘當過部隊的司書（文案）的鐵證。雖然在韓復榘的老上司馮玉祥的日記中，給我們提供了另一種觀點：一九三〇年三月二十三日《馮玉祥日記》記載了柴春霖與馮玉祥的談話：

柴春霖來，謂：「韓復榘對於總司令，不斷的說：『實是我的不對，單就讀書寫字說，不是總司令教我，怎有今日呢？』」我說：「我對於誰，都可以說話，惟對韓無話可說，我深覺對不起他，使他讀書太少。要是讀多了，也不至於這麼樣子。過去的事，現在可不再提，只要

1 《韓復榘與西北軍》，團結出版社，二〇一二年，六頁。

2 《我的父親韓復榘》，中華書局，二〇一三年，二八頁。

3 《劉汝明回憶錄》，臺灣傳記文學出版社，一九七九年，四頁。

他努力倒蔣就好了。」[1]

這裡，馮玉祥記載了柴春霖轉達韓復榘的話：「單就讀書寫字說，不是總司令教我，怎有今日呢？」但是，這裡並沒有過細展開說明。只能理解為馮玉祥曾經鼓勵和指導韓復榘讀書、寫字。

《馮玉祥日記》中記載了他兩次贈書給韓復榘：一次是一九二三年六月三日，馮玉祥關心韓復榘的學習，贈送給他一套《孔子家語》。一次是一九三六年一月十八日，馮玉祥委託鄧仲芝給韓復榘帶去一部《四部備要》，馮玉祥的用心是「為使之讀書而努力救國家也」。[2]這並不是直接指導讀書的證明，而是上司對下屬的一種精神誘導和勉勵而已。

我們再看看時下學術界的觀點。徐北文《李景林之死及其他》一文中：「韓復榘在西北軍以能詩文，擅書法發跡。他在山東主政後，把一些術士、僧道統統趕出衙門，並重用何思源、梁漱溟、趙太侔等新派文人。韓與張宗昌的不同，是由於文野之分。至於韓復榘在民間傳說中已成為粗魯無知的軍閥典型，其實不確。筆者幼年時，曾瞻望其風采，頗有老儒風範，其詩亦合平仄，通順可讀。」[3]

還有韓復榘書法見證人和當事人的回憶，陸立之《誰主沉浮》一文記載：「我從濟南回南京前，韓復榘表示惜別，親自題上下款，臨時贈送了一張照片給我。當時他懸腕振筆，恭正地寫了兩行遒勁的楷字，我又看到了韓復榘的書法也有功底。」[4]

---

1 《馮玉祥日記》卷三，江蘇古籍出版社，一九九二年，一五〇頁。
2 《馮玉祥日記》卷四，江蘇古籍出版社，一九九二年，六七二頁。
3 《李景林之死及其他》，《濟南日報》，一九九三年十月九日。
4 《誰主沉浮》，中國文史出版社，二〇〇六年，二六一頁。

請注意：這是當事人的現場觀摩的準確記錄！也是韓復榘沒有書法代筆人的最真實記錄！到此為止，我們可以再看看歷史上真實的韓復榘與被傳說的韓復榘之間的本質區別了！是文盲草寇大軍閥還是儒雅書生武狀元？我們相信讀者自己已經有了判斷。我們再提供幾幅韓復榘書法作品，讓讀者徹底瞭解事實。如下：

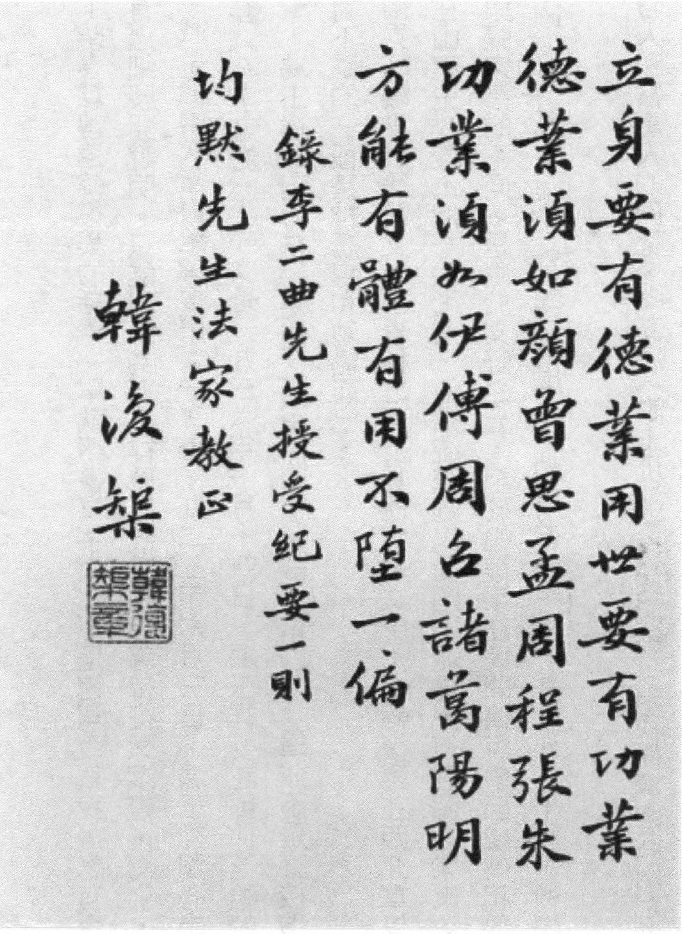
立身要有德業用世要有功業
德業須如顏曾思孟周程張朱
功業須如伊傅周召諸葛陽明
方能有體有用不墮一偏
錄李二曲先生授受紀要一則
均默先生法家教正
韓復榘

圖三四　韓復榘書格言手跡

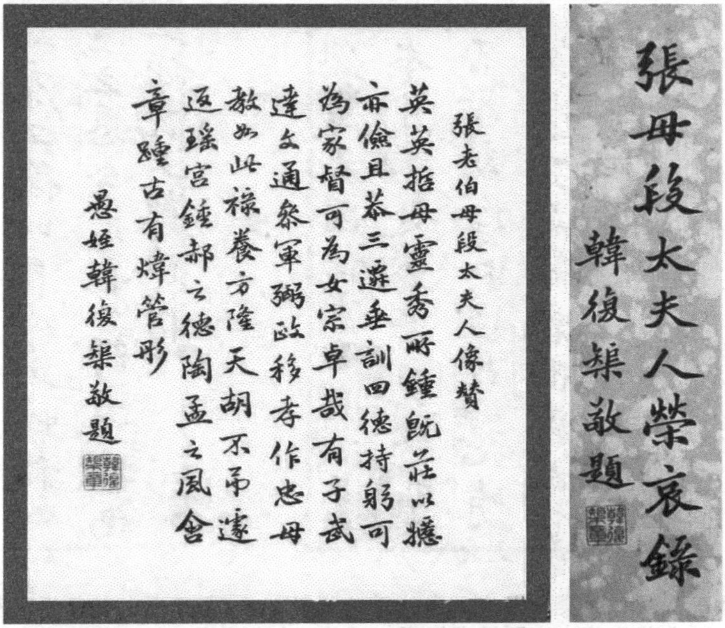

圖三五　韓復榘書《段太夫人像贊》

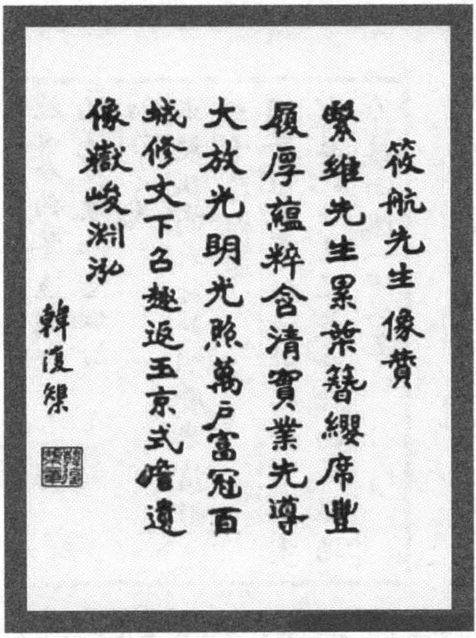

圖三六　韓復榘書《筱航先生像贊》

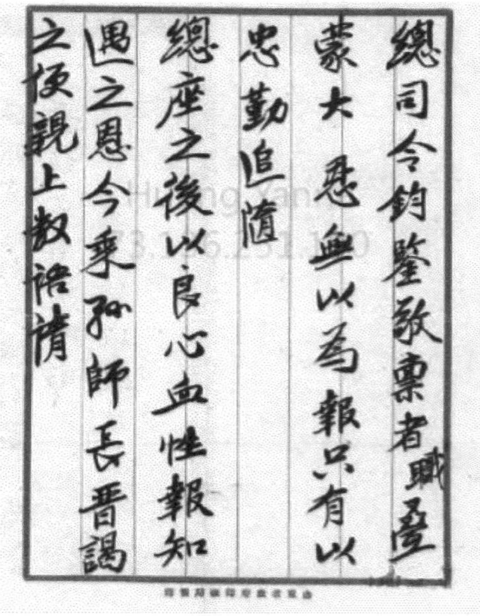

總司令鈞鑒敬稟者職疊
蒙大恩無以為報只有以
忠勤追隨
總座之後以良心血性報知
遇之恩今秉承師長晉謁
之便親上數語請

圖三七　韓復榘致蔣介石書信手跡一(A)
（首次公開機密檔案）

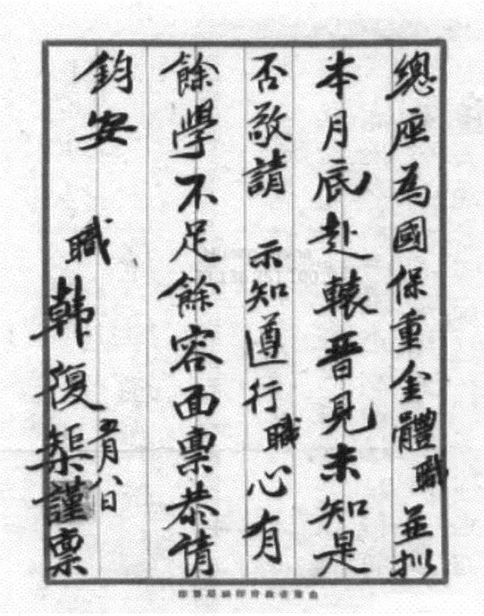

總座為國保重金體職並擬
本月底赴轅晉見未知是
否敬請 示知遵行職心有
餘學不足餘容面稟恭請
鈞安 職韓復榘謹稟 十月八日

圖三八　韓復榘致蔣介石書信手跡一(B)
（首次公開機密檔案）

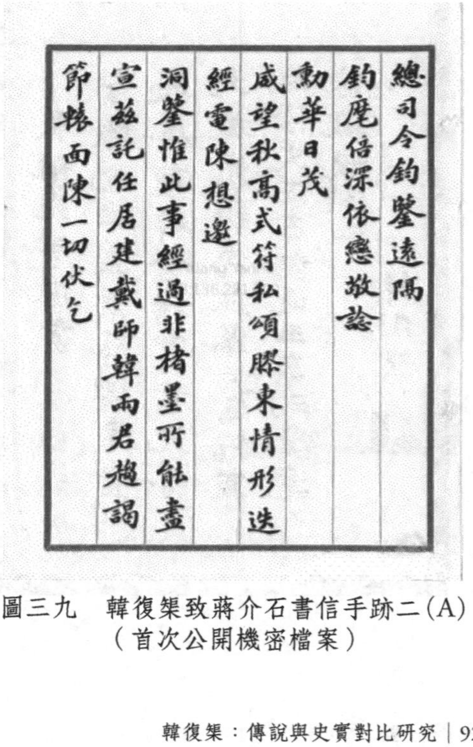

總司令鈞鑒遠隔
鈞麾倍深依戀敬諗
勳華日茂
威望秋高式符私頌膠東情形迭
經電陳想邀
洞鑒惟此事經過非楮墨所能盡
宣茲託任居建戴師韓兩君趨謁
節麾面陳一切伏乞

圖三九　韓復榘致蔣介石書信手跡二(A)
（首次公開機密檔案）

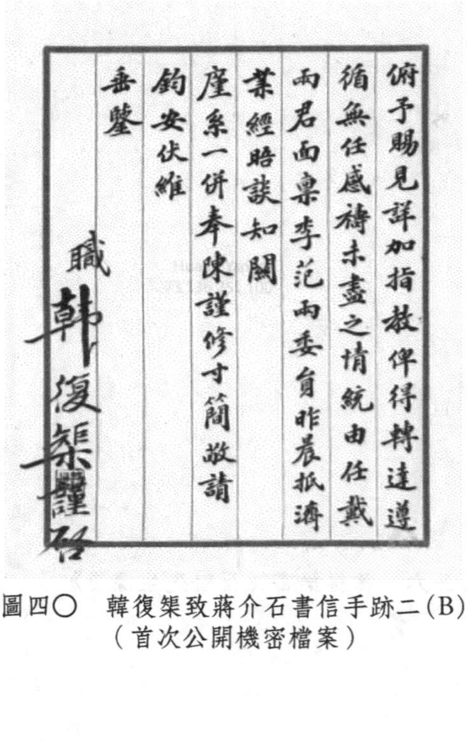

俯予賜見詳加指教俾得轉達遵
循無任感禱未盡之情統由任戴
兩君面稟李范兩委員昨晨抵濟
業經晤談知關
座系一併奉陳謹修寸簡敬請
鈞安伏維
垂鑒
職韓復榘謹啓

圖四〇　韓復榘致蔣介石書信手跡二(B)
（首次公開機密檔案）

第七章
投蔣前韓復榘和馮玉祥的關係

在馮玉祥的手下將領中，有所謂十三太保之稱。如下：韓復榘、石友三、孫連仲、孫良誠、劉汝明、張維璽、佟麟閣、過之綱、葛金章、聞承烈、趙希賢、韓多峰、趙席聘。

一九二四年底，馮玉祥發動「北京政變」後，段祺瑞委任馮玉祥為西北邊防督辦。從此，馮玉祥的部隊正式被稱為「西北邊防軍」。最多時兵力達到四十多萬人。

一九二〇年第十六混成旅改編為陸軍第十一師，馮玉祥任師長，次年馮玉祥任陝西督軍兼第十一師師長，查當時的軍制史料，知道其下有五個旅：

圖四一　西北邊防督辦馮玉祥像

圖四二　西北軍十三太保

第七混成旅旅長　張之江
第八混成旅旅長　李鳴鐘
第二一混成旅旅長　鹿鍾麟
第二二混成旅旅長　劉鬱芬
第二五混成旅旅長　宋哲元

這就是「西北軍」最初的五虎上將。馮玉祥後來的新五虎將就是韓復榘、孫連仲、石友三、劉汝明、孫良誠。

一九二二年二月三日，韓復榘這一天正式進入馮玉祥的日記中：「午後一點半，諭各部會議人員，在總辦公處集合，令孫團長良誠、韓團長復榘、孫營長連仲、王營長冠軍，念春季檢閱課目表。」[1]

按照《劉汝明回憶錄》的記載，韓復榘最初加盟馮氏第十六混成旅中是從晚清軍隊編制中的第二十鎮而來的：「所以由二十鎮來找馮先生的人很多，像前面提到過的李鳴鐘就是一個，到民國元年四、五月間，來的更多，現在記得的有韓復榘。」[2]

按照這一記載，韓復榘是在一九一二年四、五月正式加入了馮玉祥的部隊。到了一九一八年以前，他已經成為馮玉祥軍隊的一名營長。

1 《馮玉祥日記》卷一，江蘇古籍出版社，一九九二年，八六頁。
2 《劉汝明回憶錄》，臺灣傳記文學出版社，一九七九年，三—四頁。

一九一八年，第十六混成旅駐常德時官制如下：

旅　長　馮玉祥

秘書長　陳經綬

副官長　宋仲良

參謀長　張樹聲

中校參謀　石敬亭

少校參謀　劉驥

第一團團長　鄒心鏡

第一營營長　周性靜　第二營營長　張維璽　第三營營長　孫良誠

第二團團長　張之江

第一營營長　宋哲元　第二營營長　宋哲元（兼任）　第三營營長　楊紹緒

第三團團長　李鳴鐘（原任張樹聲）

第一營營長　韓復榘　第二營營長　石友三　第三營營長　谷良友

第四團團長（教導團）　劉鬱芬

第一營營長　劉汝明　第二營營長　佟麟閣　第三營營長　席液池

炮兵團團長　鹿鍾麟

騎兵營營長　張之江（兼任）

機槍營營長　韓多峰

一九二二年五月十四日《馮玉祥日記》記載：「九點至夜三點，聞槍聲甚多，請劉參謀長、韓營長復榘聽之。」[1]

不到三個月，韓復榘的職務由團長變成營長。原因不明。又根據《劉汝明回憶錄》記載：民國十二年，即一九二三年，韓和劉一起到了帶兵到北京，進駐在南苑之時，才出現了「我和孫良誠、韓復榘、石友三……都當了團長」的記載。[2]在此之前，該書明確記載「當時韓已是營長」。[3]因此，韓復榘應該是在隨馮玉祥部隊進駐北京時才得到的團長晉升。即，一九二三年。

而在一九二二年五月二十二日《馮玉祥日記》記載軍事會議，韓復榘排名在宋哲元、鹿鍾麟前。在韓復榘之後三個人才出現對「營長程希賢」的記載，可見此前各位應當為準備晉升為團長的名單。則同年五月十四日《馮玉祥日記》記載顯然準確的。而後五月二十四日《馮玉祥日記》再次記載召集韓復榘參加軍事會議。因此，隨後在同年五月二十九日《馮玉祥日記》明確記載「與團長宋哲元、韓復榘」等人開會。同年六月十五日記載「與團長韓復榘規定官長之事」。上述史料中記載的「團長韓復榘」應該是準備晉升為團長的韓復榘。正式晉升是在進駐北京之後。

一九二三年四月十四日《馮玉祥日記》記載：

> 七點半，韓團長來，報告今日學兵團打靶。余與之言：「現在保方日事奢華，對於喜壽等事，莫不極力鋪張。余勸曹使力為修德，而總統自至。並言現在議員約分四種：一、罵人者；

---

1 《馮玉祥日記》卷一，江蘇古籍出版社，一九九二年，一二六頁。

2 《劉汝明回憶錄》，臺灣傳記文學出版社，一九七九年，四五頁。

3 《劉汝明回憶錄》，臺灣傳記文學出版社，一九七九年，三三頁。

二、罵人又要錢者；三、以良心拿錢者；四、為有求於曹使者。」曹深以余言為然。[1]

這裡的曹，指曹錕。這是馮玉祥和韓復榘之間見之於記錄的私人談話。

一九二三年六月一日《馮玉祥日記》記載：

> 八點，韓復榘團長報告挖河之事，如下：「一、彼所應作之工將畢。二、士兵對於作工均甚熱心。三、半日作工，半日操練。四、該處風太多。」余告以「先令頭目官長明白為國民謀幸福是最體面之事，次使士兵明白作戰之苦，甚於此風。」[2]

這裡記載顯示了韓復榘對士兵身體的關愛。他甚至考慮到了風多對士兵身體的傷害。這點小事在其他軍官那裡可能完全被無視。愛兵如子是他的為官準則！而馮玉祥則是以政治的高度來勸導韓復榘。

1 《馮玉祥日記》卷一，江蘇古籍出版社，一九九二年，三一五頁。

2 《馮玉祥日記》卷一，江蘇古籍出版社，一九九二年，三六八頁。

圖四三　曹錕像

也許正是通過這件事才引出後來馮玉祥和他談起自己兒子的家事。一九二四年二月五日，馮玉祥第一次和韓復榘談起了自己的家事：「九點半，請韓團長復榘來，告以明天送洪國往天津考南開中學事。」1

這裡的馮洪國，係馮玉祥長子。生於一九一〇年。一九二四年時，他剛滿十四歲。報考南開中學。但是很快馮洪國不想繼續讀書。於是，馮玉祥送他往蘇聯中山大學讀書，和他同學的有蔣經國、廖承志。一九二九年，馮洪國十九歲時，馮玉祥又送他到日本士官學校學習炮兵專業。馮洪國赴日留學不久便加入了日本共產黨，翌年回國後轉為中共黨員，被共產黨派到馮玉祥身邊工作，加強共產黨與馮玉祥的聯繫，促進團結抗日。

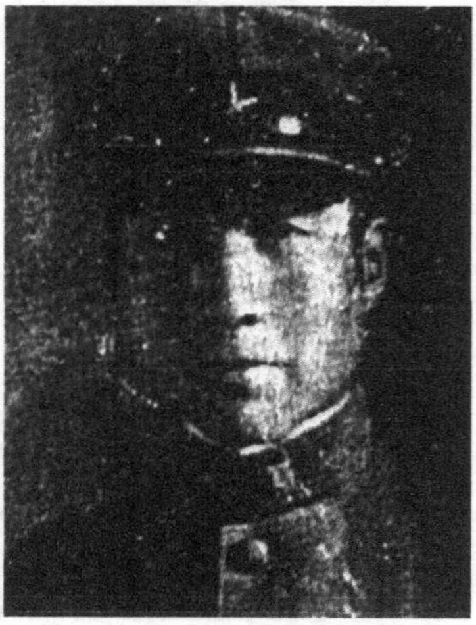

圖四四　馮洪國像

一九二四年十二月四日《馮玉祥日記》記載：

十一點，韓旅長復榘來，告以「吾國自古重禮義，尚廉恥，今則互爭權利，良可歎也。」韓云：「君子小人相處，當然君子吃虧。然以國家大事論之，君子絕不可讓小人，蓋君子愈讓，小人愈多，國事愈非，必至於亡國而後已。」2

1 《馮玉祥日記》卷一，江蘇古籍出版社，一九九二年，五二一頁。

2 《馮玉祥日記》卷一，江蘇古籍出版社，一九九二年，六六九頁。

到了一九二四年十月北京政變成功後，這時的韓復榘，已經晉升為旅長了。韓復榘的這段話，實際是在勸告馮玉祥：「然以國家大事論之，君子絕不可讓小人」。也是他自己的行動指南。從上述觀點來看，韓復榘並不是馮玉祥眼中的那個沒文化、沒學問的人。這是確鑿證據之一！

一九二五年三月二十六日《馮玉祥日記》記載：

六點，過之剛、孫連仲、張維璽、李西峰、韓復榘、陳毓耀六旅長來，與之談話如下：一、段執政練兵時，身先士卒，同甘共苦，所以部下佩服，到現在手無一兵，而可執全國之政。二、諸君身為旅長，戰時即操生殺大權，地位既高，責任尤重。三、要知吾國為十幾國之奴隸，實高麗、印度之不如。四、吾等之責任，是禦外辱、平內亂。今外辱來而不能禦，內亂起而不能平，恥莫大焉。五、孫中山先生鼓吹取消不平等條約，如我國之貨物，輸入外國，則徵稅重，而外國之貨物，輸入我國，則不得干涉，類此者多矣，其不平孰甚。背夫差能發奮而報父仇，吾國積弱，受人欺壓，吾等亦宜奮發自強，以雪國恥。

七點半，與旅長等講話如下：

一、欲實行救國，非淡泊不可，非吃苦不可，如華盛頓受無數之艱難，能使美國獨立。孫中山受無數之艱難，卒將滿清推倒。二、吾人總要想救國救民，萬勿專為吃飯計。三、吳佩孚用以毒攻毒手段，而常得勝。沈鴻英反復無常，終歸失敗。四、你們之起居飲食及各種功課，必須有一定時間，並須與士卒同甘苦。五、對體育、智育、德育三事，要求進步。[1]

1 《馮玉祥日記》卷二，江蘇古籍出版社，一九九二年，三七頁。

這次談話中心內容是對高級軍官進行國民政府的愛國和革命歷史教育。當年春，韓復榘晉升為師長。

一九二六年五月至八月，韓復榘軍隊在北京市昌平區南口鎮[1]與直奉聯軍大戰失敗後，韓復榘和石友三等人轉而投靠閻錫山。當時的主帥馮玉祥正遠在蘇聯考察。

關於這次投靠行為是否屬於背叛馮玉祥的問題，請見韓復榘當時和劉汝明的對話：

> 快到綏遠不遠的一個鎮後，遇見了韓向方，向方攔住了我，把我拉到他司令部去休息。向方和我說，他已經和石漢章商量好了，不再向西去，要去投閻錫山。我說：「那怎麼成？打敗了仗也不能變節。」他說他們不是變節，是奉到命令不走，叫我和他們一起。……再往西走是死路一條，由包頭到寧夏一千多里路……

1 本書作者是北京市昌平區南口鎮人，少年時代就經常去大戰發生地去遊玩、探求，那一片土地現在是農田和丘陵，有時居然可以撿到生銹的彈殼。山坡上經常可以發現陣亡將士們殘缺的墓碑。

圖四五　這張照片可見當時戰爭的殘酷

不餓死也得渴死。1

這就是當時冷酷的選擇：當韓復榘的軍隊面臨著由包頭到寧夏一千多里路，不餓死也得渴死的前途時，他果斷地選擇了投靠閻錫山！而且聲稱是「奉到命令不走」。雖然這個「命令」韓復榘再沒有出示給劉汝明，但是前文「已經和石漢章商量好了，不再向西去，要去投閻錫山」則是鐵定的事實，出自韓復榘、石友三。這是韓復榘為了保存實力的一次重大的變節行為。這是理解他後來為何再次為了保存實力而逃跑的前提條件！對於韓復榘來說，保存實力才是他永遠的第一原則！沒有了實力，他什麼也不是。這是軍閥混戰時代得以長久生存而不倒的唯一準則，實力第一！在軍閥混戰的時代，很難有對一個上司從一而終的大小軍事將領。伴隨著上司在國內政治、軍事地位的升降、聚散的變化，其下屬軍事將領也必然衡量自身利益的取捨而決定自己的進退和選擇。這是個多變的時代，也是不確定

1 《劉汝明回憶錄》，臺灣傳記文學出版社，一九七九年，七三頁。

韓復榘

馮玉祥

圖四六　韓復榘與馮玉祥像

的時代。作為跨越了那個多變時代的我們這些後來人，沒有道德標準和義務去指責當時的歷史人物的行為準則，更何況他們並不是要為主義和真理而隨時準備獻身的大小軍閥。

一直到一九二六年九月，馮玉祥回國後在五原召集舊部，韓復榘才帶隊重歸西北軍，出任第六軍軍長。但是這次投靠閻錫山，還是在韓、馮之間埋下了隔閡，相互猜嫉日益嚴重。

沈慶生在《韓復榘》一文中對這段時間的韓、馮隔閡和猜嫉有十分準確的描述：

一九二八年四月，蔣、桂、馮、閻四派新軍閥聯合「北伐」，韓復集奉令率部沿京漢線北上，六月六日首先進抵南苑。七月，河北省政府成立，韓自認為戰功不小，但僅得一河北省政府委員職，很不高興。十月，第二集團軍縮編，韓任第二集團軍暫編第一師師長。不久，韓部又改編為第二師，韓任師長，回駐鄭州。十二月，馮玉祥薦韓出任河南省政府主席，但把他兼任的二十師師長開了缺，改由與韓素有矛盾的石敬亭接任，使韓深受刺激。他常覺得自己過去有「投晋」的一件事，怕馮對他有懷疑。現在韓丟了二十師的實力，只當一名空頭主席，越認定馮對他不信任，對馮漸懷不滿。1

這裡的「韓部又改編為第二師，韓任師長」之說，顯然不對。應該是第二十師。一九二六年九月十七日馮玉祥在五原舉行誓師典禮，宣佈率領全軍宣誓加入中國國民黨，就任國民聯軍總司令。一九二七年四月六日，國民政府任命馮玉祥為國民革命軍第二集團軍總司令，參加北伐作戰。這時第二集團軍下有九個方面軍，編制如下：

---

1 《民國人物傳》，中華書局，一九七八年，二四四頁。

第一方面軍　孫良誠
第二方面軍　孫連仲
第三方面軍　韓復榘
第四方面軍　宋哲元
第五方面軍　岳維峻
第六方面軍　石敬亭
第七方面軍　劉鬱芬
第八方面軍　劉鎮華
第九方面軍　鹿鍾麟

其中，第三方面軍正式番號是第六軍，軍長是韓復榘，下面設置了三個師。

但是，馮玉祥則加強了對韓復榘軍隊的訓話和管理。一九二七年一月七日《馮玉祥日記》記載：「十二點，對韓復榘部講話，慰勉備至。」[1]同年四月二十日《馮玉祥日記》再次記載：

九點半，赴大禮堂開會，余將一年以來軍情撮要言之，……是時，在包部隊無衣無食。……嗣後，余擬往包頭，商啟予以為不便，同人亦多謂韓復榘、石友三已為晉軍改編，恐不可恃。孰知到包頭以後，徐永敞言辭激烈，主張革命甚力，韓復榘亦由綏遠來，吾文之曰：「汝意如

1 《馮玉祥日記》卷二，江蘇古籍出版社，一九九二年，二八〇頁。

> 何？」韓云：「以後行動，當以總座意旨為依舊。」余聞徐、韓言論，膽氣頓為一壯，惟以此路地曠人稀，接濟困難，遂決計入陝。[1]

這裡他已經明確點出了韓復榘的投靠和大家對韓復榘回歸的態度：「同人亦多謂韓復榘、石友三已為晉軍改編，恐不可恃。」這反映出當時部分西北軍將領對韓復榘的不信任心理。這或許也是馮玉祥對韓復榘不信任心理的一個折射。

同年四月二十一日《馮玉祥日記》記載：「十一點，命舒司長雙全，速發韓復榘、石友三部糧秣，並會同長安縣籌款，以備出關。」[2]可見，從韓復榘回歸馮玉祥至今，尚未得到西北軍的糧餉。直到半年多以後，馮玉祥才親自下令「速發韓復榘、石友三部糧秣」。這半年多的時間可能屬於對回歸者的考驗階段吧。

而後，韓復榘帶領軍隊參與北伐。

一九二八年四月八日，韓復榘軍隊突然進攻武勝關，佔領了南北交通的大動脈。蔣介石得知後，立刻致電何應欽，採取相應的部署[3]。顯然，韓復榘部隊的軍事進攻能力太快了。打亂了蔣介石的軍事部署，迫使他不得不致電何應欽，臨時採取對策。

同年六月七日《馮玉祥日記》記載：「下午七點，電知各部，韓復榘已首到北京南苑，並電韓不准越過南苑一步。京津事務，已電請閻總司令前往主持云。」[4]馮玉祥的猜嫉心理還是沒有徹底

---

1 《馮玉祥日記》卷二，江蘇古籍出版社，一九九二年，三二〇頁。
2 《馮玉祥日記》卷二，江蘇古籍出版社，一九九二年，三二二頁。
3 該電報原始檔案保存在臺灣國史館，檔案編號為002-010100-00011-039。
4 《馮玉祥日記》卷二，江蘇古籍出版社，一九九二年，四七〇頁。

消除，他特別嚴令：「不准越過南苑一步」！這就制約了「將在外軍令有所不受」的韓復榘發動意外軍事行為的藉口和圖謀。但是，其實，根據我們的最新調查，這個軍事禁令後來居然也得到了蔣介石的認可。[1]可見，在這問題上，蔣、馮二人意見居然如此一致。特別請注意一九二八年六月七日這一天北京當地報紙上的一句話：「韓表示所部現暫不入城」。這既是面對記者，也是韓復榘通過新聞報導告訴馮玉祥：他嚴格遵守了馮玉祥的命令。

下面是當時北京的一些報紙的相關報導原始照片（圖四七）。

對於這個禁止令，《劉汝明回憶錄》一書中記載：「六月上旬，韓向方追敵進到了北平附近，總部叫他暫停在南苑、廊房，不准入北平，因為根據協議，北平應該劃歸三集團軍駐守，六月八日商啟予部進入北平，徐源泉在天津反正，北伐大業率告完成。」[2]

原來除了進攻北平的軍事行動劃歸範圍屬於商震軍隊

民國十七年六月七日　世界日報　戊辰年四月二十日　星期四

國民革命軍前鋒

韓復榘率部昨抵南苑

順直特委會及總商會等

均派代表前往歡迎犒勞

韓表示所部現暫不入城

確訊。國民革命軍第二集團軍第三方面軍總指揮韓復榘。率部向北京開動。於昨午行抵南苑。所部軍隊亦陸續開到。軍律極佳。人民安堵如恒。北京各團體聞訊。均先後推派代表。前往歡迎。聞韓部旦下將暫不入城。又據確報。韓復榘於昨日午刻。率部行抵南苑。順直特務委員會段子均。沈尹默。蕭瑜。張定璜。黎世蘅諸人。親赴南苑。表示歡迎。當與韓氏晤談一切。并於給養一節。極為關懷。該方面軍係由高陽固安來京。韓氏本人則由豐台改乘汽車行抵南苑。戎裝甫卸。正在日新浴室休息。身

（上圖）為昨日行抵南苑之韓復榘中立者為韓氏兩旁為其衛兵

圖四七　《世界日報》1928年6月7日報導照片

1 見臺灣國史館保存檔案《蔣中正電馮玉祥：韓復榘部入南苑留原地整頓，勿入北京，並歸閻錫山指揮》，編號為002-020100-00021-049。

2 《劉汝明回憶錄》，臺灣傳記文學出版社，一九七九年，九四頁。

之外，還有個象徵性的北伐勝利的含義在內。這裡，在實際上明顯是韓軍先到而商軍後至，韓復榘不得不放棄到手的功名！顯然，這對軍人韓復榘而言是個沉重的教訓！一名軍事將領指揮士兵浴血奮戰、日夜兼程終於衝到了最前線，卻被上司馮玉祥下達命令原地待命，而將攻佔北平、北伐終結的功名留給後來者！這是多麼殘酷的軍令！我們不知道當時年輕的軍事將領韓復榘下了多大的決心才收住了他垂手可得的軍事功名！多年以後，他在山東的軍事行為就一直在努力擺脫受制於人的這一心理和尷尬局面。韓復榘是軍人，他不是政治家。用馮玉祥對他的評價就是「無學問」（即不懂政治權謀）。如果沒有這道命令，根據「將在外軍令有所不受」的古訓，韓軍必將乘勝前進，一舉佔領北京，成了結束北伐大獲全勝的第一人而載入史冊。現今為止全部涉及韓復榘的相關論著，沒有人去認真解讀過或者分析過韓復榘軍事生涯中的心理世界！

一九二八年七月起召開編遣會議，決定將第二集團軍縮編為四十二萬人，遣散十五萬人，軍變為師，編制如下：

總參謀長　石敬亭

副總參謀長　秦德純

訓練總監　曹浩森

副總監　李興中

第二十師師長　韓復榘

第二十一師師長　梁冠英

第二十二師師長　吉鴻昌（原任程心明）

第二十三師師長　馮治安（接任魏鳳樓）
第二十四師師長　石友三
第二十五師師長　童玉振（接任張自忠）
第二十六師師長　程希聖（接任田金凱）
第二十七師師長　張維璽
第二十八師師長　宋哲元
第二十九師師長　劉汝明（接任程希聖）
第三十師師長　佟麟閣（原任吉鴻昌）
第三十一師師長　孫連仲

一九二八年二月，國民黨「二屆四中全會」召開。在會上，韓復榘等一一八人當選為第一次國民軍事委員會委員。從這一一八人名單中可以看出，幾乎囊擴了馮玉祥、李宗仁、張學良等當時各大軍閥的全部重要軍事將領。顯然，這個名單應該是各派協調後的產物。也就是說，韓復榘當選為軍事委員會委員是馮玉祥的特別安排。

同年九月十三日《馮玉祥日記》記載：「六點，車抵陝州。韓復榘等在站歡迎。七點，檢閱韓部內務。七點半，與韓復榘、陳希聖等講話如下：一、拳術為吾國千年前之武藝，用以活動身體尚可，作戰殊不適用。二、當注重衛生，親自檢查各處。」[1]

1　《馮玉祥日記》卷二，江蘇古籍出版社，一九九二年，五〇九頁。

這一時期，馮玉祥明顯加強了對韓復榘和韓軍的攻心戰略。他幾乎一有時間就開始和韓復榘及其軍隊高層將領談話。同年九月二十七日《馮玉祥日記》記載：「五點，與韓復榘、劉鬱芬談軍隊編制。」[1]同年十月六日《馮玉祥日記》記載：「七點，與韓復榘在城上散步。」[2]一九二九年三月二日《馮玉祥日記》記載：「七點半，與韓復榘說電話，告以每早集合軍官、軍需學校人員講話。」[3]這段時間可以說是馮玉祥和韓復榘之間的信任關係修復期。

一九二九年三月二十九日《馮玉祥日記》記載：「八點，與韓復榘、宋哲元、鄧長耀、傅正舜、過之張宗領談時局，余謂地方官人選慎重，最好用考試制度。以書記官補縣長，不妥。地方土匪，宜及早肅清。興修水利為第一要務，不可緩。又謂省政府之弊有三，曰只顧命令，不察實際；曰妄事預征，不恤民艱；曰用人為舊，不求人材。十點，與韓、宋及邵力子、劉治洲等會餐，通令各軍備戰。」[4]

根據《劉汝明回憶錄》的記載：「十八年清明節時，馮派我與劉書霖二人到北平南苑西北軍義地祭掃。回到南京後，馮又召集二集團軍的師長及高級軍官開會……對韓復榘大大的誇讚了一番，說他怎麼好怎麼好，簡直是沒有再好的人了。向方這時雖不任二十師師長，但是代理馮的河南省主席的職務。」[5]又見該書：「當天下午正是在行政院會議，馮就在行政院提案通過了韓向方正式繼

1 《馮玉祥日記》卷二，江蘇古籍出版社，一九九二年，五一五頁。
2 《馮玉祥日記》卷二，江蘇古籍出版社，一九九二年，五一九頁。
3 《馮玉祥日記》卷二，江蘇古籍出版社，一九九二年，五八三頁。
4 《馮玉祥日記》卷二，江蘇古籍出版社，一九九二年，六〇三頁。
5 《劉汝明回憶錄》，臺灣傳記文學出版社，一九七九年，九七頁。

他任河南主席。」[1]

這一時期，馮玉祥和韓復榘的關係得到了良好的恢復和發展。因為這一時期，馮玉祥和蔣介石的關係開始逐漸緊張起來。

一九二九年四月上旬，蔣介石多次致電何應欽，讓他注意馮玉祥的行動，並且詢問韓復榘軍隊所在地和動向。相關電文可見：臺灣國史館保存檔案《蔣中正電何應欽轉鹿鍾麟：詢馮玉祥韓復榘電報逕發行營，查韓部開拔日》，編號為 002-010200-00002-008。《蔣中正電令何應欽：注意馮玉祥等部行止，促鹿鍾麟催韓復榘出兵》，編號為 002-010200-00002-014。《蔣中正電令何應欽：飭鹿鍾麟促韓復榘出兵，並將各省討桂消息轉馮玉祥》，編號為 002-010200-00002-016。

當時的《馮玉祥日記》也記載了當時他和蔣介石的緊張關係，見一九二九年四月十九日日記：

> 吾與蔣一旦離開，便有人挑撥離間，淆亂黑白，既不利國，復不利己。所以去年北伐成功以後，首先入都，為他人倡。但余既至而謠仍不息，良可歎也。馬言，余能與蔣早晤，謠言自息。邵云，接收山東，本無重要問題，何成睿在北京造謠，去年即有之，但蔣不之信也。下午三點，韓復榘來，報告見蔣情形，並請撥軍隊四團，歸省政府調遣，余命其暫駐鄭州。[2]

一九二九年四月二十一日《馮玉祥日記》記載：

> 九點，電蔣，余態度如舊不變，中央如用我者，請令專辦黃河水利。韓復榘曾與何建同住

1 《劉汝明回憶錄》，臺灣傳記文學出版社，一九七九年，九八頁。
2 《馮玉祥日記》卷二，江蘇古籍出版社，一九九二年，六一七頁。

一旅舍，外間竟讒言，韓、何有何異謀。營營青蠅止於藩，愷悌君子，無信讒言，願稍予注意也。[1]

實際上，當時的蔣介石、馮玉祥二人的關係非常緊張，相互猜疑。當時，馮玉祥為了杜絕謠言，特地請邵力子與他同住，凡有蔣來電，一律由邵轉告。

邵力子，生於一八八二年十二月七日，卒於一九六七年十二月二十五日。原名邵景泰，字仲輝，號鳳壽。浙江紹興人。光緒二十九年（一九〇三年）癸卯科舉人。早年加入同盟會。一九二〇年八月，他和陳獨秀等人在上海發起成立中國共產黨（中共後來稱其為共產主義小組），主持上海《民國日報》，任總編輯。一九二五年，他任黃埔軍校秘書長，參加中國國民黨改組工作。一九二六年，他退出中國共產黨。一九二七年以後，他歷任國民革命軍總司令部秘書長、為甘肅省政府主席、陝西省政府主席、中國國民黨中央宣傳部部長，駐蘇聯大使、國民參政會秘書長等。在政治上，他主張國共合作。

一九二九年五月五日《馮玉祥日記》記載：「九點，囑魏書香，電韓復榘、石敬亭，以錢財十

圖四八　蔣介石與馮玉祥合影

1 《馮玉祥日記》卷二，江蘇古籍出版社，一九九二年，六一八頁。

分之七購糧，運至靈寶。又與言當新編一師，由余親自指揮之。」[1]

同年五月七日，馮玉祥再電韓復榘，要求「沿鐵路之土匪，須剿除淨盡」。於是，韓復榘立刻執行了馮玉祥的這一命令。為了消除鐵路線兩旁總是出現土匪的隱患，韓復榘決定扣押往來車輛、炸毀部分路段的鐵路和公路。這一策略引起了蔣介石的高度關注。同年五月十三日，蔣介石親自致電韓復榘，查詢扣車毀路的理由。[2]

可是到了當年五月下旬，馮玉祥就公開了對蔣介石的反對態度。一九二九年五月二十日，馮玉祥公開向軍隊連以上官員發佈蔣介石的四大罪狀，中原大戰由此展開。該四大罪狀如下：

圖四九　蔣介石夫婦和邵力子夫婦合影

> 罪一，黨務方面，三全大會代表，蔣以私意圈定指派，違反黨綱。
>
> 罪二，國家方面，日本出兵山東，佔據濟南，此為我國奇恥大辱，為國人所延頸企踵而切望解決者，交涉既妥，其中秘密條件如何，姑且勿問，但日本既定期撤兵矣，而蔣竟反請緩期，喪權辱國，莫此為甚。

1 《馮玉祥日記》卷二，江蘇古籍出版社，一九九二年，六二八頁。

2 見臺灣國史館保存檔案，編號為002-060500-00011-023。

罪三，軍事方面，各軍同屬國軍，而待遇顯不平等，猶且挑撥離間，拆散革命路線。

罪四，民眾方面，惻隱之心，人皆有之，今豫、陝、甘災情奇重，蔣氏不問不聞，已失愛民之心，顧又將豐臺、保定賑糧，悉數扣留，坐視饑民餓死而不救，且加速焉[1]

馮玉祥顯然準備以韓復榘及其軍隊作為反蔣的主力而設下了籌碼。但是，家長制的馮玉祥長期以來忽略了韓復榘內心中對軍閥混戰局面的反對意識。

1 《馮玉祥日記》卷二，江蘇古籍出版社，一九九二年，六三七頁。

第八章
投蔣後韓復榘和馮玉祥的關係

正是在中原大戰之中的關鍵時刻，韓復榘領軍叛馮投蔣，馮、韓關係從此進入一個新的微妙的歷史時期。讓我們仔細審查這一重大歷史事變的全過程。

一九二九年五月二十四日《馮玉祥日記》記載：

> 九點起，與石敬亭、宋哲元、曹浩森等密議防韓復榘叛變辦法，並令將總部一切歸石等辦理。十點，與劉汝明、張自忠談，政治腐敗，余久欲出洋，因薛篤弼力勸始止。其後湘戰發生，蔣氏仇我，為團結兵力計，故將孫良誠由魯調回，韓復榘駐防靈寶，今韓受三百萬元之賄，甘心賣叛團體，龐炳勳截之於黑石關，孫良誠復往追之，當已不成問題也。[1]

這是韓復榘、馮玉祥再次衝突的開始。從事變經過看，據說是韓復榘為了蔣介石給予的三百萬元賄賂而答應停止內戰，從而背叛了馮玉祥。但是，我首先

1 《馮玉祥日記》卷二，江蘇古籍出版社，一九九二年，六三八、六三九頁。

圖五〇　蔣介石和韓復榘合影

需要特別說明：這筆錢是蔣介石同時給予韓復榘和石友三兩支軍隊的，不是給予韓復榘個人！因此，不存在韓復榘個人接受了蔣介石一次性給予的三百萬元賄賂這一指控！

《劉汝明回憶錄》中記載了當時他和韓復榘之間的談話：

子亮，你說把整個河南省放棄部隊全撤到潼關以西，這不是自取滅亡嗎？以後我們還吃什麼？穿什麼？民國十四年八月一號成立新隊伍，到今天已快四年了，士兵每月只發二塊錢的餉，下級軍官才十塊，中級軍官也不過二十塊。像這樣長久下去，怎麼能行？這次不知道又是什麼人出的壞主意。我向總司令建議，先把部隊撤到平漢路以西地區，主力集中於洛陽、南陽一帶，可是總司令不許，非命我馬上把隊伍帶到潼關以西不可。現在省府人員尚在陝州沒下火車，我們一起去陝州再詳談。[1]

又見該書的記載：

走出總部大門，過了馬路就是石筱珊兄的住處。我見了他就問：「我路上碰見韓向方，向方神氣不大好，他碰了釘子嗎？」筱珊說：「沒什麼事，總司令命他先把部隊撤到潼關以西來，向方主張把隊伍撤到平漢路以西地區，主力集結在洛陽、南陽。」我想韓也不可能出什麼事情，因為馮對我們十二個把兄弟中，以對韓向方和二孫特別好……第二天就傳來韓向方帶著隊伍向靈寶、洛陽之間地區東去，歸順中央。[2]

1 《劉汝明回憶錄》，臺灣傳記文學出版社，一九七九年，九八頁。
2 《劉汝明回憶錄》，臺灣傳記文學出版社，一九七九年，九九頁。

可見，這次韓復榘的叛變，還是為了保存自己的實力！

韓復榘是否真的收了蔣介石的錢？收了多少錢？就我看到的文章可謂眾說紛紜。出現蔣介石三百萬收買了韓復榘這一說法當然是出自馮玉祥之口。見臺灣國史館保存檔案一九二九年五月二十四日《馮玉祥電席液池：「韓復榘不能命令係被蔣中正三百萬元所收買」》，編號為 116-010102-0004-067。由於這一說法產生之時，蔣介石的三百萬賄賂是否已經全額到帳從此無人深究。

——實際上，根據臺灣國史館保存的原始檔案記載，當時蔣介石實際上只給予了韓復榘和石友三兩支軍隊一百萬元。請見：

臺灣國史館保存《蔣中正電韓復榘：所部集洛陽撥款一百萬供給養，並令修復隴海平漢路》，編號為 002-010200-00005-040；《蔣中正電告錢大鈞：如石友三未通電反馮玉祥，則韓款直接交韓復榘》，編號為 002-010200-00005-041。

——而且是給予韓復榘和石友三兩支軍隊的。而後，半年左右的時間內，根據臺灣國史館保存檔案記載，蔣介石分五次給予了韓復榘、石友三軍隊共一五〇萬元，如下：

一九二九年七月八日，見《蔣中正電令俞飛鵬等：發韓復榘石友三部伙食半數，石應先發二十萬元》，編號為 002-010200-00007-007。

一九二九年九月二十五日，見《蔣中正電錢大鈞：發給韓復榘石友三之款，先令中央銀行撥五十萬元並說明》，編號為 002-010200-00008-066。

一九二九年十月十二日，見《蔣中正電韓復榘：准領特別費二十萬元》，編號為 002-010200-00011-020。

一九二九年十二月二十三日，見《蔣中正電韓復榘：已匯三十萬元，餘款當陸續匯發》，編號為002-010200-00018-020。

一九三〇年一月二十八日，見《蔣中正電韓復榘：三十萬元款項領取支配及石友三餉項事》，編號為002-010200-00021-050。

到了一九三〇年一月二十八日，加上最初的一百萬，蔣介石給予韓、石兩軍的款項共二五〇萬元。可是，一九二九年九月九日，何成濬卻致電蔣介石，向他彙報：「韓復榘部歸順後，已先後發三百萬以表中央優遇之意。」[1]

但是，根據我們的上述電文查證，可以發現何成濬之說並不符合實際。當時的何成濬，擔任北平行營主任兼任（孫中山）奉安委員會委員兼總務組主任，並且兼任湖北省政府主席，但一直未到任。當時負責具體支付款項和勸說瓦解工作的最高負責人正是何成濬。根據當時西北軍降將只要銀元現金、不要匯票支票的特點，所謂「已先後發」之款項絕對沒有達到「三百萬」，因而「以表中央優遇之意」肯定也成了問題。

當得知韓復榘領兵叛變後，憤怒的馮玉祥安排手下將領立刻帶兵去追堵韓復榘的軍隊。一九二九年五月二十六日《馮玉祥日記》記載，「孫良誠報告往追韓復榘及求援龐炳勳、馬鴻逵情形。」我們通過臺灣國史館保存的檔案一九二九年五月二十四日《孫良誠電龐炳勳：韓復榘在夾石觀音堂一帶步砲隊已被梁冠英解決》的記載，可以得知當時梁軍追殺韓軍的激烈程度，這使韓軍的步砲隊至少遭到了重創。[2]為此，同年五月二十五日蔣介石緊急致電劉峙，請他援助和接應韓軍。[3]同日，

1 見臺灣國史館保存檔案，編號為116-010103-0009-069。
2 見臺灣國史館保存檔案，編號為116-010102-0004-050。
3 見臺灣國史館保存檔案《電告劉峙等：韓復榘擁護中央受馮玉祥部追擊，請派員到鄭州援助》，編號為002-010200-00005-043。

蔣介石接到截獲了馮玉祥下令追殺韓復榘的電報，他立刻轉發給韓復榘，轉告他「截留馮將梁冠英電令，對兄部猛追。並稱已令龐師在黑石閣截擊，請兄注意」。[1]當時的情形可能非常險惡。顯然，韓復榘被蔣介石轉發給他的馮玉祥下令追殺他的電報後激怒了。憤怒的韓復榘開始了他的軍事報復行為。為此，在一九二九年五月三十一日的《馮玉祥日記》中就記載：「韓臨行時，曾下令將總部人員一律槍斃。」[2]

但是，這一記載還是「聽說」而已。因為我們還「聽說」了另外一個觀點，韓宗喆先生主張：

這段話是馮玉祥聽下級彙報的。實際情況是韓率部秘密東開時，路遇河南省政府官員十人。韓為防止洩密，將他們帶到洛陽軟禁起來，準備事態公開後再放他們走。期間另有人潛入韓部兵營中進行策反活動，韓派手槍隊前往抓捕。被軟禁的官員誤認為韓要加害他們，就連夜逃回華陰向馮彙報，說韓要殺他們……這十人中有聞承烈（十三太保之一），是韓最好的朋友。韓出任山東省主席時還請他擔任濟南市長。嗣後我父親曾當面詢問聞先生，聞斷然否定韓曾動殺機。

是否如此，我們姑且保留一家之言。

同年五月二十六日，梁冠英率領兩個旅襲擊洛陽。蔣介石再次致電劉峙，請他立刻支援韓軍，一定要確保歸順中央的韓復榘軍隊的安全。[3]五月二十九日，劉峙、方鼎英率領兩個師的兵力前來

1 見臺灣國史館保存檔案《蔣中正電告韓復榘：截得馮玉祥令梁冠英龐炳勳進擊韓部電》，編號為002-010200-00005-045。
2 《馮玉祥日記》卷二，江蘇古籍出版社，一九九二年，六四三頁。
3 見臺灣國史館保存檔案《蔣中正電示韓復榘：獲悉梁冠英已派兩旅襲洛陽，若危急可電劉峙聯絡》，編號為002-010200-00005-053。

支援韓復榘，確保了韓軍的安全。同日，蔣介石再次親自致電韓復榘，關切地詢問：「恐兄孤軍難支，已令孫、方兩部，增援此時當可聯絡矣。」[1]

報復歸報復，可是當時還就出現了這樣的事情：「韓當東行時，曾下令用煤油焚燒洛站糧秣列車，伊（指梁式堂）力懇求韓，可令百姓自由搬取，以救災荒，幸得保全。」[2]

孫良誠追擊韓復榘的叛變，按照《馮玉祥日記》記載看起來頗為順利。但是他並沒有如實彙報遇到了劉峙、方鼎英軍隊的反擊和攔截。顯然有報喜不報憂的傾向。一九二九年六月一日，他返回總部向馮玉祥報告「得勝」經過。《馮玉祥日記》記載如下：

八點，孫良誠來，報告：一、追擊韓部經過。二、事前韓曾竭力聯絡龐炳勳，龐不惟不受其運動，且邀擊之於黑石關，韓受此巨創，遂全軍潰散，隨其走者，不過數百人。三、韓在陝州叛變時，因恐部下不服，乃假言奉總司令密令，向敵人假投降，及遭龐邀擊時，兵士見對面敵人，原是本軍，多不肯打，故彼以兩萬精銳之師，竟戰敗於龐部數千之眾。四、韓曾云，總司令禁止煙酒嫖賭，直視吾人為孩童，豈知一出門，即可逍遙自由，變成大人。五、接張萬慶報告，伊與韓氏接洽，毫無頭緒。[3]

看起來，韓復榘的軍隊是有驚無險。因為六月四日，他手下旅長李文田回歸馮玉祥，當天《馮

1 見臺灣國史館保存檔案，編號為116-010103-0003-101。

2 《馮玉祥日記》卷二，江蘇古籍出版社，一九九二年，六四四頁。

3 《馮玉祥日記》卷二，江蘇古籍出版社，一九九二年，六四三頁。

玉祥日記》記載：「余喜慰之，命即前往陝州，收容韓部傷兵。」[1]而後，馮玉祥多次勸說韓復榘歸返，不計前嫌。但是，韓復榘、石友三二人的答覆是：「因伊二人，鬧得西北軍那樣困苦，深覺愧悔，無面再回。」[2]

一九二九年五月二十七日，馮玉祥再次記載他與馬福祥的談話：

韓復榘叛變，蓄心已久，蓋吾對韓，因相從二十餘年之久，遇事向不客氣，且禁止一切煙酒嫖賭好，而蔣在漢口見韓時，則張口向方，閉口向方，且用種種手段以牢籠之，宜其視蔣待彼為親，而余為疏也。然彼又焉知疏者之為真誠，而親者之為虛偽耶。九點，與石敬亭、曹森浩、宋哲元等同辦公，因囑其勸韓速回。十點，與李知遠等談孔子厄於陳蔡事，以孔子之聖，而猶不見諒於季路，宜乎余之不見諒於韓也。[3]

如此說來，蔣介石對韓復榘的爭取工作是早就開始了。這裡出現在馮玉祥日記中的的「蔣在漢口見韓時，則張口向方，閉口向方，且用種種手段以牢籠之」，已經證明了馮氏本人當心內心的猜疑和不滿。

馮玉祥開始使用孔子的典故來為自己的行為進行解釋。同年五月二十八日，他在日記中繼續寫到：

1 《馮玉祥日記》卷二，江蘇古籍出版社，一九九二年，六四五頁。
2 《馮玉祥日記》卷三，江蘇古籍出版社，一九九二年，一三九頁。
3 《馮玉祥日記》卷二，江蘇古籍出版社，一九九二年，六三九—六四〇頁。

八點，石敬亭、宋哲元、曹浩森、魏書香、劉汝明、秦德純來，告以余對韓復榘事傷心至極，決意通電下野，即日出洋。各師均歸宋哲元、石敬亭統轄整理，徐圖恢復。宋、石等均竭力挽勸。九點，鄧哲熙派韓成泰、李繁增來，報告韓變情形。十點，與丁漢民談，韓之叛變，實不明長官之用意也。十一點，電張印湘，轉詢石友三之眷屬，被韓復榘帶至何處，馬鴻逵事可不談。[1]

可見韓復榘的叛變對馮玉祥傷害之大！他居然要通電下野。從八點到十一點，馮玉祥在三個小時時間裡不停的就此事開始出現心理崩潰。

一九二九年五月二十九日，馮玉祥又反復表示：「韓、石事變，余為總司令而不知，余之過也。故余決心終身絕對不提及韓、石二壞字，惟盼望其及早識破奸計，翻然回頭，免使余心常為掛念也。」同年五月三十日，馮玉祥再次譴責自己：「韓、石之事，余事前竟不聞知，故未得設法勸阻防備，昏聵糊塗，一至於此。」同年五月三十一日，馮玉祥又反復談及此事：「余對韓、石二人，只有愧，對彼等不起，掛念彼等將來危險，決不說彼等一個壞字，使非吾昏聵糊塗，彼等又安肯捨棄一二十年患難之交而他適耶。」六月十五日馮玉祥在日記中還在說明「韓之叛變，其咎在余一人。」

究竟馮玉祥哪裡覺得對不起韓復榘了，他卻沒有明說。根據我們本書的考察和分析，應該就是馮玉祥長期以來對韓復榘的猜嫉和打壓行為，使韓復榘徹底明白了馮玉祥對他的不原諒和只使用而不信任的態度。而出自韓復榘口中的對士兵生存環境的憂慮，無非是導火線和藉口而已。白崇禧對

1 《馮玉祥日記》卷二，江蘇古籍出版社，一九九二年，六四〇頁。

馮、韓關係有非常尖銳地分析：

> 馮玉祥所以失掉部隊之信任，主要因他御將之術太壞。古人云御將以禮，馮則以暴。部下如有觸犯，動輒罰跪。……馮御將之術，若不出潼關，尚可維持。一旦與革命軍接觸，部屬見革命軍待人接物都是以禮，當然會生二心。[1]

馮玉祥至死不明白這一點！

其實，根據我的研究，造成韓復榘在這個時刻決定反馮投蔣還有兩個重要的原因：第一是當時韓復榘的母親已經病重，客觀上牽制了他的時間和精力，他不得不分心出來親自看望和照顧病重的母親。一個多月後，韓老夫人就撒手人間，跨鶴西去了。而馮玉祥不聞不問！另外一個重要原因就是郭松齡三年前為了結束軍閥混戰局面起兵反奉而亡的歷史事件，一直深深刻劃在他的腦海中！作為一名軍人和軍事將領，他感到了自己的責任！

一九二九年六月七日《馮玉祥日記》記載：「十點，龐軍長炳勳來，報告在黑石關與韓作戰經過，並勸韓及早醒悟之信。余先獎之，繼即自責，謂此次之變，實由此昏聵所致，余於韓無責也。」[2]

一九三〇年二月二十二日，正是馮玉祥、閻錫山聯合反蔣決戰之時，韓復榘則對馮玉祥有所表示：「韓復榘請熊觀民送來兩萬元作余生活費，余收下派人送潼交鹿購買鞋襪，發給官兵，並向官

1 《白崇禧回憶錄》，解放軍出版社，一九八七年，一一六—一一七頁。
2 《馮玉祥日記》卷二，江蘇古籍出版社，一九九二年，六四六頁。

兵說明韓之誠意。」[1]

因此，馮玉祥、韓復榘二人關係顯得錯綜複雜。這裡，韓復榘顯然是在報恩。也正是在此時，蔣介石已經注意到了韓、馮二人的再次聯繫問題。因此，他在一九三〇年二月十五日，擔心韓復榘叛蔣的他還在致電陳調元，一起商討對韓、石二軍的軍事打擊計畫。[2]

在一九三二年十月六日，馮玉祥已經下野後，韓復榘再次委託鄧哲嗣轉交給予馮玉祥的贈款用於解決馮氏貼身衛隊的生存給養。[3]

一九三〇年二月二十四日《馮玉祥日記》記載，「現在西北軍已與韓、石兩部取得切實聯絡」，而後，劉熙眾來見馮玉祥，再次告訴他「韓與石已有切實聯絡，專待各軍進攻即行表示，甚盼余能出主軍事。」[4]可見，這時韓復榘已經暗中回歸了馮玉祥。

同年三月一日《馮玉祥日記》記載：

> 賈煜如秘書長來談：「韓復榘有和平通電發出，恐已被蔣軟化或挑撥，請速設法，韓要山東，可力助之。至軍隊配置，擬請西北軍仍由隴海東出鄭州，向許昌一帶推進。三集團軍則暫集中石莊、順德、新鄉一帶。」……三點，將致韓、石信交劉驥，請今日即赴開封面交，並為詳陳利害，勿受蔣方軟化或挑撥，致變初志。……八點，陳繼淹來，報告赴開封與韓、石接洽

---

1 《馮玉祥日記》卷三，江蘇古籍出版社，一九九二年，一二四頁。
2 見臺灣國史館保存檔案《蔣中正電陳調元：注意孫傳芳行動及指揮對韓復榘石友三作戰計畫》，編號為002-010200-00023-002。
3 《馮玉祥日記》卷三，江蘇古籍出版社，一九九二年，七〇四頁。
4 《馮玉祥日記》卷三，江蘇古籍出版社，一九九二年，一二五、一二六頁。

情形。又會韓代表劉熙眾談話。[1]

同年三月二日《馮玉祥日記》記載：

百川來，談韓和平通電事。余告以韓素無主義，此電諒非伊本人所為，其中必有蔣派作祟。盼火速進行軍事，籍釋其疑，庶或有挽回之望也。……宋（宋式顏）報告自開封來時，韓、石對我來說表示非常好，惟對百川不無少許隔閡耳。[2]

同年三月三日，馮玉祥在為歡迎閻百川舉辦的宴會上，韓復榘派劉熙眾代表自己出席。同年三月五日《馮玉祥日記》記載：

八點，子良來，韓、石現無相當表示，恐已被蔣包圍。余謂：閻對韓、石和平通電懷疑，此乃其本人態度曖昧所致，余不願多所表示。……倘我軍能推進至鄭州一帶，便可與韓、石打成一片，在軍事上可操相當把握也。[3]

馮玉祥又在隨後幾天日記中連續談到他對韓復榘、石友三和平通電其實出自蔣介石之手的看法，並對閻百川的優柔寡斷表示不滿。而在同年三月三十一日日記中則記載石敬亭來見馮玉祥，石敬亭則大談「韓復榘奸滑狡詐」。這應該也是馮玉祥的看法，所以才深得其心被寫進日記。於是

1《馮玉祥日記》卷三，江蘇古籍出版社，一九九二年，一二九頁。
2《馮玉祥日記》卷三，江蘇古籍出版社，一九九二年，一三〇頁。
3《馮玉祥日記》卷三，江蘇古籍出版社，一九九二年，一三三頁。

當天十一點，馮玉祥再次會見鄭繼成，「命轉語韓、石：辦國家事，不可算小帳。算小帳，無有不吃大虧者。……刻令即回潼關，自應及早決定態度，共同反蔣。其餘前帳，可一概抹去不再算也。」[1]其實，馮玉祥反復對韓復榘所說的「其餘前帳，可一概抹去不再算也」話，反而會更加激起韓復榘的懷疑和恐懼，這只會加深韓復榘對馮玉祥的隔閡。同年三月二十一日《馮玉祥日記》還記載：

> 下午，會張化南、陳繼淹、段雨村，報告何其慎挑唆韓復榘情形。……柴春霖、熊觀民來，謂韓意蔣倒以後，請余與閻總司令予以保障，志願向山東發展。余云：「果倒蔣成功後，江浙富庶之區，且擬調其前往，況山東耶？」[2]

顯然，這是韓復榘在試探馮玉祥的真心。韓復榘的狡詐在此可見一斑。而馮玉祥也是深知其心。所以立刻先許願「江浙富庶之區，且擬調其前往，況山東耶？」。第二天三月二十二日《馮玉祥日記》記載又記載他的軍事部署和預見：

> 韓復榘態度動搖不定，將來孫殿英同韓衝突時，萬選才必助孫襲擊鄭州，斷韓後路。至石友三，因與韓部團長等都很有關係，故不願打韓；韓亦表示願聽石指揮，韓、石可不致衝突。[3]

---

1 《馮玉祥日記》卷三，江蘇古籍出版社，一九九二年，一三八、一三九頁。

2 《馮玉祥日記》卷三，江蘇古籍出版社，一九九二年，一四六頁。

3 《馮玉祥日記》卷三，江蘇古籍出版社，一九九二年，一四七頁。

但是，馮玉祥對於韓復榘是又拉又打。就打的一方面來說：一九三〇年三月二十三日記載「萬、孫正合力打韓」。第二天三月二十四日，馮玉祥則命令：「告秦紹文：石友蘭通電後，已派二旅與萬夾攻韓，我軍應迅開，不上。」[1]同年三月二十九日，韓復榘軍隊被迫撤退到柳河。而萬選才軍隊則開進開封。三月三十一日，馮玉祥則認為「非先將山東拿下不可」。四月九日，韓復榘部下已經開始出現投誠。《馮玉祥日記》記載了張文彬來接洽投誠之事。五月十八日，馮玉祥再次勸說韓復榘：「如趕速討蔣，則既往不咎；否則，於私於公，均將難白於天下後世矣。」[2]為此，五月十九日，他再次給韓復榘寫信。讓過之綱帶給韓復榘。

一九三〇年七月十八日《馮玉祥日記》記載了韓復榘對他的軍事反擊：「韓復榘忽由膠濟反攻甚烈。」[3]但是到了同年七月三十日，則是韓復榘軍隊敗局已定：「接閻總司令豔電：韓復榘部全部潰退，王靖國軍占青州，現向譚家坊子追擊。韓已通電出洋，所部願請石總司令接收。」[4]馮玉祥再次指責韓復榘讀書太少是在一九三一年十月二十七日，正是韓復榘大敗不久：

李長清由山東來，帶到韓的信件，內說對大局之意見，不過「無學問」三字而已。[5]

不過，在馮玉祥的日記中，幾乎沒有人是能被他看上眼的。比如，他多次評價劉汝明是「不讀

1 《馮玉祥日記》卷三，江蘇古籍出版社，一九九二年，一五一頁。
2 《馮玉祥日記》卷四，江蘇古籍出版社，一九九二年，六一一頁。
3 《馮玉祥日記》卷三，江蘇古籍出版社，一九九二年，二八六頁。
4 《馮玉祥日記》卷三，江蘇古籍出版社，一九九二年，三〇二頁。
5 《馮玉祥日記》卷三，江蘇古籍出版社，一九九二年，五一六頁。

書」、「魯莽軍人」。因此，這裡的「無學問」所指顯然是「不懂政治」的替代語。

一九三三年三月二十三日，他乘車赴山東前一日之內連發三電：「一致蔣，一致汪，一致韓」。內容不詳。二十四日抵達泰安車站，韓復榘派人來接他。二十六日，韓復榘等人來看望他。然後，他「發兩電，一致政府，一致汪先生，為辭內政部長事也。」則這應該是二十三日發電的解釋和重複。這裡的「政府」也就是蔣介石的指代。這是馮玉祥下野後在山東休養的特殊時期。

一九三三年四月十日，韓復榘已經明確意識到需要再次擁護馮玉祥出山：

> 鄧仲芝先生從濟南回，為談韓復榘云：「非幹不可，已無路可走，擬聯合西北同人擁馮」云。我告以「我不須要哪個擁戴，我自己幹自己的，希望他不要學石友三而失敗也」。[1]

「已無路可走」說明了當時韓復榘的尷尬處境。因為石友三再次叛蔣後，石和韓的密切關係不得不引起蔣介石對韓復榘的猜疑。蔣介石認為：「石友三叛，韓復榘必動搖」，於是他提前準備了「我方部隊部署應變之道」，實現「力助我軍破韓部」的效果。一九二九年十二月三日，蔣介石一日三次致電唐生智。要求他注意觀察韓軍態度。請見：臺灣國史館保存檔案《蔣中正電唐生智等：指石友三叛跡已著，韓復榘、馬鴻逵態度不明，豫西各部撤鄭州郾城》、《蔣中正電示唐生智：對石友三叛變，韓復榘態度不明。及我方部隊部署應變之道》，編號為 002-010200-00016-020 和 002-010200-00016-023。

1 《馮玉祥日記》卷三，江蘇古籍出版社，一九九二年，六〇七頁。

如此安排之後，蔣介石他還不放心，再次指點親信楊傑，下達命令要求他協助圍攻韓軍。[1]在馮玉祥那裡，韓復榘就遭遇到了馮氏對他的不信任態度，現在蔣氏也同樣對他猜疑很深！這讓他實在左右為難，進也不是退也不是。同年的十二月六日，才過了三天，蔣介石再次致電唐生智，已經準備要圍殲韓復榘軍隊了！[2]一九三〇年二月十五日，蔣介石再次致電陳調元，和他商討對韓、石二人的作戰計畫。該電文中，蔣明確說「恐石、韓先攻我津浦線」。[3]在韓復榘歸順中央的幾年中，蔣介石一直處在對韓又用又防的矛盾戒備心理和行動中。這樣一來加重了韓復榘的回歸馮玉祥的心理和急切情緒。直到一九三〇年四月二十五日，蔣介石才暫時決定「但對向方兄個人，可一深信，切勿懷疑」。[4]

一九三二年五月三十一日《馮玉祥日記》記載，鄧仲芝由濟南來見他，彙報韓復榘、石友三近況。同年六月二日《馮玉祥日記》記載，韓復榘來信，談論的是關於李曉圓保人之事。同年六月十一日《馮玉祥日記》記載，韓復榘來電為了配合國聯調查團而遊泰山之事。馮玉祥決定不見。因為馮玉祥認為「這是一群著洋服的強盜呵！他們是來強迫我國政府接受賣國條約的」。[5]

一九三二年七月十八日《馮玉祥日記》記載：

---

1 見臺灣國史館保存檔案《蔣中正電示楊傑等：指石友三叛，韓復榘必動搖，請力助我軍破韓部》，編號為002-010200-00016-027。

2 見臺灣國史館保存檔案《蔣中正電示唐生智：謂「韓復榘石友三決無望照原計畫進行」，及十一路第三第五師等作戰計畫》，編號為002-010200-00016-054。

3 見臺灣國史館保存檔案《蔣中正電陳調元：注意孫傳芳行動，及指揮對韓復榘、石友三作戰計畫》，編號為002-010200-00023-002。

4 見臺灣國史館保存檔案《蔣中正電囑陳調元賀耀組：勿公開對石友三作戰計畫，但可信任韓復榘》，編號為002-010200-00027-017。

5 《馮玉祥日記》卷三，江蘇古籍出版社，一九九二年，六三八頁。

> 韓復榘來，談話如次：一、各處雨水好。二、地方平安。三、非有條路不可。四、款項夠用否的問題。我告韓以組織的事；陳真如有可敬佩之處；須注意保護色來作政治鬥爭；你我均是窮小子出身，必須為窮苦同胞謀利益、幸福。[1]

這裡韓復榘、馮玉祥談話變得十分樸實自然。但是這裡的「保護色」顯然就是指政治偽裝。同年七月二十一日《馮玉祥日記》再次寫到：「保護色不預備，極易失敗」。同年九月三十日，他在日記寫到：「韓之盲動，真是可憐。」這是他對韓復榘「無學問」的再次感歎。

對於這一時期發生的韓復榘、劉珍年的膠東之戰，一九三二年十月一日，《馮玉祥日記》又談到：「韓復榘之事，劉珍年可謂毫無深謀，多由衝動、盲動而來，名義不正大，外交無聯絡，說打便打，如何不陷於絕境呢？」[2]一九三三年三月十二日《馮玉祥日記》中記載：「韓復榘派郭文升來，談願聽指揮。我告以須與民眾合作，須為民眾謀利益，否則不能算什麼。」[3]這是韓復榘再次歸順馮玉祥的開始。

一九三三年八月十四日，韓復榘派車接馮玉祥離京。第二天下午兩點，《馮玉祥日記》記載：

> 韓復榘與省府各人在站候余，下車相與握手。後韓復榘邀余去其省府休息，故隨之往。出站換汽車行，約行五里許始入省府。余與復榘別相十月，今復得聚會，百感交集。雖滿胸言語，

1 《馮玉祥日記》卷三，江蘇古籍出版社，一九九二年，六五七頁。

2 《馮玉祥日記》卷三，江蘇古籍出版社，一九九二年，七〇〇頁。

3 《馮玉祥日記》卷四，江蘇古籍出版社，一九九二年，四三頁。

實亦難以敘述，略告以途中事。……六時半，復榘談省府現製造新式輕機關槍，每次可放三十發，工程極簡。聞述其用，且與普通者無異。余睹覽之，確吾國之新械也。[1]

一九三三年八月十六日《馮玉祥日記》中記載：

七時返府早餐。餐後與向方談在察舉旗抗日前後，抗日為責任問題，余在察之舉旗抗日，是由於日本軍二十二日分三路進攻張垣，余迫不得已，乃私自舉義旗。[2]

然後，在當晚舉行的西北軍戰士在魯濟工作者聚會上，馮玉祥再次長篇大論發言，其中對於韓復榘，他談到：

現在山東的軍隊在韓主席指導之下，仍未減去西北時代之精神，大多都知道自己的責任。我相信日本兵如能夠到山東來，一定不會像東三省那樣不抵抗，或者作熱河之假抵抗的。前些時，我在張垣晤到一位山東朋友，那位朋友告訴我山東已不像往年那樣糟糕啦！政治、軍隊都是從未見過的那樣。官不愛錢，兵不擾民。不猶如是，有時地方駐軍替人民作工、造路。在麥忙的時候，替我們老百姓收麥，將其所帶有之農具盡借於我們。我聽了就知道老百姓對於官兵的願望，在現下沒什麼大的企求，只要官不貪，兵不擾害，渠等之願足矣。然而現在中國的軍

1 《馮玉祥日記》卷四，江蘇古籍出版社，一九九二年，一六〇頁。
2 《馮玉祥日記》卷四，江蘇古籍出版社，一九九二年，一六一頁。

隊，只要如這樣好的還沒有多哩！我們山東軍隊已成中國模範軍人。1

這是馮玉祥對韓復榘治理山東各項政策和成果的公開肯定。過去，幾乎沒有任何人的文章中對此加以肯定、宣傳和關注。有賴於《馮玉祥日記》的記載，我們知道了韓復榘治理山東有了如此成績！

其實，無論在主政河南還是山東，韓復榘都做成了很大的成績，有口皆碑。特別是他的反貪、反匪、興辦教育和水利的具體務實的工作，取得了可圈可點的成績，直到最近還博得了西方學者的研究和肯定。比如，美國威斯康新大學歷史系教授鮑德威博士（David Buck）出版了他的《中國城市變遷：一八九〇—一九四九年山東濟南的政治與發展》（*Urban Change in China: Politics and Development in Tsinan, Shantung, 1890-1949*）一書中，就用了一整章的篇幅研究和肯定了韓復榘治理山東的成績。這一歷史事實是不應該被無視和抹殺的。

一九三三年十月二十九日，韓復榘在馮玉祥的隨身部隊送棉坎肩一千件。這真的是雪中送炭。而且，根據一九三三年十月三十一日，馮玉祥在日記中根據記載：僅十月，韓復榘就送錢給馮玉祥三次，共一萬三千元用於他的生活。而當年十一月則是宋哲元送給他六千元士兵伙食費。在馮玉祥最困難的時候，韓復榘向蔣介石提議安排馮的工作、支援軍費以使馮歸順中央。請見：臺灣國史館保存檔案《韓復榘提馮玉祥在泰安情形，盼予相當名義並資助每月三萬元》、《韓復榘電蔣中正：據張鉞電稱，感謝中央委曲求全擔任馮玉祥名義款項，及馮允就林墾督辦》、《黃郛電蔣中正：據韓復榘電稱，馮玉祥已允就林墾督辦職，公署暫設泰安等語。惟經費由馮指定辦理會計之人，出

1 《馮玉祥日記》卷四，江蘇古籍出版社，一九九二年，一六三頁。

面與部接洽較為圓穩》、《汪兆銘電蔣中正：據韓復榘電稱，馮玉祥已允就林墾督辦職，公署暫設泰安等語。惟經費由馮指定辦理會計之人，出面與部接洽較為圓穩》，編號為002-080200-00128-090、002-080200-00129-072、002-080200-00130-027、002-080200-00130-054，可見，這一建議迅速被蔣介石採納，才出現了對馮玉祥的林懇督辦一職的任命。

一九三三年十一月四日《馮玉祥日記》中記載：

> 韓向方昨夜來，擬今早來此。我告以要穩健，要和平，要準備，要人才，要組織，不可受騙，而自己須以人民為主。寬、厚、信、實，為政之本，為人之本也。早起因韓來未讀書。……先同韓談、梁談大局及年歲之不好，氣候之不良，人民之痛苦。……飯後同韓談，韓言：「國家不了，人民不了，皆因經濟無辦法。蔣、宋之爭，為爭錢耳。西南若幹，我一定幹。CP是為世界革命的，可敬佩者，在愛世界；其他帝國主義者，愛國家者，雖落後，亦可佩服。惟我國人只愛身家而不問其他。故國家不能好，社會不能安，實業不能興，一切不能好也」云云。我說：「極是。極是。」[1]

他當時是保護韓復榘的。一九三三年十二月二日，馮玉祥甚至發現有人傳播韓復榘的講話，他認為這些講話會引起對韓復榘的不利，就明確告知對方：「你不論對任何人說話，均說未見韓為是。」[2]

1 《馮玉祥日記》卷四，江蘇古籍出版社，一九九二年，二一九頁。

2 《馮玉祥日記》卷四，江蘇古籍出版社，一九九二年，二三九頁。

之事」。[1]

一九三四年十月二十二日，韓復榘開始視察山東各縣教育。二十三日，韓復榘和馮玉祥一起談論義務教育的重要性。十一月二十八日，韓復榘再次來見馮玉祥，談「國家如此，不瓜分必成共管之事」。[1]

一九三五年六月二十日，韓復榘抓到了馮玉祥隨身部隊的幾個逃兵，立刻送交馮玉祥處理，並將繳獲槍枝也歸還馮玉祥。同年七月八日，韓復榘弟弟的夫人來給馮玉祥送西瓜。可見當時照顧馮玉祥的日常生活還牽扯到韓復榘的弟弟一家人。同年七月二十一日《馮玉祥日記》記載：「午後，韓復榘主席來自濟寧，為看黃河口子水頭，距濟寧城約二十里，此誠人民之大災難也。」[2]同年九月五日，韓復榘從濟寧來見馮玉祥。第二天見到來訪的李顯堂、鄧仲芝，他立刻介紹了韓復榘的近況和打算。同年九月十九日，鄧仲芝再次來訪，繼續談起韓復榘的打算之事。值得注意的是：這一天鄧仲芝提到他自己到過南京之事。馮玉祥特地記錄在日記中。幾乎很有深意：難道是鄧仲芝去南京見了什麼人並彙報了韓復榘的打算和近況？

同年十一月十一日，馮玉祥到南京出席了「五全大會」。五全大會即國民黨第五次全國代表大會，一九三五年十一月十二日至二十二日在南京召開。到會代表四〇五人，主席團成員二三人。于佑任作主席團工作報告、蔣介石作政治報告、何應欽作軍事報告、孫科作中央執行委員會工作報告、張群作中央監察委員會工作報告。

同年十一月十五日，馮玉祥在開會時見到蔣介石。當時蔣介石公開表示「對日非抗不可」的態

1 《馮玉祥日記》卷四，江蘇古籍出版社，一九九二年，四四一頁。

2 《馮玉祥日記》卷四，江蘇古籍出版社，一九九二年，五七七頁。

度。這些被馮玉祥詳細記載在日記中。因為馮玉祥親自出席「五全大會」。他自己表白是「為救亡而來」和「為團結救國，不是為團結分贓而來」[1]因此，韓復榘對馮玉祥的態度也轉而支持：他表示可以捐獻五百萬現款和一千萬發子彈！[2]這幾乎是韓復榘的過半的家底了。韓復榘的捨命陪君子（馮玉祥）的抗日態度已經明確表現出來。

一九三六年三月二十一日，再次給韓復榘去信。具體內容不詳。但是同年四月三日，唐襄來見馮玉祥，《馮玉祥日記》則記載「知韓的謠言事實無其事」。[3]

什麼謠言？即當時社會上流傳的韓復榘私下通日、準備山東自治的言論，顯然這些謠言是沒有事實根據的。很可能是出自日偽之手，製造混亂，達到逼韓復榘就範的目的。馮玉祥開始對韓復榘有了自信。同年四月十七日，他公開對別人大談「宋、韓之外交

圖五一　1936年，韓復榘和馮玉祥在山東泰山。

1 《馮玉祥日記》卷四，江蘇古籍出版社，一九九二年，六四〇頁。
2 《馮玉祥日記》卷四，江蘇古籍出版社，一九九二年，六四一頁。
3 《馮玉祥日記》卷四，江蘇古籍出版社，一九九二年，七〇四頁。

如何很有天才，很有忠心之事。」[1]這裡的「外交」，指宋哲元在北京處理與日本關係上的外交策略。這裡的「忠心」指韓對國家的忠誠。

同年四月二十五日，韓復榘先後兩次來電，就泰山為西北軍陣亡將士立碑之事與馮協商。可見韓復榘對西北軍的感情。

一九三六年十月十九日，韓復榘和馮玉祥在南京相見。所談內容卻是「天目山事」而已。[2]十月二十三日，馮玉祥再次在南京約見韓復榘：

> 談了一段話，分三點：「一、抗日及求新知。二、擁護中央，見到的話不可外傳。三，對宋須用力說之，使其與中央一致。」向方說「為金石之言。」我又獎向方三點：「一、對內之治安；二、對外之不屈；三，辦災之新法。我與有榮焉。」[3]

馮玉祥的上述三點是對韓復榘的全部肯定！而且，韓復榘的抗日態度已經表現得非常堅決！而這時的宋哲元因為接受了蔣的「拖延時間、虛與委蛇」的秘密要求，反而讓馮玉祥以為需要「對宋須用力說之，使其與中央一致」。

同年十月三十一日，馮玉祥的日記總結本月的大事，涉及到韓復榘的有兩件：

> 韓宅院內添東房四間、改房子一間。

1 《馮玉祥日記》卷四，江蘇古籍出版社，一九九二年，七一一頁。
2 《馮玉祥日記》卷四，江蘇古籍出版社，一九九二年，八一六頁。
3 《馮玉祥日記》卷四，江蘇古籍出版社，一九九二年，八一八頁。

韓之來南京，兩次會食，兩次談話。[1]

足見韓復榘在他心裡的地位之重要。

一九三六年十一月十九日，韓復榘來電向馮玉祥彙報「韓多峰有組織的事」[2]，具體何事，不見細說。

1 《馮玉祥日記》卷四，江蘇古籍出版社，一九九二年，八二一頁。

2 《馮玉祥日記》卷四，江蘇古籍出版社，一九九二年，八三五頁。

第九章
韓復榘的軍事指揮能力如何

被蔣介石、馮玉祥和閻錫山等人極為看重的韓復榘的軍事指揮能力究竟如何？根據一九二二年五月十四日《馮玉祥日記》記載：「九點至夜三點，聞槍聲甚多，請劉參謀長、韓營長復榘聽之。」[1]

可見，馮玉祥對韓復榘的軍事能力是相信的。他希望韓復榘可以從「聞槍聲甚多」之時「聽之」而作出判斷。一九二五年十一月八日《馮玉祥日記》又記載：「五點，見韓復榘、程希賢，令其回告鹿司令，北京方面，速退南口備戰。」[2]可見，馮玉祥的任何動作，都需要韓復榘的軍隊給予配合和撐腰。一九二六年十月二十五日《馮玉祥日記》再次記載：韓復榘來請示「軍隊將如何開拔也」。一九二六年十月七日《馮玉祥日記》又記載了他對韓復榘軍的關注：「過之綱、張吉墉來談韓、石各部事。」[3]第二天日記，馮就記載：「六點半，對韓、石各官長講話。」[4]也即是對韓復榘軍高級將領的勉勵和軍事部署。

一九二六年十月十四日《馮玉祥日記》記載：「下午，韓復榘、楊兆林、鄭澤生來，規定開拔事。」[5]

一九二六年十一月十七日面對「磴口陣地出事」之事，韓復榘提出：「應早到潼關，聯絡河南

1 《馮玉祥日記》卷一，江蘇古籍出版社，一九九二年，一二六頁。
2 《馮玉祥日記》卷二，江蘇古籍出版社，一九九二年，一二九頁。
3 《馮玉祥日記》卷二，江蘇古籍出版社，一九九二年，二三二頁
4 《馮玉祥日記》卷一，江蘇古籍出版社，一九九二年，二三三頁。
5 《馮玉祥日記》卷一，江蘇古籍出版社，一九九二年，二三四頁。

圖五二　潼關老照片

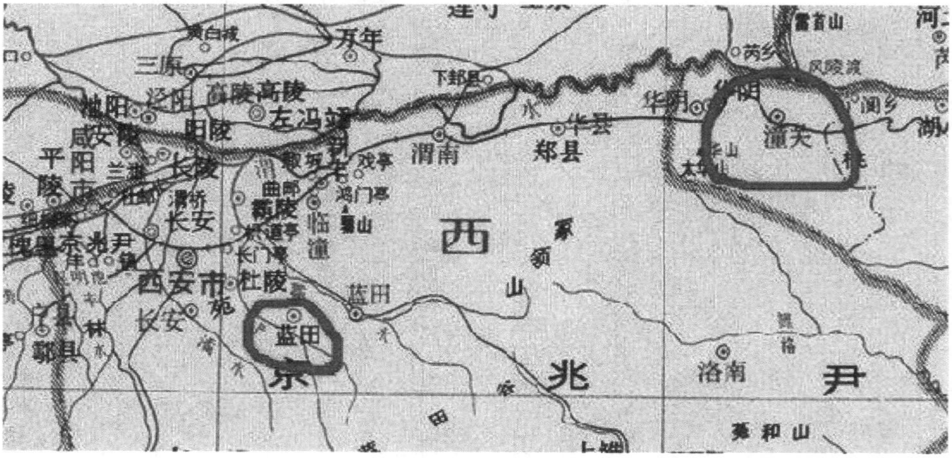

圖五三　潼關地圖

各部」[1]。可見韓復榘的軍事部署能力。及時佔據潼關這一有利的地形、地勢，聯絡河南軍隊，形成外包圍網。

還是在北伐戰爭時期，一九二七年四月五日《馮玉祥日記》記載：「又電張維璽、韓復榘兩部，迅速前進。」[2]一九二七年十一月七日《馮玉祥日記》記載：「六點半，韓復榘來，報告作戰情形。」[3]第二天上午九點半，再次召集韓復榘開會。並肯定：「此次作戰，第六軍日行五十餘里，襲擊敵人之背，因獲大勝，於此可見該軍將領有智，部眾有勇。……韓軍長督戰城下，身冒炮火……」[4]如此，對韓復榘的指揮能力和勇氣給予了嘉獎。這也是韓復榘晉升為軍長的記錄。「第六軍日行五十餘里，襲擊敵人之背，因獲大勝」的軍事指揮藝術，充分顯示了韓復榘在北伐時代的軍事家才幹。而且，馮玉祥對韓復榘的信任和軍事能力給予了高度肯定。

同年的十一月十一日，馮玉祥再次嘉獎韓復榘軍：

八點起，集合韓復榘部連長以上官長訓話，略謂第六軍此次作戰，成績甚佳。由杞縣至鄭州，日行百五十餘里，迭挫敵鋒，俘獲無算，僅就所得之四列鋼甲車而言，亦足敵四師之眾，厥功偉矣。惟頑敵尚在，責任未了，今以三事相囑，望注意焉：第一，要繼續努力，不可稍有驕心，驕則敗矣。第二，要見利思義，軍人志在救國，非為貪利而來，倘見利即趨，則掠人之

1 《馮玉祥日記》卷二，江蘇古籍出版社，一九九二年，二五三頁。
2 《馮玉祥日記》卷二，江蘇古籍出版社，一九九二年，三一四頁。
3 《馮玉祥日記》卷二，江蘇古籍出版社，一九九二年，三九〇頁。
4 《馮玉祥日記》卷二，江蘇古籍出版社，一九九二年，三九〇頁。

> 財，無所不至，直土匪行為，何以對人，何以對己。吾聞前方兵士，有得錶鏈者，此種行為，亟應取締，倘再發覺，必殺無赦。第三，要完成革命事業，不可中途懷鄉，諸君多係豫籍，頗聞有懷鄉思歸者，此亦常情。然軍閥未倒，萑苻遍野，暫時雖歸，亦不能安居樂業，孰與成功之後，解甲歸田，名利俱全乎。[1]

這裡已經說得很清楚了：「日行百五十餘里」說明了急行軍出奇制勝的出現在敵人面前，立刻達到了「迭挫敵鋒」的效果。而且戰後居然俘獲了「四列鋼甲車」，這對一直缺乏重裝備的西北軍來說，簡直就是福音。

這次戰鬥出現了「鋼甲車」，顯然已經點明了是在北伐戰爭期間韓復榘和張宗昌的軍隊展開的作戰。當時張宗昌的軍隊唯一配備了「鋼甲車」的軍隊。「四列鋼甲車」分別被命名為「北京號」、「泰山號」、「河南號」、「山東號」。

一九二七年十一月二十六日《馮玉祥日記》記載：「午後五點，接韓復榘電話，報告敵人於今

圖五四　韓復榘軍俘獲的鋼甲車

1 《馮玉祥日記》卷二，江蘇古籍出版社，一九九二年，三九一頁。

日下午三點全線退卻，囑其猛追。」[1]

一九二七年十一月二十七日《馮玉祥日記》，馮玉祥在一次講話中說：「這次韓復榘在東路作戰後，把他調往河北打謝玉田，又從河北調回，午後四點到鄭州，征塵未去、六點便又上講堂，且官長亦不能缺席，這是何等精神呢？」[2]同年十二月二十九日，馮玉祥在鄭州飛機場閱兵講話時說：「單就韓復榘一部說，在隴海戰事甫畢，即向河北去打，及至將謝玉田擊潰，復調往豫東。軍事傍午，無片刻暇，苟非革命精神十足，萬難任此艱巨。」[3]

一九二八年四月十五日《馮玉祥日記》記載：「六點，電令韓復榘、童玉振等部，一齊加入前線，由彰德繞攻敵之後路。」[4]四月十七日《馮玉祥日記》記載：「八點，電各將領云，鹿鍾麟、韓復榘，皆總指揮也，而韓受鹿命，是以連戰皆捷，諸君健鬥功高，余所素知，而待人接物，務望以責人之心責己，以恕己之心恕人，庶全軍和輯，一心一德，打倒敵人不難矣。」[5]通過上述幾篇日記的記載，在北伐戰爭期間韓復榘的指揮藝術和韓軍的勇敢和獲勝，已經躍然紙上。

一九二八年十二月十二日《馮玉祥日記》記載：「八點半，開會。發對革命有殊勳各將官褒狀、匾額、墨水匣等獎品。計得獎者，為鹿鍾麟、宋哲元、韓復榘、石友三……韓復榘曾助孫良誠抄敵後路，又解衛輝之圍，迨與敵對壘彰德，所屬三師之團營長，多數傷亡，而韓復榘猶復氣宇豪邁，

1 《馮玉祥日記》卷二，江蘇古籍出版社，一九九二年，三九八頁。
2 《馮玉祥日記》卷二，江蘇古籍出版社，一九九二年，四〇〇頁。
3 馮玉祥《馮玉祥選集》，上卷，人民出版社，一九九八年，六〇頁。
4 《馮玉祥日記》卷二，江蘇古籍出版社，一九九二年，四四六頁。
5 《馮玉祥日記》卷二，江蘇古籍出版社，一九九二年，四四七頁。

謂『吾尚未抬回，夫何憂何懼？』壯哉！」[1]這裡特別點明了「韓復榘曾助孫良誠抄敵後路，又解衛輝之圍，迨與敵對壘彰德」的戰爭局面和軍事戰術，而且，韓復榘的表現還在於「所屬三師之團營長，多數傷亡，而韓復榘猶復氣宇豪邁」的將軍氣度。他的「吾尚未抬回，夫何憂何懼？」的答覆，得到了馮玉祥的格外讚美！

時任第二集團軍總政治部組織處處長的簡又文後來評論說：

孫良誠、韓復榘、石友三三部實為二集團軍最精銳之師。戰時，孫常任前敵，逢攻必克，夙有「鐵軍」之稱。韓、石二部則為全軍最驃悍、最驍勇善戰之師，常留在後方作預備隊，一遇前線各方有困難，馮氏即指揮這兩個犀利無匹的鐵錐向前敵兇猛衝擊，幾戰無不勝者。[2]

一九二九年二月七日《馮玉祥日記》記載：「六點，會秦德純，令點詢韓主席剿匪情形。」[3]二月十八日韓復榘親自來見馮玉祥，「報告剿匪情形及民政廳力主建設，而財政廳則力主整理財政，以至諸事難以進行」。[4]可見，馮玉祥對韓復榘的戰事的關心程度和獲勝的期待。

一九三〇年以後，韓復榘在歸順中央的情況下，多次成為作戰的主力，足見蔣介石對他的軍事才幹的重視。秦孝儀《總統蔣公大事長編初稿》記載：

1 《馮玉祥日記》卷二，江蘇古籍出版社，一九九二年，五四九頁。
2 簡又文《馮玉祥傳》，嶽麓書社，二〇一六年，三三二頁。
3 《馮玉祥日記》卷二，江蘇古籍出版社，一九九二年，五六八頁。
4 《馮玉祥日記》卷二，江蘇古籍出版社，一九九二年，五七五頁。

中華民國十九年

五月一日　發佈討伐閻馮誓師詞，並頒發討逆軍戰鬥序列及作戰計畫，分我軍為四個軍團，以韓復榘、劉峙、何成濬分任第一、第二、第三軍團總指揮，陳調元為總預備軍團總指揮。[1]

在這之前，蔣介石對韓復榘的作戰情況非常關心，並且逐漸放手使用。如：一九二八年四月八日，蔣中正致電電何應欽，針對韓復榘部忽入武勝關一事，決定展開軍隊部署：「自支日起電令韓復榘十餘通，無一復。昨日忽入武勝關矣。」。[2]一九二九年四月二日和三日，蔣介石連續發多封電報催問韓復榘軍隊的出兵時間。[3]同年五月十五日，蔣介石致電何應欽商討河南作戰的應對問題。[4]一九三〇年一月五日，蔣介石致電韓復榘，祝賀他出任北路前敵總指揮。[5]同年三月六日，蔣介石批准了韓復榘的作戰計畫，並致電他佔領黃河鐵橋。[6]同年三月十四日，蔣介石決定任命韓復榘為豫魯勦匪總指揮。[7]等等。可見，投蔣後的韓復榘的軍事指揮能力得到了蔣介石充分的信任。

---

1 見http://dbj.sinica.edu.tw:8080/handy/index。

2 見臺灣國史館保存檔案《蔣中正電何應欽：對韓復榘部忽入武勝關事進行軍隊部署》，編號為002-010100-00011-039。

3 見臺灣國史館保存檔案《蔣中正電令何應欽：注意馮玉祥等部行止促鹿鍾麟催韓復榘出兵》、《蔣中正電令何應欽：飭鹿鍾麟促韓復榘出兵並將各省討桂消息轉馮玉祥》，編號為002-010200-00002-014和002-010200-00002-016。

4 見臺灣國史館保存檔案《蔣中正電告何應欽：轉錄石友三致韓復榘電並斟酌豫省作戰因應之道》，編號為002-010200-00004-025。

5 見臺灣國史館保存檔案《蔣中正電賀韓復榘：任北路前敵總指揮討唐部盼與王均連接》，編號為002-010200-00019-034。

6 見臺灣國史館保存檔案《蔣中正電韓復榘：佔領黃河鐵橋收復黃河北岸並和平接收冀察》，編號為002-010200-00024-018。

7 見臺灣國史館保存檔案《蔣中正電詢何應欽等：擬以韓復榘為豫魯勦匪總指揮並請陳調元慰勉韓》，編號為002-010200-00025-040。

可以說，北伐戰爭時代奠定了韓復榘的軍事指揮家的基礎。而主政山東時代則奠定了韓復榘的政府領導能力。

第十章
歸屬閻錫山及其相互合作

一九二六年一月一日，馮玉祥通電下野，國事由吳佩孚、孫傳芳、閻錫山、岳維峻等主持，並聲明國民軍名義早已取消，這就造成軍隊的安置和去向問題。於是，一九二六年五月至八月，韓復榘是在參加國民軍與晉軍在晉北大戰失敗後，轉而投靠閻錫山的。因為當時他的上司、主帥馮玉祥正遠在蘇聯考察。

《劉汝明回憶錄》記載了當時韓復榘的真實想法：

> 快到綏遠不遠的一個鎮後，遇見了韓向方，向方攔住了我，把我拉到他司令部去休息。向方和我說，他已經和石漢章商量好了，不再向西去，要去投閻錫山。我說：「那怎麼成？打敗了仗也不能變節。」他說他們不是變節，是奉到命令不走，叫我和他們一起。……再往西走是死路一條，由包頭到寧夏一千多里路……不餓死

圖五五　劉汝明及其回憶錄

也得渴死。1

閻錫山，字伯川，生於一八八三年十月八日，山西省五台縣河邊村人。一九〇二年，閻錫山考入山西武備學堂。一九〇四年，他被清政府選送日本學習陸軍。他先後在東京振武學校、弘前步兵第三一聯隊和東京日本士官學校學習了五年。一九〇九年，閻錫山從日本畢業返國後，又應清庭朝考，得中舉人。回晉後，他任山西陸軍第二標教官，翌年任第二標標統。一九一一年武昌起義後，他在山西積極回應，組織軍隊也發動起義，被推舉為山西大都督。從此走上成為山西王之路。一九二八年四月，蔣介石聯合馮玉祥、閻錫山、李宗仁組成四個集團軍，舉行「二次北伐」，擊敗奉系軍閥。

一九二六年四月十一日，國民軍第一軍將領韓復榘，聯合第三軍徐永昌、第五軍方振武等人，一起致電吳佩孚及孫傳芳、閻錫山，請他們主持大計。曹錕則致電吳佩孚，提出「鹿鍾麟願隸麾下，即派師長韓復榘赴漢口報告」。這是韓復榘最初歸順閻錫山的記錄。

一九二六年五月十六日，國民軍韓復榘等六路攻晉北大同一帶，晉軍將領商震等帶兵抵抗。五月二十七日，國民軍攻佔大同，韓復榘帶兵南攻雁門。到了同年九月十日，晉軍將領商震佔領了包頭，國民軍韓復榘、石友三等只好率部投降。

圖五六　民國初年的閻錫山

1 《劉汝明回憶錄》，臺灣傳記文學出版社，一九七九年，七三頁。

一九二九年五月二十九日，蔣介石致電閻錫山，通報韓復榘反馮後遭遇馮軍將領龐、孫二人軍隊追殺之事。[1]

一九二九年十二月十六日，見臺灣國史館保存檔案，編號為116-010104-0001-032的檔案中記載了韓復榘對汪精衛、閻錫山二人的真實看法，他「認為（汪、閻）非永久領導時局之人」。與此同時，當年十二月二十九日，在「討唐（唐生智）之役」結束後，蔣介石下令韓復榘等人軍隊歸閻錫山節制。[2]這是韓復榘第二次歸順閻錫山的記錄。

第二天，韓復榘正式回電蔣介石：遵命接受閻錫山的指揮。顯然，接受閻錫山的指揮不過是眼下韓復榘的權宜之計而已。

於是，一九三〇年一月四日，閻錫山正式委任韓復榘為北路前敵總指揮。第二天，這個任命得到了蔣介石的認可。但是蔣介石認為閻錫山的這一委任另有含義：「委韓復榘為總指揮，恐是（閻）驅韓之舉，於我軍無害，勿念。」[3]

這一任命是否真是閻錫山的「驅韓之舉」，還是蔣、閻二人之間相互更清楚彼此的行為內心所想？該原始電報照片見如圖五七。

韓復榘內心大概其實也很明白這一處境！一九三〇年一月十四日，韓復榘致電石友三，說明他

1 見臺灣國史館保存檔案《蔣中正電閻錫山等：謂「龐炳勳孫良誠部聯襲韓復榘後，韓復榘、石友三二軍於許昌會合再圖反攻」》，編號為002-010200-00005-068。

2 見臺灣國史館保存檔案，編號為002-010200-00017-030。

3 見臺灣國史館保存檔案，編號為002-110200-00001-055。

個人的處世方法：「閻錫山圓滑，如無徹底辦法當照弟法，擇一妥當立足地」[1]。同年三月二十一日，韓復榘致電孫良誠中明確點出了「閻之狡詐，已為國人共棄」的觀點，並且極力勸說孫良誠「勸勿就副司令職」[2]。因此，閻錫山留給韓復榘的印象就是圓滑、狡詐而已！

同年二月九日，閻錫山再下令駐鄭州之晉軍孫楚師歸韓復榘指揮。

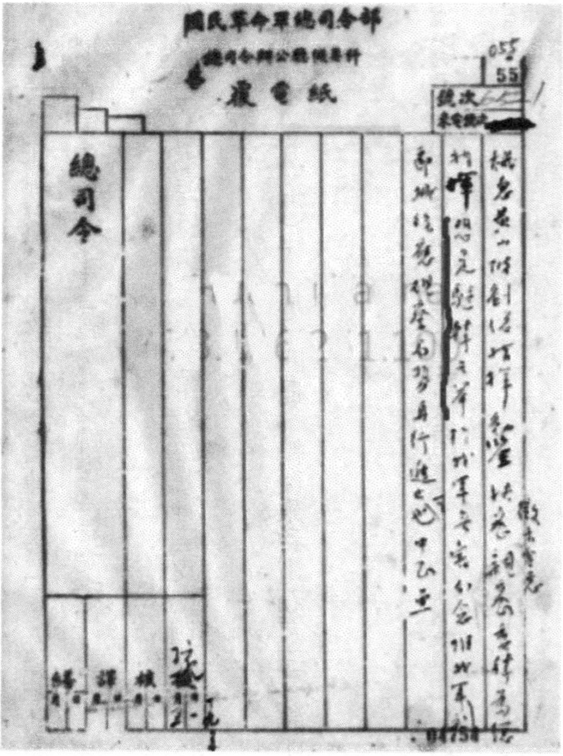

圖五七

一九三〇年二月二十二日，韓復榘致電閻錫山，正式提出了他的部隊軍費給養額度「每月共一一四萬」，見臺灣國史館保存檔案，編號為116-010101-0092-015。兩天後，韓復榘再次致電閻錫山，進一步重申：「鈞電著職將所屬各部，每月最小限數呈報共計一一四萬。」見臺灣國史館保存檔案，編號為116-010101-0092-016。而當年二月二十三日答覆卻是「按月發一〇六萬」，見臺灣

1 見臺灣國史館保存檔案，編號為116-010107-0026-032。
2 見臺灣國史館保存檔案，編號為116-010107-0041-001。

國史館保存檔案，編號為116-010101-0092-014。相差不到十萬元，顯然，韓復榘最後接受了這個額度，同年二月二十四日，韓復榘致電閻錫山：「電示按月撥予一〇六萬元，囑撥各部謹遵囑辦理」。見臺灣國史館保存檔案，編號為116-010101-0092-017。

一九三〇年二月二十日，閻錫山先後四次致電蔣介石，指責他濫用武力、獨裁專權，建議他應該交權於黨，軍隊再實行編遣。

同年二月二十三日，馮玉祥、韓復榘等各地將領四十五人通電全國，主張由中央委員組成臨時國民黨幹部會議，成立新的中央政權。同年二月二十七日，第三路軍總指揮兼河南省政府主席韓復榘，聯合第十三路軍總指揮石友三，致電蔣介石和閻錫山，主張以和平手段，由黨部解決糾紛，反對以武力來促進和平。這是韓復榘回應馮玉祥、閻錫山聯盟的最大行動。和平通電代表了韓復榘的反對軍閥混戰的心理。

為此，馮玉祥在當年三月二十三日特別致電韓復榘：「我弟如能一致倒蔣中正，則閻錫山決無為難處。」[1]

但是，進入三月，在蔣介石的反復勸說下，韓復榘又決定支持蔣介石，公開準備配合蔣介石的

圖五八　1930年成為美國《時代》雜誌封面人物的閻錫山

1　見臺灣國史館保存檔案，編號為116-010102-0034-063。

中央軍，進攻閻錫山的軍隊。畢竟歸順中央才是他的最後選擇。蔣介石興奮得當即通知陳濟棠這一消息。[1]同年三月九日，蔣介石再次致電韓復榘，強調事先和韓復榘商定的解決閻錫山的方案不變。[2]由此分析，韓復榘這一時期實質上是蔣介石按插進閻錫山軍中的一枚釘子。而馮玉祥的上述致電卻出現在當年的三月二十三日。顯然太晚了，已經沒有任何實際意義了。難怪當時石友三說：「韓復榘仍未徹底覺悟」。[3]

一九三一年春夏之際，閻錫山再次謀劃倒蔣。二月二十八日，敏銳的張學良立刻致電蔣介石，「請中央監視韓復榘等」[4]。同年五月二十七日，閻錫山提出「擬以晉軍援助或公推韓復榘為領袖」的方案[5]。於是這次，他決心聯合山東的韓復榘，形成山東、山西連為一體對抗張學良和蔣介石的局面。同年十月九日，他派去聯繫韓復榘的代表賈景德致電閻錫山：「派往伯常（即韓復榘）的人已有來信，謂伯常對八字條約極端贊成，現正在商定中。」[6]而韓復榘的代表柴東生則轉達韓復榘的意見：「雙方合作認為確有必要。」閻錫山立即復電賈景德：「青二蒸二均悉。北方事非魯、晉切實結合，不易解決。伯常（指韓復榘）對八字條約既極端贊同，即由彼起草，請諸人作證成立，

---

1 見臺灣國史館保存檔案《蔣中正電陳濟棠：因韓復榘石友三決定討閻，中央軍可乘機平定廣西後再行北上》，編號為002-010200-00024-015。

2 見臺灣國史館保存檔案《蔣中正電告韓復榘：不論閻錫山問題如何解決，前所定方針不變》。編號為002-010200-00024-025。

3 見臺灣國史館保存檔案，編號為116-010104-0004-033。

4 見臺灣國史館保存檔案，編號為116-010107-0136-069。

5 見臺灣國史館保存檔案，編號為116-010107-0147-054。

6 引見金以林《寧粵對峙前後閻錫山的反蔣倒張活動》一文。原載《近代史研究》，二〇〇五年第五期。網路轉發可見：http://jds.cass.cn/xrfc/xrsb/201605/t20160506_3327866.shtml。

以為解決北方基礎。」這次，閻錫山明確點出了核心：「北方事非魯、晉切實結合，不易解決」。賈景德則發現韓復榘當時的猶豫心理：「與向方接頭所最困難者，係彼甚願當首領而又知其實力、聲望不夠。彼始終意在平、津而與大計劃上確有衝突。第一層是否僅一軍事領袖可滿其欲？」[1]其實，他們根本沒有理解韓復榘的內心世界，他的反對軍閥混戰的意識一直也沒有消失過。

十月十五日，韓復榘的代表劉熙眾來到山西面見閻錫山，轉達韓復榘的四點意見：

一，從前向方與總座未能完全一致，係因環境關係，請原諒。

二，向方知總座對彼甚關心，並知山東事晉方確能盡力援助，向方甚感動。

三，現在時局十分緊張，確有魯、晉聯絡互保必要。

四，聲明向方自知實力、聲望均不夠，決不敢做首領。

閻錫山則答覆：

一，過去事余深知向方確有苦衷，請轉向方放心；

二，余為魯、晉共存及北方大局關係，所以時時替向方設想；

三，魯、晉共存已成定局，望速分訪馮先生及宋、徐、楊等，述明情形，研究互保方式回來決定；

四，軍事首領，向方應以大局為重，毅然擔任，否則亦必須由向方另找一人擔任。請向方萬

1 引見金以林《寧粵對峙前後閻錫山的反蔣倒張活動》一文。原載《近代史研究》，二〇〇五年第五期。網路轉發可見：http://jds.cass.cn/xrfc/xrsb/201605/t20160506_3327866.shtml。

不要推諉，致誤時機。余對軍政事不願再去擔任，此種苦衷出自本心，請向方決勿客氣。

但是，雙方在合作過程中是各懷鬼胎。金以林在《寧粵對峙前後閻錫山的反蔣倒張活動》一文則揭示：

> 閻錫山從天津執行部得到情報顯示：韓復榘擬以自己為領袖組織新直系，並有出兵魯、直的計畫，僅將晉、察、綏三省劃歸為閻的地盤。針對韓復榘對晉閻的威脅，閻錫山派駐廣州的另一代表潘宜之電閻建議：「西北軍似應有人統率，瑞伯久居津門，似應請其繼續參加討蔣。宜意請鈞座及德公向粵中央推任為國府委員。」瑞伯，即鹿鍾麟，原是西北軍的第二號人物，德公，即李宗仁。潘的用意是想以鹿鍾麟來壓制韓復榘。閻當即覆電表示同意：「擬先派人徵求同意，得允許後，即照兄意辦理。」[1]

原來，有人以為韓復榘打算自己建立新的直系。雖然這一說法很新，但是卻缺乏證據加以支持。從前兩次歸順到第三次合作，閻、韓之間的關係緊緊圍繞著「利益」二字而來，最後不歡而散。兩個地方軍閥之間的合作，很難有長久的和睦相處關係，特別是山西和山東二省之間，一直是和少而爭多。這大概也是相聲段子《關公戰秦瓊》改編的社會基礎吧。

金以林在《國民黨高層的派系政治》一書中主張：

> 當時北方實力派中除閻錫山的晉系外，力量較強的就是控制山東的韓復榘。韓是馮玉祥部

---

1 引見金以林《寧粵對峙前後閻錫山的反蔣倒張活動》一文。見：http://jds.cass.cn/xrfc/xrsb/201605/t20160506_3327866.shtml。

屬中最早叛馮投蔣的人。石友三反蔣之初，馮還一度「使人挑撥韓復榘部」，令「韓極感不快」。此時韓復榘對蔣、馮二人的態度可以說是更親近蔣介石而疏遠馮玉祥。但當韓發覺蔣地位不保時，在韓看來聯合閻推倒張，還是有利可圖的。[1]

其實，我們通讀這一時期全部的蔣、韓關係電文，可以發現：韓復榘並沒有想聯合閻錫山的反蔣之心。韓復榘對於山東的獨大和中立態度十分滿意。因為根據一九三二年一月一日《馮玉祥日記》記載：

> 閱《北平報．濟南通訊》謂：韓在魯一切政治設施悉本於余。某日在朝會中演講，謂：「今日中國之人物，惟蔣總司令與馮先生可劃一等號。至於閻某，則不過如鞋跟之塵土，不足掛齒也。」可謂妙言解頤。[2]

這段記載可以說明了韓復榘對閻錫山的真實看法。前文我們已經說過了，韓復榘對閻錫山的真實看法，認為他「非永久領導時局之人」。

韓復榘的上述答覆和行為其實更多的是敷衍而已。他強調的只是「現在時局十分緊張，確有魯、晉聯絡互保必要。」並且一再聲明「向方自知實力、聲望均不夠，決不敢做首領」。這最後一句話顯然是敷衍之詞。

---

1 金以林《國民黨高層的派系政治》，社會科學文獻出版社，二〇〇九年，二四五頁。

2 《馮玉祥日記》卷三，江蘇古籍出版社，一九九二年，三五五頁。

第十一章
韓復榘和劉珍年之爭

劉珍年，生於一八九七年，卒於一九三五年。字儒席，直隸南宮（今河北省南宮市）劉家莊人。一九二一年，他畢業於保定陸軍軍官學校，他投身在奉系陸軍第一師李景林部下，先後任排、連、營長。一九二五年冬，他改投直魯聯軍褚玉璞部，任第十六旅旅長。一九二六年秋，他率部分親信投奔張宗昌。一九二八年四月下旬，北伐軍打到濟南，張宗昌退到冀東，劉珍年隨膠東防禦總指揮方永昌和副總指揮第十三軍軍長劉志陸，統轄魯軍殘部開往膠東。不久部隊交劉珍年率領，劉自此開始自稱軍長，自立門戶，有「膠東王」之稱。

圖五九　「膠東王」劉珍年像

一九二八年九月十七日，劉珍年進駐煙臺，掛起青天白日旗幟，接受蔣介石授予的國民革命軍暫編第一軍番號，任軍長兼第十七師師長。[1]

一九二九年十月二十日，蔣介石下令給劉珍年軍補充武器彈藥。[2]一九三〇年六月七日，蔣介石再次下令給劉珍年軍補充武器彈藥。[3]但是，就是在同一天，蔣

1 見臺灣國史館保存檔案《蔣中正電劉紀文：已與宋子文磋商，准由北平長蘆運使籌百萬交北平行營。及電何成濬暫准委劉珍年為第十七師師長等》，編號為002-060100-00013-048。

2 見臺灣國史館保存檔案《蔣中正電煙臺劉珍年：所需子彈與馮象鼎妥商派員來領》，編號為002-010200-00012-025。

3 見臺灣國史館保存檔案《蔣中正電示宋子文：請速提用劉珍年七九步槍彈》，編號為002-010200-00032-046。

介石又致電蔣伯誠：「聞劉珍年有電勸向兄不擁護中央之義。未知果有此事否？」[1]

蔣介石此事又是對人又疑又用、疑信參半的狀態。這大概就是蔣介石的一貫作風吧。

同年八月十九日，蔣介石致電韓復榘，通知他「昨已電京發劉珍年子彈十萬發」。[2]

一九三〇年，蔣、馮中原大戰時，劉珍年已有精兵三萬。蔣介石搶先在徐州封劉珍年為國民革命軍第十七軍上將軍長，贈款三〇萬。中原大戰中，蔣介石電令劉珍年支援韓復榘，夾擊入魯晉軍。[3]

與此同時，閻、馮則派人赴煙聯劉倒蔣，並送給劉珍年衝鋒槍一百支、子彈十萬發，許以晉軍第二十一路總指揮頭銜。而事實上，當時劉珍年是出兵牽制了韓軍。

在韓宗喆《韓復榘與西北軍》一書中對於韓、劉之爭的背景解釋十分精彩：

> 一九二七年四月二十二日，日軍撤出濟南，由孫良誠軍接收，但蔣介石為抑制西北軍的擴張，不准孫接收富庶的膠東及青島、煙臺等沿海一帶，不給西北軍留出海口，這是馮玉祥嗣後與蔣決裂的主要原因之一。中原大戰後，韓復榘就任山東省政府主席，蔣故技重演，將青島交張學良海軍駐防，煙臺由劉珍年控制，還是不給第三路軍留出海口。[4]

這應該就是劉珍年軍隊對於蔣介石來說的實際軍事價值。而蘇聖雄在《論蔣中正對膠東之戰的

---

1 見臺灣國史館保存檔案，編號為002-010200-00032-044。
2 見臺灣國史館保存檔案，編號為116-010103-0071-040。
3 見臺灣國史館保存檔案《蔣中正電蔣伯誠轉韓復榘：就近催告劉珍年共同出擊》，編號為002-010200-00039-021。
4 《韓復榘與西北軍》，團結出版社，二〇一二年，六三六頁。

處置（一九三二）》一文中卻主張：

膠東之戰發生的遠因，一因劉為韓心腹之患，另一為財政問題。關於前者，劉珍年駐軍煙臺及膠東蓬萊、福山、黃縣、招遠、棲霞、文登、掖縣、萊陽、牟平、海陽、榮城、平度等十二縣，下轄一定數量的部隊。以韓來說，劉之轄區為獨立王國，劉對縣長之任免，悉出己意，置上級省府於不顧，甚至企圖與復興社特務劉子建密議分化韓復榘部屬，為韓獲知，故韓視劉為心腹之患，意欲除之。關於後者，膠東為魯省富庶之區，又有海口，故收入頗豐，每月扣除開支，尚餘百餘萬元。劉在轄區自行收稅，送繳南京及自用，不解省府。韓因之曾向劉提議三項，要求每月向省府解款五〇萬元、撥五、六縣歸省府管理、交還各縣統稅局，稅收歸財政部徵收。劉對此置之不理，韓十分氣憤不滿。[1]

蘇聖雄在《論蔣中正對膠東之戰的處置（一九三二）》一文中，把膠東之戰責任全部推給了韓復榘。事實是否如此呢？而且，關於膠東之戰在此時開始的理由，蘇聖雄在《論蔣中正對膠東之戰的處置（一九三二）》一文中進一步主張：

當時韓復榘甚為輕視劉珍年軍隊，乃希望以迅雷不及掩耳之手段將劉解決，迨中央與各方知悉，膠東已入掌握，想亦莫如之何。且即便劉珍年在魯，或為蔣中正為牽制韓復榘之佈置，然國聯調查團報告書將次發表，韓判斷中央顧及國際視聽，決不致擴大內戰，不利於彼，故認

1 《國史館館刊》，第二八期，三七頁。

為此乃短時期併吞劉珍年之千載難逢機會。[1]

顯然，蘇文的推論多於證據。代表了臺灣學術界和國內學術界的部分定論。那麼，我們使用當時的日本檔案文獻，考察這個事件的起因究竟是什麼？

一九三二年九月十六日，韓復榘赴濰縣佈置軍事，解決駐防膠東之第二十一師師長劉珍年。正是這一天，按照當時在華日本情報人員密報給日本陸軍省的電文，卻告訴我們這樣一個截然不同的事實：劉珍年的軍隊搶先攻擊韓復榘在平度的駐軍。

見如下：

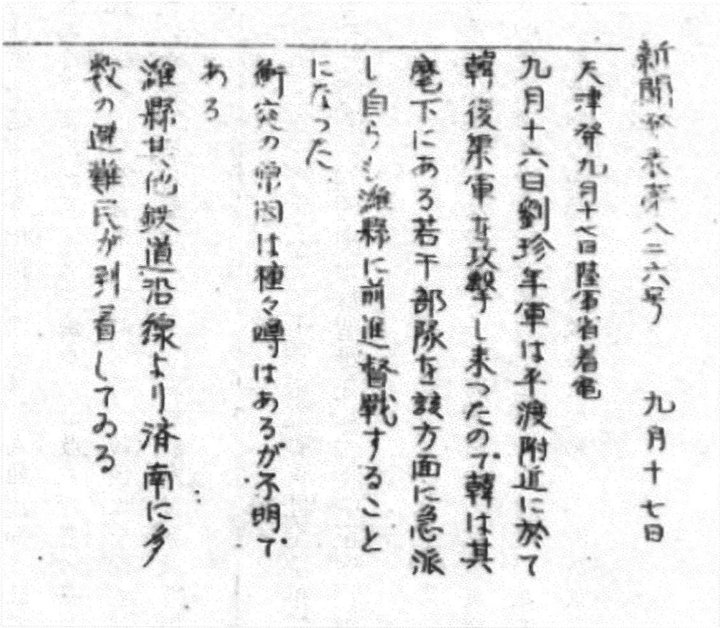

新聞発來電八二六号　九月十七日
天津発九月十七日陸軍省着電
九月十六日劉珍年軍は平渡附近に於て
韓復榘軍を攻撃し来つたので韓は其
麾下にある若干部隊を該方面に急派
し自らも濰縣に前進督戦すること
になった
衝突の原因は種々噂はあるが不明で
ある
濰縣其他鉄道沿線より済南に多
数の避難民が到着してゐる

圖六〇　該電報保存在日本國立公文書館，檔案編號為03023837900。（首次公開機密檔案）

該電報中文翻譯如下：

九月十六日劉珍年的軍隊在平度附近攻擊了韓復榘的軍隊，韓復榘親自督戰，命令其下屬

1 《國史館館刊》，第二八期，三九頁。

的部隊緊急向濰縣進軍反抗。二者發生衝突的原因有各種說法。濰縣附近鐵路沿線出現了大批難民。

我們也承認韓復榘一直就想吃掉劉珍年的地盤。見韓宗喆《韓復榘與西北軍》一書：

> 劉珍年盤踞膠東數年，根基已固，儼然「膠東王」，不容他人插手；作為蔣介石牽制韓復榘的一枚棋子，背後又有南京的支持，更使其野心膨脹，夢想衝開膠東，走向濟南，取韓而代之。對韓來說，盤踞膠東的劉，如同芒刺在背，寢食難安。韓早就想收拾他！[1]

但是，歷史事實卻是對方也一直想吃掉韓復榘，並且製造了先發致人之主動權。而且，日本密電並非是故意顛倒黑白的。當時，國民政府的情報人員周拯就曾向蔣介石發電文：「劉珍年兵變，已與韓軍在昌邑、平度間接觸。」這裡使用了「劉珍年兵變」說明了事情的起因根本不是韓復榘主動進攻劉珍年的軍隊。這份電報保存在臺灣國史館，檔案編號

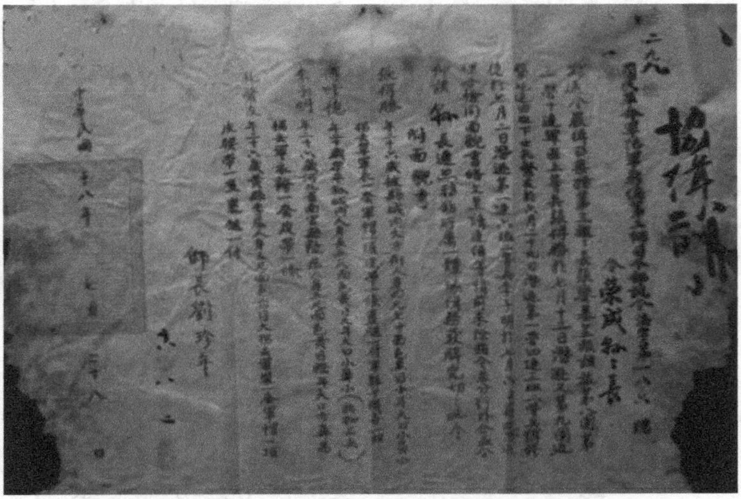

圖六一　劉珍年發佈的追捕逃兵的協查通報

1《韓復榘與西北軍》，團結出版社，二〇一二年，六三九頁。

為 002-080200-00055-156。

於是，一九三二年九月十七日，韓復榘與劉珍年兩軍戰於昌邑、平度。為此，戰爭開始後的第二天，韓復榘向山東各界發佈通電，說明他要消滅劉珍年的原因：

竊劉師長珍年駐防魯東，已歷五年……詎料前據密報，該防區內土匪有各股聯合於九月一日暴動之說。及派員馳往偵察，並非土匪聯合，乃係一般民眾苦於該部敲剝，求生不得，求死不能，誓將犧牲身家性命，合力驅逐，不與兩立……該師長駐紮期間……民困弗知，時艱弗恤，只圖苛斂民財，充其囊橐，而區內土匪，肆行無忌，充耳弗聞……查該師長盤據魯東，豺狼成性，近年以來，借籌餉為名，橫征暴斂，於防區紳民之擁有資財者，概用綁票手段，勒索鉅款……又其防區各縣所收正雜稅款，統計本年已留用百萬有餘……並且派員協商，分電院部撥款，俾資維持。惟軍隊既糜國家餉糈，而對於地方人民，不加保護，有匪不剿，已屬罪不容誅……當此國難日趨嚴重，設不幸激成巨變，惹起外交，牽一髮而動全身，復榘何能負此重大責任也。[1]

同年九月十九日，蔣介石致電陳誡發電，委託他詢問劉珍年的現狀：

須由弟用無線電密問劉席儒其決心如何，與能支持幾時。務屬其忍耐將事至最後陣線，總以退讓為是。此為大局攸關，且劉系中央正式軍隊，為中央威聲計，自不能不干預，請以此意

1 引見《國史館館刊》，第二八期，四二頁。

告劉。[1]

同一天，蔣介石還致電蔣鼎文，讓他帶領第九師做好干預準備。

當時支持韓復榘的一方濰縣各機關等則要求國民政府：

> 懇將劉珍年撤職嚴懲以拯民命而彰法紀，李樹春等懇中央明令褫奪劉珍年本兼各職並飭第三路軍嚴拿究辦。

而支持劉珍年一方蓬萊等縣縣黨部等則是要求國民政府「乞懇和平效促雙方罷兵」。[2]

同年九月二十日，行政院嚴令韓復榘、劉珍年停止軍事行動。其實，早在一九三〇年六月七日，蔣介石就密電蔣伯誠，讓他調查劉珍年有無策動韓復榘謀反之事。[3]

一九三二年九月二十一日，蔣介石派代表蔣伯誠到山東約見韓復榘。同日，蔣介石致電韓復榘：

> 按此次對劉事件，如兄於事前商呈中央處置，本不難謀解決途徑，不意兄竟突然動作，不特於對國內，對國際均足頓生不良之影響，尤其當此強暴憑陵之際，山東居華北咽喉之重，萬一因此釀成巨變危險，何堪設想？中央正在設法解紛，務望吾兄懸崖勒馬，制止軍隊再進，以免事態擴大，而留中央妥善處置之餘地。否則兄固以保國救民為懷，恐戰端一開，結果外為敵

1 見《蔣中正電陳誠：以韓復榘已進攻劉珍年，請劉務必忍耐。且劉既屬中央正式軍隊自不能不干預》，編號為002-010200-00071-033。

2 見臺灣國史館保存檔案，編號為001-072420-0003。

3 見臺灣國史館保存檔案《蔣中正電詢蔣伯誠：查明劉珍年有否電勸韓復榘不擁護中央事》，編號為002-010200-00032-044。

人所乘，亦為國際輕蔑，而宗邦受害矣；內則鋒鏑蹂躪，民亦被殃。賢達如兄，當非初願所及料也。除嚴電劉珍年退讓，毋得妄動外，謹掬心誠，幸請三思。近日情況，仍盼隨時電告為荷。[1]

而劉珍年在同年九月二十一日回電蔣介石中述：

韓復榘竟乘國難嚴重之期，暗遣重兵進襲本師。敝部與韓軍素無芥蒂，竟爾無故稱兵，吾不知韓某是何居心！珍年為國家民眾計，為服從蔣委員長及何部長電令計，故將前方部隊毅然後退，以明遜讓。……不意我退彼進，相逼益急，但恐最後部屬奮激，以至忍無可忍之時，出而為自衛之計。則塗炭民眾，甘為戎首之責任，珍年決不能負其絲毫。此種萬不可得已之苦衷，尚垂全國父老兄弟鑒而諒之，不勝欣幸之至。披瀝陳詞，諸維亮察。[2]

與此同時，韓、劉二人開始向蔣介石彙報對方軍隊騷擾百姓的電文越來越多了。同年九月三十日和十月三日，劉珍年卻連續致電蔣介石，聲稱韓軍騷擾當地百姓。請見：臺灣國史館保存檔案《劉珍年何益三電蔣中正等韓復榘到處擾亂擴大軍事行動請一致聲討》、《劉珍年電蔣中正請迅予制止韓復榘部在招遠黃縣等地擾亂民眾》，編號為 002-080200-00058-039 和 002-080200-00058-029。於是，同年十月二日和十月六日，韓復榘也開始致電蔣介石，聲稱柳軍騷擾當地百姓。請見：臺灣國史館保存檔案《韓復榘電蔣中正轉報劉珍年部殘害人民情況》、《韓復榘電蔣中正報告劉珍年軍

---

1 引見《國史館館刊》，第二八期，四五頁。

2 引見《國史館館刊》，第二八期，四六頁。

在掖縣騷擾情形》，編號為002-080200-00058-111和002-080200-00058-124。到了當年十月十日，韓復榘繼續致電蔣，舉報劉軍騷擾情況。見臺灣國史館保存檔案《韓復榘電蔣中正轉報劉珍年部騷擾地方各情》，編號為002-080200-00059-012。

正是在這一時刻，韓復榘軍隊後退。而劉珍年一面向張學良報告事態進展，一面從後面包抄韓軍的退路。這一事實又被日軍情報人員清楚地寫進密電，如下：

該電報中文翻譯如下：

> 九月十八日在昌邑的韓復榘司令部，後退到了寒亭。同時在前線的韓軍步兵一團也從前線後退下來。又，從西方輸送的兩列車士兵在朱劉店站下車後，緊急面對羊角溝方向。因為劉珍年的軍隊已經在那裡準備從後面襲擊韓軍。九月十九日，劉珍年向張學良報告了準備和韓軍決一死戰的狀況。

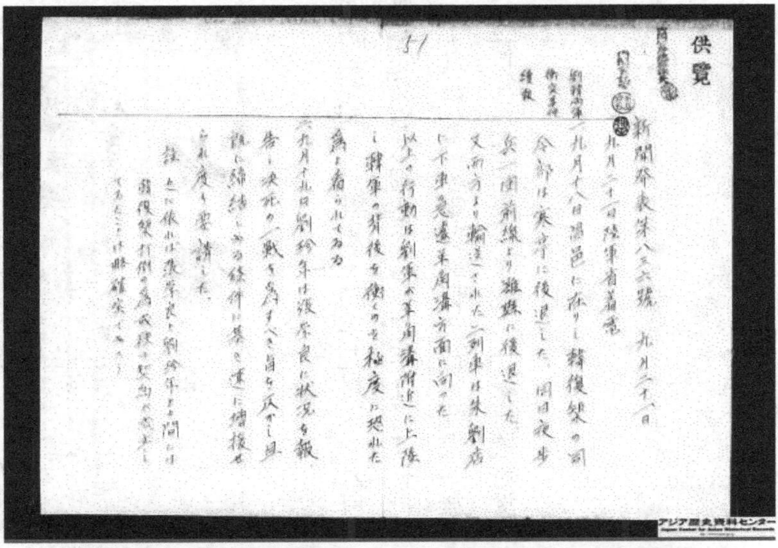

圖六二　該電報保存在日本國立公文書館，檔案編號為03023839400。（首次公開機密檔案）

這一重大的歷史事實，蘇聖雄在《論蔣中正對膠東之戰的處置（一九三二）》一文對此完全不提。他似乎並不知道有這一事實存在？

同年九月二十二日和二十四日，蔣介石連續致電蔣伯誠、何應欽二人，要求「務請韓復榘停止軍事行動，以免中央為難」和下達「如韓復榘一意孤行，不服制止，決從嚴，不必顧慮」的指示。詳細可見臺灣國史館保存檔案，編號為 002-070100-00027-064 和 002-070100-00027-077。同年九月二十三日，迫於民國中央軍事委員會和蔣介石的壓力，韓復榘通電停止膠東軍事行動。同年九月二十四日，何應欽向蔣介石提出，將劉珍年部隊換防到江西。[1]誰知，同年九月二十六日，後退反被偷襲的韓復榘再次決定繼續圍剿劉珍年軍隊。無奈而又憤怒的蔣介石在同年九月二十七日致電韓復榘說：「魯事任由向兄解決可也！」同年九月二十九日，劉珍年致電蔣介石，要求「為中央誠信計，敢請速頒政令討伐，以除逆謀而絕後患」。[2]而蔣介石則回電答覆說：「現時國難當前，諸事應從和平解決。已派蔣伯誠及要員力命韓撤退。」[3]

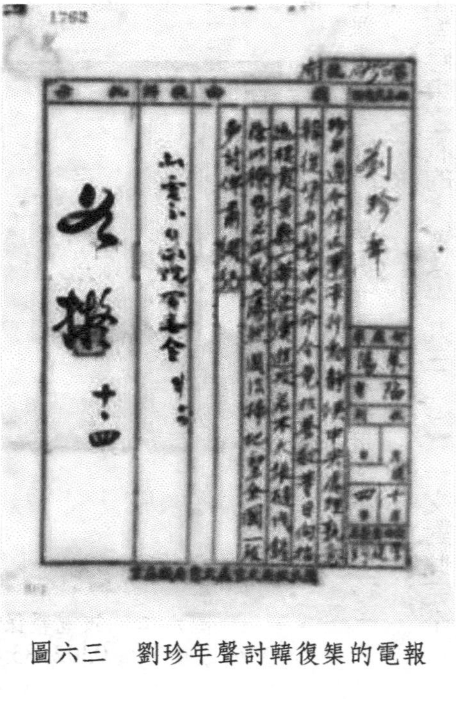

圖六三　劉珍年聲討韓復榘的電報

1 見臺灣國史館保存檔案《何應欽電蔣中正：擬將劉珍年部調贛東或撫州，或可無形解決魯東糾紛增厚贛省剿匪兵力》，編號為002-08020005-6142。

2 見臺灣國史館保存檔案，編號為002-080200-00057-111。

3 見臺灣國史館保存檔案，編號為002-080200-00057-111。

一九三二年十月二日，何應欽再電韓復榘、劉珍年制止戰事。第二天，戴笠致電蔣介石，向他彙報說：

韓對中央不滿，謂：「迫令停戰無異袒護劉」云[1]。

同年十月六日，韓復榘回電何應欽，陳述劉珍年罪狀。這次，蔣介石則改為苦口婆心勸說：

頃聞滬報載電通社五日東京電，日本陸軍省對現今中國之混亂狀態，其當局發表如下之談話，反駁《李頓報告書》所言中國在發展之過渡期，謂山東省有韓、劉之衝突，福建省則有省主席問題，十九路軍現方與當地軍隊爭奪中，又共產軍亦逞威跳梁，青海之南部及西康被藏軍佔領，四川全省亦在混亂之中，致南京政府極感困云云。又查上海《大美晚報》近載一評論，略謂韓、劉之爭城奪地，應受日本政府最高之獎章，因日本藉此可昭示國際，謂中國事實上並未統一，且可加強日本進取華北之決心等語。溯自膠東問題發生以來，輿論沸騰，以為際此國難嚴重之時，竟有同室操戈之變，痛心疾首，奔走呼號，冀能共勒懸崖之馬，力挽既倒之瀾，絕續存亡間不容髮。今強寇既以此聳動國際之視聽，外報復大肆惡劣之宣傳，倘烈燃萁之禍，必遺噬臍之憂。兄等久歷行間，飽經憂患，尚希養蓄部屬，以為國家干城之寄，保元氣以振民族復興之機也！言盡於此，幸各勉之。[2]

一九三二年十月十二日，韓復榘、劉珍年兩軍連日在掖縣、萊陽等地激戰。雙方誰也不能快速

1 見臺灣國史館保存檔案，編號為002-080200-00058-037。
2 引見《國史館館刊》，第二八期，五〇—五一頁。

戰勝對方。同年十月十三日，韓復榘、劉珍年兩軍停戰。同年十月十八日，中華民國行政院電令韓復榘、劉珍年遵照中央所定解決辦法。第二天，何應欽致電韓復榘、劉珍年兩軍，撤退原防，指定掖縣、萊陽等五縣為劉防地，韓軍必須退出。當時雙方軍事人員發生了騷擾當地百姓、違法亂紀等行為。同年十月十七日，何應欽致電沈鴻烈：「煙臺附近劉珍年、韓復榘兩軍兵士，毫無紀律，肆行搶劫」[1]。

又見韓宗喆《韓復榘與西北軍》一書相關記載：

十九日國民黨中央以何應欽名義電令韓、劉停戰，並提出四項解決辦法，劃定雙方防區：(1)自即日起，韓軍撤回濰河以西防區，限二十六日前撤軍；(2)劉珍年軍暫駐福山、掖縣、萊陽、棲霞、牟平五縣及龍口；(3)蓬萊、招遠、黃縣、海陽、文登、榮成、平度暫不駐軍，由原團警治安；(4)各軍移防後整飭軍紀，聽候中央處置。韓方代表提出要劉軍撤出掖縣，而駐文登、海陽、榮成三縣；劉方則堅持維持原防。最後由軍委會仍定為原防區不變。

軍政部的這個方案，貌似折中，實則對韓方不利。是時，韓軍已實際控制除掖縣、萊陽、牟平、棲霞四縣以外全部膠東地區，而此方案卻要求韓軍從實際控制區撤出，還要將煙臺、龍口劃歸劉部防區。更關鍵的是此方案隻字不提劉部撤出山東一事。韓見中央明顯偏袒劉珍年，遂於二十一日向林森（國民政府主席）、宋子文（行政院代院長）、蔣介石（國民革命軍總司令）、張學良（北平軍委會委員長）發出「馬電」，憤而辭職。文稱：「仰懇准辭山東省政府主席本職。復榘生性坦直，言必由衷，久隸帷幄，諒蒙洞鑒，果尚有一線可行之路，決

1 見臺灣國史館保存檔案，編號為116-010108-0217-027。

不作無端煩瀆之辭。」（上海《新聞報》，一九三二年十月二十二日）韓復榘之辭職在社會上引起巨大反響，各界人士紛紛要求息爭罷戰，且多傾向韓。張學良、張群、劉峙、宋哲元等黨政要原都曾電韓慰留。[1]

同年十月二十一日，韓復榘不滿中華民國軍政部劃定劉珍年部防地辦法，電辭山東省府主席。這一天，蔣介石發出了這樣的話，代表了他內心深處對韓復榘的真實態度：

> 但余既有預定方針，且準備亦未完事，何可因小不忍而亂大謀乎?忍之忍之，姑使此劣徒在魯，以作掩護，可暫免倭寇之妒嫉而著急也。[2]

日本的密電更進一步揭示（圖六四）：

該電報中文翻譯如下：

1 《韓復榘與西北軍》，團結出版社，二〇一二年，六四三頁。

2 引見《國史館館刊》，第二八期，五九頁。

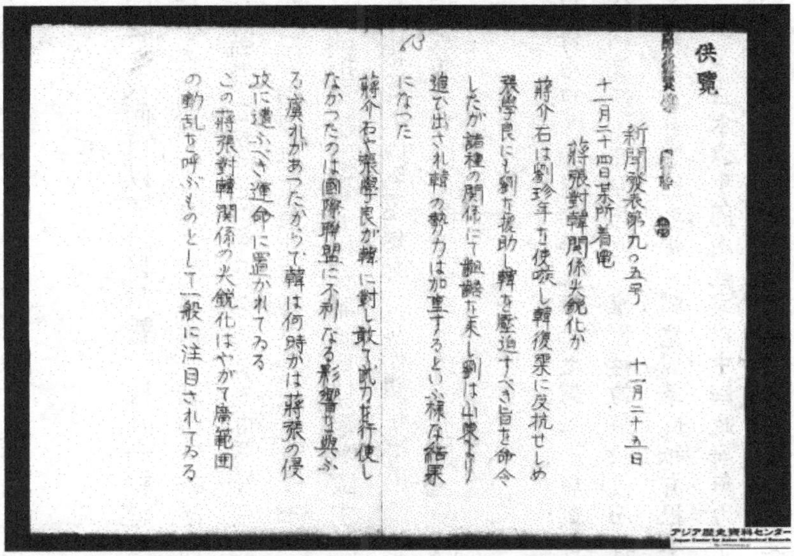
供覽

新聞発表第九〇五号　十一月二十五日

十一月二十四日某所着電

蔣張對韓関係尖鋭化か

蔣介石は劉珍年を使嗾し韓復榘に反抗せしめ
張学良にも劉を援助し韓を壓迫すべき旨を命令
したが諸種の関係にて齟齬を来し劉は山東より
追ひ出され韓の勢力は加重するといふ様な結果
になつた

蔣介石や張学良が韓に對し敢て武力を行使し
なかつたのは國際聯盟に不利なる影響を與ふ
る虞れがあつたからで韓は何時かは蔣張の侵
攻に遭ふべき運命に置かれてゐる

この蔣張對韓関係の尖鋭化はやがて廣範囲
の動乱を呼ぶものとして一般に注目されてゐる

アジア歴史資料センター

圖六四　該電報保存在日本國立公文書館，檔案編號為03023849800。（首次公開機密檔案）

蔣介石唆使劉珍年反抗韓復榘、並且又向張學良下達了援助劉珍年打壓韓復榘的命令。雖然有相互矛盾的各種傳聞，但是最後劉珍年被韓復榘趕出了山東，其結果則是加大了韓復榘的勢力。如果蔣介石和張學良敢對韓復榘行使武力，顯然將對國際社會產生不利的影響。韓復榘面對這一局面將如何安身？蔣介石和張學良二人與韓復榘矛盾的尖銳化將會在更廣的範圍內產生動亂，這顯然將被普遍關注。

這封密電還提出蔣介石在幕後唆使劉珍年的問題。我們可以在這封電報中找到一些證據，如下：一九三二年十月十三日，中央軍情報人員馬仲和密電揭露：「悉劉珍年軍系蔣中正嗾使監視魯韓復榘者」。相關記載可見臺灣國史館保存檔案，編號為116-010108-0216-062。而張學良對劉珍年的支持，更可見如下證據：一九三〇年十一月十八日，張學良派東北軍參謀長來見劉珍年，讓他親赴天津去拜見張學良，而到達山東的東北軍參謀長卻拒見韓復榘，相關記載可見臺灣國史館保存檔案，編號為116-010107-0108-042。可見日方檔案中揭露的內容還是有一定事實根據的。同年十月二十三日，中華民國行政院慰留韓復榘，並令其停止向劉珍年進攻。但是，陳誠則認為：

> 查韓此次對劉，其目的皆在根本解決之，以得海口，而遂其華北領袖之野心。現劉部據劉之參謀姜敦亨報稱，恐有不能久持之勢。韓之飾詞翻悔，亦即此也。惟劉被韓解決後而韓既遂得海口之願，並有日本為其背景，恐華北從此多故，實非黨國之福。職意對軍閥祇有根本解決之法，他無善法也。惟目前用兵所應攷慮者：（一）日本以中國內亂或以中國政府無力平亂為藉口，何種影響國聯開會為大？（二）是否牽動華北問題及剿匪有無大礙？職以為如華北無問

題，對剿匪無大礙，我中央能指揮相當兵力，仍以武力解決之為有利。當否仍乞鈞裁，職陳誠呈漾子印。[1]

由此而來，蔣介石殺韓復榘之設想開始進入日程。最大的罪名就是「韓既遂得海口之願，並有日本為其背景，恐華北從此多故，實非黨國之福。」

同年十一月八日，韓復榘軍隊完成自膠東撤防。同年十一月十四日，韓復榘向中華民國軍政部報告撤防完畢。同年十一月十五日，中華民國軍政部部長何應欽下令：膠東劉珍年部開往浙江。

一九三三年一月三十日，蔣介石下令：劉珍年部隊移動換防費用照發。[2]開到浙江後的劉珍年，似乎已經喪失了繼續被利用的價值。同年五月六日，蔣介石下令扣留劉珍年。[3]同年七月，蔣介石以「擅離職守」罪軟禁劉珍年在杭州。

一九三五年五月，顧祝同對劉珍年進行軍法會審。同年五月十三日，劉珍年在南昌被處決。同年六月二日，國民政府《陸海空勤各項情報（二）》中公佈的消息是「劉珍年處決後，軍心如常」。[4]兩年半後，韓復榘在武昌被處決。兩個立志建設山東的軍事將領相互爭鬥，最後都慘死在蔣介石的分化瓦解政策的槍下。

下面為《故陸軍中將劉儒席先生紀念碑》全文：

---

1 引見《國史館館刊》，第二八期，五六頁。

2 見臺灣國史館保存檔案《蔣中正電陳儀：告以劉珍年部移防費照例發給，並催其遵令接防》，編號為002-010200-00075-046。

3 見臺灣國史館保存檔案《蔣中正電令周駿彥會滌平：扣留劉珍年，並令邢震南俞濟時監視其所部》，編號為002-010200-00083-029。

4 見臺灣國史館保存檔案，編號為001-071000-0002。

《故陸軍中將劉儒席先生紀念碑》

煙臺市市長馬鎮藩敬撰並書

民國十有七年夏，劉公儒席以軍長兼山東省政委員防守膠東，駐節煙臺。時公年甫三旬，慨然有澄清天下之職。軍事餘暇，首以建設教育為先務。而海隅初公，平私赤立，規模既遠，創始為艱。乃以兵代工，第修成煙青、煙榮、掖萊、萊龍、牟海五大公路。塹山堙穀，民不知役。復以市內街道，極為凌藉，於是分別整飭。不逾時而市容嶄新，幾駕華北各大都會上。至煙濰公路，原為北方模範路線，惟以迭遭內亂，殘破不堪。賴公大加修治，始得恢復舊觀。蓋煙市為沿海巨埠，經濟文化之消化，咸以交通為關鍵。開物成務，公之識早具及之矣！

煙市教育，政府向未注重。自公蒞止始，就自治區內分設公立小學五處。又於東山之麓，買地二十餘畝，鳩眾捐貲，籌辦芝罘中學。一時生徒雲集，彬彬稱盛。洎乎事變，弦誦闕如，而各校師生猶育貫傳習不少輟。即令之之市立第一中學，及原有之市立平安巷等五小學，是也。

余昔宰掖縣，於公興學育才，亦嘗稍效綿薄；又實見公性沈毅，負文武材略，平居清廉自勵，人不敢以似。待部屬嚴以濟寬，而曲有恩紀。至應世接物，則推誠布公，煦煦然作春風。在軍多年，無一日不讀書，無一日不治事。其刻苦耐勞、公而忘私之精神，間令人欽佩。不置壯志未成，中道而稅，是可悲已！

公之歿也，為民國二十四年。越七載，余來長煙市，近將之任山東省民政廳長，感公之有造於斯土，與煙人士之恩公弗衰。故書其梗概，勒諸貞瑉，俾過者考其事實，知有眾征無虛美云。

公名珍年，河北南宮縣人。陸軍軍官學校八期生也。

中華民國三十有二年三月

該碑文原始照片如下：

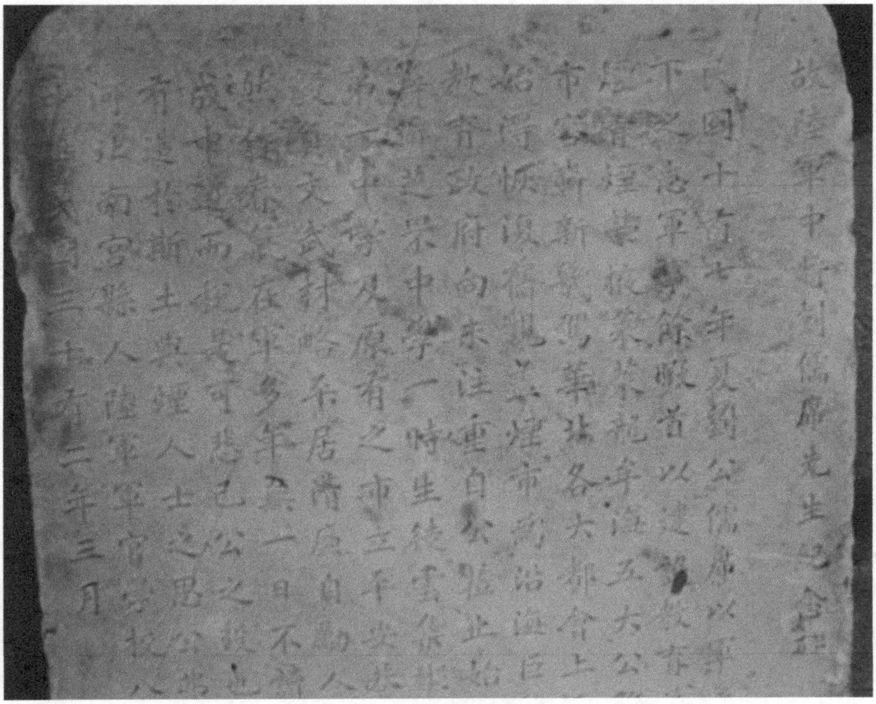

圖六五　劉珍年墓碑像

第十二章
韓復榘和蔣介石的親密時代

一九二八年七月十一日，蔣介石約馮玉祥、閻錫山、李宗仁、吳敬恒、朱培德、鹿鍾麟、商震、白崇禧、陳紹寬、張群、何成浚、宋子文、石敬亭、韓復榘、劉鎮華等高級將領在北京開會，討論整理軍事方案及軍事意見書。

同年十月二日，國府會議決定「各集團軍縮編後以師為單位，不冠集團軍名義」，軍事整改後，蔣介石任命韓復榘等為第二十師師長。同年十一月，國民政府廢除了軍事委員會，以此作為裁軍的象徵，結束了北伐以來的軍事對峙局面。同年十二月十二日，中政會通過「以韓復榘繼馮玉祥為河南省政府主席」的決議。

一九二九年四月八日，韓復榘到漢口拜見蔣介石，並將其所部軍隊開回武勝關，緩和了河南、湖北之間的緊張的對峙局勢。同年五月五日，為配合馮玉祥趕蔣介石下臺的方針，韓復榘等通電擁馮玉祥為護黨救國西北軍總司令，指責中央外交、三次代表大會及用人不當，要求蔣介石去職。韓復榘下令炸毀武勝關隧道及彰河橋，搶先佔據軍事要塞。同年五月十七日，蔣介石致電韓復榘，查詢炸毀武勝關及扣留隴海車輛之事。同年五月二十二日，韓復榘等第一次自洛陽通電蔣介石，表示服從中央指揮，不願放棄河南地盤，不想繼續隨馮玉祥西退。二十三日，韓復榘電蔣介石表示服從，蔣介石覆電嘉獎，令豫陝甘各軍均歸其指揮。二十七日，韓復榘、石友三再次一致行動，通電擁護中央。

韓復榘通電服從中央後，一九二九年五月二十六日，蔣介石當晚在南京寫日記，全文如下：

一九二九年五月二十六日　星期日　晴　75

雪恥三六七，人定勝天，立志養氣，立品修行。

> 上午批閱，接韓復榘電稍慰。但未得其續電，而猶在洛陽，恐被馮逆所陷也。韓誠國家之寶也，其可愛，尤甚於余本人之生命也。看《法國革命史》既完，擬復看一遍，外出巡查馬路。下午假眠後回寓，批閱，晚宿於陵園，甚靜也。

一九二九年六月二十四日，唐生智帶部隊到鄭州，與韓復榘部隊換防，韓到豫東地區。二十六日，中政會通過任命韓復榘繼續當河南省政府委員兼主席。可見，蔣介石對韓復榘還是有所保留的。因為武勝關的軍事意義！同年七月十三日，蔣介石在徐州召集韓復榘等召開軍事會議。八月二十日，蔣介石再次召集韓復榘等開會，討論對俄戰略問題。同年十二月三日，石友三再次叛蔣。蔣介石擔心韓復榘也要反叛，立刻致電楊傑，商討軍事對策。因為蔣介石認為：

> 石既叛變，韓必動搖，我軍腹背受敵，危險萬狀。[1]

同一天，他再次指點唐生智，點明了韓復榘態度不明的問題。[2]同年十二月四日，唐生智卻發佈了《告全國將士書》，擁護汪兆銘和擁戴閻錫山。斥馮玉祥為專制魔王，只知有己，不忠於黨，欺騙人民，應促其反省。第二天，韓復榘發出通電回應唐生智。而唐生智則當天通電就任「護黨救國軍第四路」總司令，並任命各方面軍總司令和軍長，他聯合石友三一起反蔣。同年十二月十日，針對韓復榘的通電回應，蔣介石致電楊傑等人，通報需要注意韓復榘的動向。[3]同日，他又致電馬

---

1 見臺灣國史館保存檔案《蔣中正電示楊傑等：指「石友三叛韓復榘必動搖請力助我軍破韓部」》，編號為002-010200-00016-027。

2 見臺灣國史館保存檔案《蔣中正電示唐生智：對石友三叛變韓復榘態度不明及我方部隊部署應變之道》，編號為002-010200-00016-023。

3 見臺灣國史館保存檔案《蔣中正電楊傑：轉各軍師長說明情報顯示楊虎城孫殿英韓復榘等動向》，編號為002-010200-00015-032。

鴻逵，針對韓復榘最近來電用語十分謙恭，表示了警惕。他實在搞不明白韓是否真心歸順他。[1]由此可以看出，蔣介石的多疑和猜測心理。

一九三〇年一月五日，蔣介石任命韓復榘為北路前敵總指揮，開始討伐唐生智。[2]同年一月二十一日，蔣介石任命石友三為河南清鄉總指揮，歸韓復榘節制，命即移駐潁亳。[3]同年三月六日，蔣介石再委任韓復榘為討逆軍前敵總指揮，併發布討逆作戰命令，堅決阻止閻錫山出洋，要求閻錫山在軍待罪。中原大戰爆發，三月二十九日，韓復榘部不戰東退，萬選才部入占開封，閻錫山任萬選才為河南省政府主席（韓為馮玉祥舊部，中央令調山東以對閻，避免與馮作戰）。蔣介石再次委任韓復榘為冀魯豫三省剿匪總指揮。[4]同年四月二日，韓復榘與顧祝同、馬鴻逵等會於兗州，商討山東防禦。同年四月九日，蔣介石到徐州，與韓復榘、顧祝同、劉峙等召開徐州軍事會議。兩天後，蔣介石委任韓復榘為第一軍團總指揮（統山東各軍）。同時委派親信蔣伯誠出任討逆軍第一軍團總參議，力圖達到對韓的監視效果。按照蔣伯誠傳記載：因為韓母介紹他和杜麗雲成婚，反而拉近了他和韓的關係。而實際上當時韓母已經逝世了，真正的介紹人應該是韓復榘的如夫人紀甘青。同年四月十二日，駐魯西之韓復榘部與魯北之陳調元部換防。

一九三〇年五月十二日，韓復榘在濟南取守勢，阻止晉軍南下。同年五月二十五日，蔣介石致電張學良，說明他個人可以支付韓復榘在張學良那裡訂購的武器彈藥，並希望可以立刻交付使

---

1 見臺灣國史館保存檔案，編號為002-020200-00006-012。

2 見臺灣國史館保存檔案《蔣中正電賀韓復榘：任北路前敵總指揮討唐部盼與王均連接》，編號為002-010200-00019-034。

3 見臺灣國史館保存檔案《蔣中正電韓復榘：石友三兼河南清鄉總指揮歸韓節制命即移駐潁亳》，編號為002-010200-00021-024。

4 見臺灣國史館保存檔案《蔣中正電請古應芬：向國府諸委員商詢先派韓復榘為冀魯豫剿匪總指揮》，編號為002-010200-00025-063。

用。[1]同年五月二十六日，津浦線北段閻錫山部第二路軍傅作義率師南進，與中央軍第一軍團韓復榘軍隊在禹城展開激戰。同年五月三十日，韓復榘軍的旅長徐桂林陣亡。同年六月一日，晉軍張會詔率師自山東東阿渡河，韓復榘部自魯北撤回黃河南岸。同年六月五日，韓復榘軍與晉軍在濼口隔河展開激戰。同年六月八日，韓復榘軍隊連日與晉軍傅作義、李生達軍隊激戰於晉城一帶，互有勝負。同年六月二十五日，晉軍馮鵬翥等率師佔領濟南，韓復榘東領兵退到周村濰縣。同年六月二十九日，晉軍王靖國部占膠濟路周村，韓復榘部隊全部退到濰縣。

一九三〇年七月四日，晉軍王靖國、李服膺等與韓復榘軍在膠濟路青州金嶺鎮淄河激戰。當時，韓復榘曾給劉峙發電報：「你再不來救我，我退無可退，只有跳海了。」[2]當時的情況，根據《劉峙回憶錄》記載：「自六月廿五日韓復榘放棄濟南，向周村、濰縣退卻，同時十五路軍馬鴻逵亦放棄肥城、泰安，向兗州退卻，情勢危殆。」[3]

同年七月十一日，膠濟線韓復榘軍反攻，與晉軍王靖國、李服膺、馮鵬翥師戰於淄河。同年七月十四日，濟南商會會長馬良等奉閻錫山命到益都，勸說韓復榘。與此同時，馮玉祥、石友三也來電勸說韓復榘加入反蔣聯盟。韓復榘卻以「俟領得中央餉彈即可」來答覆。但是，煙臺劉珍年的軍隊卻進至平度高密，對韓軍形成包圍之勢。客觀上對韓軍形成了監視和牽制。按照我們對蔣介石的瞭解，這樣的做法應該出自蔣介石的部署。同年七月二十二日，駐韓復榘軍隊的中央代表蔣伯誠致

1 見臺灣國史館保存檔案《蔣中正電示張學良：謂「韓復榘所定制步槍價款由其代發若製成先發解」》，編號為002-010200-00030-036。
2 見《劉峙回憶錄》，文海出版社，一九八二年，九七頁。
3 見《劉峙回憶錄》，文海出版社，一九八二年，一〇一頁。

電蔣介石說，如津浦線不於七月二十六日進攻，韓復榘將請病假，退出戰場指揮。這是韓復榘變相逼迫蔣介石動手。同年七月二十六日，蔣介石致電朱培德：「先頭部隊到青島須早，可堅向方之志而振興士氣。」[1]第二天，蔣介石立刻答覆，決定先解決津浦線晉軍及克復亳州。同年七月二十四日，閻錫山到膠濟路前線視察，張蔭梧率軍經廣饒、壽光迂攻韓復榘軍之右側。同年七月二十七日，韓復榘軍放棄益都，退集濰縣高密。

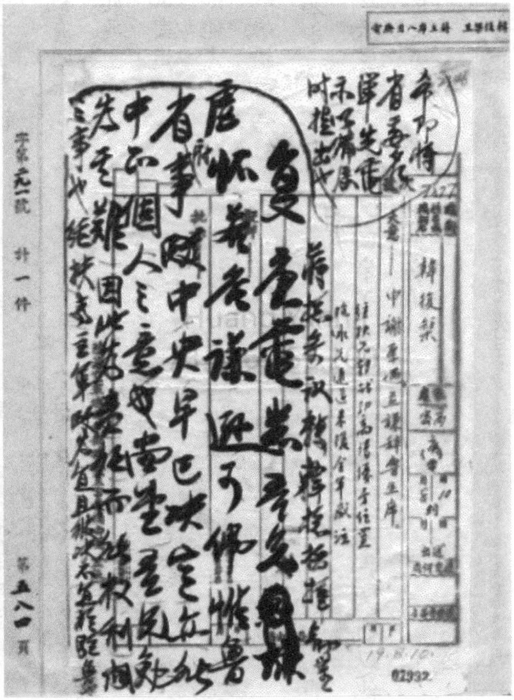

圖六六　韓復榘感謝信和蔣介石親筆批示

一九三〇年八月九日，膠濟線中央軍協助韓復榘、李韞珩部反攻，晉軍後退。為了感謝中央軍的增援，韓復榘特別致電蔣介石表示感謝支援並謙辭要他出任山東省主席的建議。而蔣的批覆則是：「惟魯省府事，中央早已決定，亦非中正個人之意，尚望吾兄勉為其難。」[2]

同年八月十七日，韓復榘收復濟南。同年九月五日，國務會議改組山東省政府，以韓復榘、李

1 見臺灣國史館保存檔案，編號為002-010200-00037-040。

2 見臺灣國史館保存檔案《韓復榘電蔣中正：申謝厚遇並謙辭山東省政府主席》，編號為002-020200-00009-064。

樹春、何思源、王向榮、張鴻烈、馬鴻逵、劉珍年等人為委員，韓復榘正式就任山東省政府主席。

到此為止，閻、馮軍隊徹底潰敗。閻錫山、馮玉祥二人只好通電下野。怎麼收編和處理西北軍，成了當時的一個大問題。根據當事人孫連仲的回憶：

十月六日，馮先生離開鄭州，渡黃河北去，我率部趕往新鄉，西北軍以鹿鍾麟為總司令，我為副總司令，當時鹿給我電報，將高樹勳、張自忠師歸我指揮。這時我們請劉驥去向馮先生請示，看下步怎樣辦？劉給我電報祇有四字：「西望長安。」不知用意何在？這時鹿要上火車去天津，我趕到車上留住他，他說他要走，請我收拾部隊，我說「我也想走」。哪知他走後，長官們都包圍著我，不讓我走了。我再請示馮先生，馮說：「部隊聽話，叫他們向西走」，並且說「我會去那裡」，結果部下不信，大家走了一段又回來了，他們說總司令不走，所以他們也不要走，弄得我毫無辦法，只好以國家為重，聽從中央安排。[1]

圖六七　1945年孫連仲與蔣介石合影

1 《孫仿魯先生述集》之《口述歷史》，孫仿魯先生九秩華誕籌備委員會出版，一九八一年，九五頁。

孫連仲，生於一八九三年二月二日，卒於一九九〇年八月十四日。字仿魯，直隸省雄縣（今河北雄縣）人。家庭出身是當地有名的武秀才。一九一二年，他報名參軍，成為一名炮兵。一九一四年，加入西北軍後，他先後被任命為炮兵連長、營長、國民軍第一炮兵旅旅長、騎兵第二師師長。參加國民黨北伐，擊敗了直軍、奉軍。一九二八年九月，國民政府任命他為第一任青海省政府主席。一九二九年八月，他轉任甘肅省政府主席。中原大戰敗北後，孫連仲在韓復榘的斡旋下，接受蔣介石的軍事重編，被任命為第二十六路軍總指揮。抗日戰爭爆發後，孫連仲任第二集團軍副總司令兼第一軍團司令。一九四五年，他晉升為第十一戰區司令長官。一九四八年，他轉任首都衛戍司令。事實經過很複雜，根據何智霖《一九三〇年孫連仲投效中央史事新探》一文的考證：

孫之投效中央是透過韓復榘與南京中央搭上線。整個過程處處可見韓復榘的精心策劃與安排，並予以大力擔保。比較令人好奇的是李漢輝的角色。李漢輝原是孫連仲的參謀處處長，十月中旬，孫派李赴濟南請韓復榘代向中央接洽改編事宜，但在韓復榘的安排下，他竟赴南京晉謁蔣中正，獲得中央重視的程度，遠非稍後抵達的全權代表李炘、冉寅穀所能比擬。足見李漢輝於孫連仲投效中央之過程中扮演了舉足輕重的角色。本文無意否定李、冉兩位全權代表，也無意凸顯李漢輝的重要性，而是覺得在追求歷史真相的目標下，不應對韓復榘的策劃及李漢輝的角色有所忽視，更應將孫連仲投效中央之史實予以釐清。[1]

一九三〇年十月十三日，孫連仲致電韓復榘，希望給予殘存的西北軍軍隊指出一個出路。並派

---

1 《國史館學術集刊》，第一一集，八三頁。

自己的參謀李漢輝處長親自來濟南面見韓復榘。十月十六日，韓復榘經過兩天思考後，正式給蔣介石發密電《韓復榘電蔣中正：言孫連仲派李漢耀欲擁護中央祈速予名義及駐防地點》，他向蔣徵求對於此事的處理意見：

今日孫連仲派其參謀處長李漢輝來濟，面稱馮、鹿均已遠走，西北軍在河北部隊約五六萬人，統歸孫指揮，現欲擁護中央，意頗誠懇，且孫為人甚忠實，職對孫一切事，決敢負全責擔承，較石漢章更為堅決。祈速予名義及駐防地點，俾有所遵循。職擬請伯誠兄偕同李漢輝於巧日晉京面稟。如何？盼復。1

韓復榘與孫連仲私交甚篤，韓復榘的仗義和友情之心，還有他的效忠蔣的行為可以一覽無餘。第二天的十七日，韓復榘立刻給孫連仲致電，加以說明和勸導：「李處長漢輝同蔣總參議伯誠，於巧日赴京謁蔣總司令。爾後如中央發表弟之名義及駐紮地點，請我弟即通電就職，遵令向指定地點開拔。諸事自有兄負責，請勿過慮。」當時的《申報》一九三〇年十月十九日也正式報導：「孫連仲之代表李漢輝抵達濟南，面謁韓復榘、蔣伯誠，請其代向中央接洽投誠事宜。中央覆電應允。本日，中華民國陸海空軍總司令蔣中正令其總參議蔣伯誠偕李到京商洽辦法。」

同年十月二十一日，蔣介石回電韓復榘：「請電孫仿魯，宜告其對鹿絕言信用，如仿魯部能移駐魯西，聽命中央，則可；若有鹿率領西北軍投誠，中央絕難信任也。請以友義，再告仿魯，何如。」

實際上，到了一九三一年一月十九日，蔣介石已經考慮安排孫連仲派到江西去圍剿蘇區了，並

1 見臺灣國史館保存檔案，編號為002-020200-00008-104。

且正式劃撥開拔費。[1]同年一月二十三日，韓復榘再次致電蔣介石，闡明孫連仲軍隊立刻赴任江西的困難，希望可以延遲到二月十五日以後。而蔣介石則在同年一月二十八日回電，希望韓復榘想辦法協助孫氏帶兵到任。

由此而來，誠如何智霖《一九三〇年孫連仲投效中央史事新探》一文的考證：

> 孫連仲抵達豫北後，為解決燃眉之急，曾先後向同是西北軍出身的石友三、韓復榘求援。孫向剛由魯西退抵豫北的石友三求援，純粹是為了糧餉，惜分文未獲。向山東省政府主席韓復榘求援，則除了糧餉之外，還請其代向中央說項。或許是基於「西北同源」之立場，韓復榘、石友三於一九二九年五月投歸中央後仍與孫連仲等西北軍袍澤時相往來，是以此際石友三之再投中央與孫連仲之投效中央均由韓復榘向中央說項。[2]

在韓復榘因為逃跑被殺之後，作為韓復榘的老友的孫連仲，在著名的臺兒莊戰役中，殺出了威名！一舉博得了蔣介石、李宗仁等人對

圖六八　孫連仲在臺兒莊戰場看地圖（左）
孫連仲和李宗仁、張群合影在臺兒莊（右）

1 見臺灣國史館保存檔案《蔣中正電示孫連仲轉韓復榘：蔣伯誠謂以韓留魯孫赴贛剿共為宜》，編號為002-010200-00055-004。
2 《國史館學術集刊》，第一一集，九二頁。

他的一致贊許，更贏得了全國人民的好評！也為韓復榘和西北軍出了口氣。這是後話了！

為了報答韓復榘，一九三一年一月一日，在蔣介石安排下，國府授勳寶鼎勳章給韓復榘等八十八人[1]。同年六月十五日，在國民黨五中全會第三次會議上，韓復榘當選為國府委員。

但是，石友三認為自己沒有得到應有的回報，開始了再次反蔣之心。這時，蔣介石則試圖通過韓復榘來消滅石友三，達到以毒攻毒、借力打力的效果。也想以此考察韓復榘對他的效忠程度。在臺灣國史館保存檔案《蔣中正總統檔案》，編號為002-010200057-048檔案中就記載了「向方已願就魯豫清鄉督辦」這一職務的歷史事實，也就是出任負責清理石友三叛軍。按照金以林《從反叛到瓦解——石友三一九三一年反蔣失敗的個案考察》一文的研究：

> 此時韓復榘的態度的確令人捉摸不定。他同石友三有著很深的歷史關係。中原大戰後，韓復榘的實力不但沒有受損，反而因助蔣有功而獲委山東省政府主席，他是閻、馮兩部眾將領中唯一獨佔一省地盤的封疆大吏。但此時的韓復榘只是口頭上敷衍石友三，並不想改變現狀。[2]

一九三一年七月一日《蔣介石日記》記載：「韓向方之存心令人無從捉摸，則北方安危亦無從捉摸矣。」在這裡，他把韓復榘和北方安危局勢聯繫起來，足見韓復榘和山東在他心目中的地位之重要。但是一九三一年七月十四日，蔣伯誠致電蔣介石：告訴他，韓復榘說石友三遲早必發動反叛：

---

1 見臺灣國史館保存檔案，編號為001-035111-0017。

2 《近代中國》，二〇〇四年，第一五六期，八四頁。

向兄謂：「石前日開旅長以上秘密會議，不准程希賢列席。張學良及張化南極力鼓動石速動。認其遲早必變動」云。職查向兄必將保魯境，守中立態度。近對東北較諒解，對石表不滿。既難就範，請及早戒備。[1]

蔣伯誠的這封電報和韓復榘的態度，讓蔣介石逐漸感到放心。同年七月二十一日，蔣介石給韓復榘回電：「石既通電叛變，政府不能不明令討伐。請向兄即照前電從速進行，將石改編。石部以及其番號歸向兄全權辦理可也。」[2]同年七月二十四日，韓復榘回電蔣介石：「劉主席巧日通電，極表同情，現正擬拍發回應，通電稿即日擬就，主行發出。」以上見臺灣國史館保存檔案《蔣中正總統檔案》（特交文卷，親批文件），編號為002-070100002-075。

這時候，韓復榘的態度已經明朗了。蔣介石見到後，立刻回電繼續申明由韓復榘改編石友三軍的話。

一九三一年八月九日，蔣介石開始考慮山西問題的解決方法時，曾主張：「山西方面自閻錫山回來以後必將謀叛，余應決定辦法：一積極進攻；二消極則不發餉。但第一項積極辦法必先徵求張學良與韓復榘之意見後再決可也。」[3]這裡，蔣介石再次特別提到了韓復榘，可見當時韓復榘在他心裡的重要地位。

---

1 見臺灣國史館保存檔案，編號為002-080200-00051-036。

2 見臺灣國史館保存檔案《蔣中正電邵力子：石友三已叛，應明令討伐石部。番號餉項由韓復榘處理》和《蔣中正電邵力子：謂韓復榘部暫不移往德州之因及石友三部解決後仍歸韓復榘部》，編號為002-060100-00038-024和002-010200-00059-028。

3 《事略稿本・一九三一年八月九日》，臺北「國史館」特藏「蔣中正總統檔案」之「文物圖書」。

同年十二月十五日，蔣介石作出了辭去國民政府主席、行政院院長、陸海空軍總司令各職而下野的決定，韓復榘則早在十二月六日就委託蔣伯誠致電蔣提出了自己的意見：

向兄表示決心服從鈞座，他方來人接洽僅與敷衍而已，並對鈞座貢獻意見三點：一、粵方全部來京合作為上策。二、粵方一部來京合作，聯絡黨外人才赴國難為中策。三、萬不得已離開中央，暫駐洛陽，整頓北部。使搗亂者對內對外無辦法時，再出負責為下策。請鈞座切實準備等語。[1]

蔣介石見到後立刻回電：「向兄所見甚是，當照此酌辦也。」[2]

一九三二年六月三十日，蔣伯誠致電蔣介石，說明韓復榘可以信賴，山東沒有任何問題。蔣介石回電：「向兄態度鮮明，中所深信。未知北方有何謠傳？此間並無所聞。」[3]

一九三二年八月十五日，中央委員會談話會決定：韓復榘再任軍事委員會北平分會委員。這個職務使韓復榘成為國民政府認可的北方軍事力量的重要的實權人物。

早在一九二五年七月一日，國民政府成立時就已經接受了《中國國民黨中央執行委員會關於政府改組決議案》，該議案最重要的內容就是：

設置軍事委員會掌理全國軍務，以委員若干人組織會議，並於委員中推定一人為主席。

1 《一九三一年十二月六日蔣伯誠呈蔣主席》，見《蔣主席下野與再起》「蔣介石檔案‧革命文獻」。

2 《一九三一年十二月六日蔣伯誠呈蔣主席》，見《蔣主席下野與再起》「蔣介石檔案‧革命文獻」。

3 見臺灣國史館保存檔案《蔣中正電蔣伯誠：深信韓復榘態度光明勿信謠傳》，編號為002-070100-00026-090。

凡關於軍事之命令，由軍事委員會主席及軍事部長署名在軍事委員會內設軍需等處，分掌職務。[1]

一九三三年四月十八日，韓復榘電蔣介石：「據報關東軍小幾參謀長十一日抵大連，十三日赴東京出席參謀長會議」[2]。可見，這時韓和蔣之間的對日態度是一致的。同年五月三日，中央政治會議決議設立行政院駐平政務整理委員會，韓復榘經蔣介石推薦，當選為行政院駐平政務整理委員會委員。同年五月十六日，韓復榘再次致電蔣介石：「外寇日趨緊迫，如每師抽五百名，殊與建制精神影響太大。可否由魯省代招三千人，運保補充。」[3]

一九三四年二月十九日，韓復榘致電蔣介石：「近來日本要人往來華北頻繁，其用意為值偽國改帝制，探察國人心理並藉示聲威」[4]。同年六月四日和六日，謝勷兩次致電田頌堯，說明韓復榘將很快來江西面見蔣介石，彙報工作。請見：臺灣國史館保存檔案《謝勷電田頌堯：悉韓復榘將赴贛謁蔣中正，華北一切謠言可息》和《謝勷電田頌堯：悉韓復榘已於今晨赴贛謁蔣中正，力表擁護中央》，檔案編號為 116-010108-0282-025 和 116-010108-0282-024。

於是，一九三四年六月七日，韓復榘乘飛機到南昌，拜見蔣介石。同年七月七日，蔣介石考慮當時日本正急切地想「以黃河為中心、山東為根據地，侵略我中華」。於是，他計畫：「韓復榘來

---

1 《陸海軍大元帥大本營公報》，第一四號，一九二五年六月，一八〇頁。
2 見臺灣國史館保存檔案，編號為002-080200-00077-051。
3 見臺灣國史館保存檔案，編號為002-080200-00087-050。
4 見臺灣國史館保存檔案，編號為002-080200-00148-113。

見時，應與說明國法責任及與中央共同存亡之意。並指示以守備方針。」[1]

同年十月二十四日，蔣介石在濟南接見韓復榘等山東政界高官。兩次見面所談全是山東的對外政策和戰略部署。

當年十一月，蔣介石派夫人宋美齡親自來山東看望韓復榘及其家人。下面這張照片就是當時韓復榘二夫人紀甘青陪同宋美齡在珍珠泉大院觀魚合影。

圖六九　韓復榘二夫人紀甘青陪同宋美齡在珍珠泉大院觀魚合影

為此，一九三四年十一月十五日，蔣介石特地致電韓復榘表示感謝。見臺灣國史館保存檔案《蔣中正電韓復榘：承蒙照顧宋美齡，不勝感激！並請代謝尊夫人》，編號為 002-080200-00192-030。電文如下：「濟南韓主席，寒申電悉。內子承優待，甚感（謝）並請代謝令夫人為荷。中正。」

紀甘青，是韓復榘的如夫人，著名河南墜子演員。說到這裡，我們再看看著名的百度網站百科欄目她和韓復榘介紹，實在讓人哭笑不得：

> 紀甘青，是河南源河一帶的名伶，唱得一口好聽的河南墜子。一九二八年十月，韓復榘駐

1　見臺灣國史館保存檔案，編號為002-060200-00016-009。

軍河南，由於幾度想當省主席，屢屢不能遂願，在灰心喪氣，精神消沉，心情不暢之時，尋歡作樂的惡習開始發作。徐水仙這時才二八歲，正是青春佳人，尤其是她說唱時，銀鈴一般的嗓子和招徠顧客那種親密勁兒，更使人為之陶醉。韓復榘對她一見鍾情，三番五次請她來唱堂會。韓復榘的用意是多多接觸，瞅住機會下手，弄到自己身旁當二姨太。韓復榘弄到徐水仙後，終日迷戀酒色，逗笑取樂，以此來發洩他當不上省主席的憤懣。

如此嚴重脫離歷史事實的知識，我們不知道這樣的網站是如何普及歷史知識的！見如下網址：

https://baike.baidu.com/item/%E7%BA%AA%E7%94%98%E9%9D%92

當然，需要指出，該網百科欄目對韓復榘的歷史介紹，還是有可取之處的。見如下網址：

https://baike.baidu.com/item/%E9%9F%A9%E5%A4%8D%E6%A6%98

一九三五年三月二十七日，中央政治會議決議任命韓復榘為二級上將。

但是，隨著華北局勢的複雜和緊張，蔣介石對韓復榘的態度開始擔心。

元詩別裁

中政會通過特任
蔣中正特級上將
閻錫山等為一級上將
陳調元等為二級上將

日使有吉到京

蔣駐貴陽
指揮剿匪軍事

圖七〇　1935年3月27日《申報》原始報紙照片

一九三五年九月二十九日《蔣介石日記》記載：「倭寇多田宣言，詈罵詆毀，對我黨國誣衊極矣。其政府又聲明取消此種蠻橫威逼。倭情上下既背離，內外又矛盾，其亂亡將不旋踵而至。惟國人識淺，魯韓態度可慮耳，華北偽組織醞釀，其必出現乎。」這裡的「魯韓態度可慮耳，華北偽組織醞釀，其必出現乎」就代表了他對韓復榘參與聯合自治的擔心。一九三四年一月五日，劉峙就致電蔣介石：「請防韓復榘將於華北各省實行聯省自治，及可否以張學良牽制魯晉兩省」[1]。一九三五年十月五日，根據秦孝儀《總統蔣公大事長編初稿》一書記載：

> 公聞華北情勢日急，決對韓復榘（山東省主席）曉以利害、毀譽與輕重之理，並明告其倭對華以不戰而屈之戰略，吾人必以戰而不屈之戰略應之。蓋日軍此時在華北積極進行所謂「華北政權獨立運動」，正分化閻錫山、韓復榘等，並聞日軍軍官岡村、阪垣、多田、磯谷等將在津秘密會商，恐不久華北將生變化也。[2]

當時正是日方頻繁向韓復榘施壓，要求他影響日方提出的「華北政權獨立運動」之時。同年十月十五日，蔣介石致電熊斌，明確點給韓復榘，他準備「對華北負其全責，決不使華北各同志獨任其難」：

> 大連會議以後，無論對方如何態度，而吾人總宜鎮靜處之。中在中央一日，必對華北負其全責，決不使華北各同志獨任其難，然最後之處置與決心，不可不堅定，蓋成竹在胸，即可主

---

1 見臺灣國史館保存檔案，編號為002-080200-00143-054。

2 見http://dbj.sinica.edu.tw:8080/handy/index。

動在我，一切運用，皆可自如，望以此意轉告明軒、啟予、向方諸兄，何部長大會以後，必回平也。

為了保證中央支持韓復榘抗日，一九三六年八月十四日，蔣介石特別下令，要求必須給韓軍足夠的武器！證據請見臺灣國史館保存檔案《蔣中正電囑何應欽：分期發足韓復榘所需軍械》，編號為002-010200-00164-037。

——糾纏蔣介石在關鍵時刻從韓軍撤走了重炮武器才造成韓復榘主動逃跑的傳言和觀點，可以休矣了。

一九三六年七月十三日，二中全會決議：組織國防會議，韓復榘當選為國防委員會委員。同年七月十五日，韓復榘代表攜蔣介石函自南京回濟南。同年七月二十五日，韓復榘函復蔣介石，表示始終服從擁護。當年七月三十日，蔣介石致電何應欽，決定：「韓向方處可否派一相當之人常駐魯，以資聯絡？請代物色此人。」[1]這既是蔣、韓關係親密的象徵，也是韓接受蔣合法監視的開始。

同年十月十六日，韓復榘到杭州，拜見蔣介石，商討華北問題。同年十一月十八日，蔣介石致電韓復榘，說明明日到達濟南與他見面，並讓他嚴加保密。第二天，蔣介石到濟南晤見韓復榘。並在洛陽機場發電報通知他。[2]同年十二月十三日，孔祥熙通電全國擁護中央既定國策，共濟艱難，並另行分電韓復榘等，盼共挽危機。

同年十二月二十三日，署名「宋哲元、韓復榘」聯名通電，主召開國是會議，呼籲和平解決西

1 見臺灣國史館保存檔案，編號為002-010200-00103-085。

2 見臺灣國史館保存檔案《蔣中正電告韓復榘：已抵洛陽》，編號為002-010200-00168-035。

安事變，這就是所謂的「漾電」。實際上，此電係出馮玉祥舊部何其鞏等所為，究竟如何，請見下章。

同年十二月二十八日，宋哲元、韓復榘代表到南京拜見蔣介石。

一九三七年二月十日，韓復榘在前線指揮作戰時，馬受驚而使他負傷墜地。蔣介石立刻來電詢問傷情，並且關心地讓他「務望靜養」。[1]

同年六月三十日，蔣介石致電韓復榘，進一步讓韓復榘對中央政策放心，通知他「日人在華北將有舉動，與沈鴻烈聯繫，中央必隨時赴援」。同年七月二十四日，蔣介石致電韓復榘：他得到軍事情報，日軍將進攻濟南，請韓務必做好準備，修築工事。同年八月六日，蔣介石派宋哲元、劉峙為第一、第二集團軍總司令，命反攻平津。蔣兼第一戰區司令長官，宋哲元、劉峙、韓復榘等均屬之。八月三十日，蔣介石致電韓復榘，要求他配合中央軍在山東的軍事部署。同年九月三十日，韓復榘部一師到德州佈防。

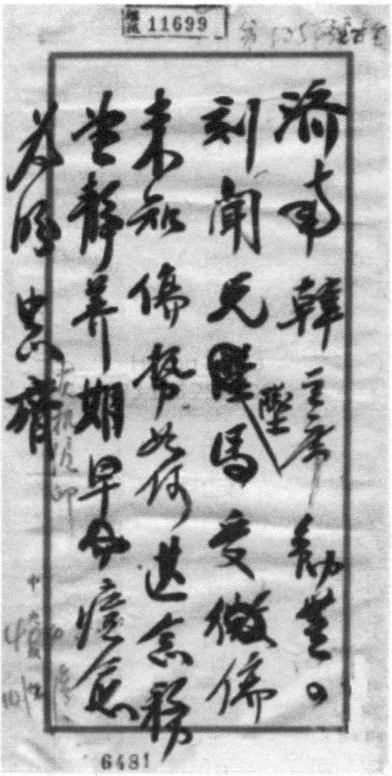
11699

濟南韓主席勳鑒：頃聞兄墜馬受微傷，未知傷勢如何，甚念，務望靜養，期早痊癒。

6481

圖七一　（首次公開機密檔案）

1 見臺灣國史館保存檔案《蔣中正電韓復榘：問候墜馬傷勢》，編號為002-010200-00172-020。

第十三章
西安事變中韓復榘對蔣介石的真實態度

有相當多的歷史學家和作家、甚至一些歷史當事人紛紛發表文章，聲稱：西安事變之前，張學良、楊虎城找到韓復榘要求聯手反蔣，韓復榘當場表示同意。後來蔣介石被捉，國內各軍閥都在觀望的時候，韓復榘居然第一時間發個「馬電」，表示支持張楊捉蔣和殺蔣。這是後來蔣介石要殺韓復榘的根本原因！

比如，李義彬《西安事變》一書就主張：

事變發生後，宋哲元和韓復榘保持著密切聯繫，雙方代表經常交換對時局的看法，商定必要時採取一致行動；可是他倆對事變的態度不盡相同：宋有些傾向南京，而韓則兩面討好。韓一方面派代表去西安，表示同情和支持張、楊的行動；同時又派人去開封，與劉峙、商震商討營救蔣介石的辦法，並致電何應欽，表示對蔣的關切。十二月二十一日，韓復榘給張學良發出「馬電」，稱讚張的行動是英明的壯舉，並說他的部隊奉南京命令西開，望在兩軍接觸時勿生誤會。二十二日，宋哲元、韓復榘在津浦線德州以北一個小車站秘密會晤，商定第二天聯名發表對時局的主張。在二十三日宋、韓聯名發出的「漾電」裡，針對南京下達「討伐令」後內戰日益擴大的嚴峻形勢，提出了三個問題：「第一，如何維持國家命脈？第二，如何避免人民塗炭？第三，如何保護領袖安全？」他們在通電中主張「由中央召集在職人員，在野名流，妥商辦法，合謀萬全無遺之策。」當時，宋美齡、宋子文已去西安同張、楊談判，要求張、楊早日釋蔣。在南京當局看來，在蔣還未獲釋的情況下召開這樣的會議，無疑會使當時的局面「曠日持久，眾說紛紜」，這對他們「營救委座與整飭紀綱均無益」。因此，南京政府迅速派人北上，企圖說服宋、韓收回「漾電」。孔祥熙也命李世軍致電北平市秦德純，請其對宋哲元進行說服解釋，並向他們透露了南京對西安採取的策略，李世軍給秦德純的電報說：「此間今日下午收到宋公與韓主席自濟南發出聯銜漾電後，中央負責諸公，咸認為在此時機，中央表面上雖聲張討伐，而實際則仍積極求政治途徑之解決，在雙管齊下政策下，庶可以斷張、楊與共黨之聯合，而救介公之安全，亦以求事變之和平妥善解決也。」孔祥熙本人也在二十四日致電韓復榘、宋哲元，答覆他們在「漾電」中提出的三個問題：「現欲維持國家命脈，避免人民塗炭，非健強政府之力量不可；健強政府之力量，非先整飭國家之紀綱不可；整飭國家之紀綱，非先恢復領袖之自由不可。」孔在這裡強調「國家紀綱」，顯然是以此恫嚇宋、韓，讓他們不要輕舉妄動，不要跟著張、楊走。至於對宋、韓召集在職、在野名流會議的提議，孔祥熙答覆說：在蔣未獲釋情況下，「所謂召集會議一節，更將群龍無首，力量分散。」孔接著對宋、韓說：「兄等現般般以領袖安全為念，即祈迅為共同設法，勸促漢卿，早將介公護送回京，對於黨國大計，或可以從長計議。」孔祥熙清楚，宋、韓之所以提出三個問題，是因為他們反對以武力解決西安事變，所以在給宋、韓的電報中孔解釋說：「至於討伐令，原為明是非，別順逆，平軍民之公憤，示脅從以坦途，而軍隊之調遣，尤在促漢卿之覺悟，防共匪之猖獗，使和平之途順利進行，和平之解決早日實現。」孔在這裡告訴宋、韓，他解決西安事變的方案是通過政治途徑，和平解決；至於頒佈討伐令，調遣軍隊，則是一種輔助手段；當前的急務，是促使張、楊早日送蔣回京。宋、韓聯合發表一個通電，使南京當局膽顫心驚，接連解釋。這表明他們十分害怕宋、韓回應張、楊的行動，站到西安一邊去。[1]

1　李義彬《震驚世界的一幕：張學良與西安事變》，上海人民出版社，一九九八年出版。又見http://www.sxlib.org.cn/dfzy/xasb/sbjj/

又如：

一九三六年十二月，「西安事變」爆發，韓復榘在二十一日以密碼形式致電張學良，稱讚張氏之非常行動為「英明壯舉」，並通知張、楊，他的部隊將「奉命西開，盼兩軍接觸時勿生誤會」。韓復榘明確支持張學良的行動的「馬電」被南京政府特務破譯，因此蔣介石對韓復榘恨之入骨，為以後被誘殺留下禍根。[1]

再如所謂的老薩說史：

而西安事變之前，張學良楊虎城找到韓復榘要求聯手反蔣，韓復榘當場表示同意。後來蔣介石被捉，國內各軍閥都在觀望的時候，韓復榘居然第一時間發個馬電，表示支持張楊捉蔣和殺蔣。西安事變後，蔣介石對韓復榘非常痛恨。在抗戰前期，軍統戴笠秘密給蔣介石一份情報，說的是韓復榘聯絡河北的宋哲元，四川的劉湘，試圖聯手反蔣，這也讓蔣介石下定了處理韓復榘的決心。[2]

按照《民國人物傳·韓復榘》一書的記載：

一九三六年「西安事變」爆發，十二月二十一日韓復榘發出「馬」電，對張學良、楊虎城

1 見https://kknews.cc/zh-sg/history/59eg8.html。
2 見https://botanwang.com/articles/201411/老薩說史一〇七：韓復榘的罪惡(4/4).html。

zjsidym_18590/201705/t20170525_716165.html。

表示支持，並準備派兵襲擊由何應欽率領攻陝的「中央軍」的後路。韓的這一舉動，深為蔣介石所痛恨。[1]

如果說，上述皆為國內的史學著作、史傳文學通俗作品，那麼臺灣的歷史學家又是如何記述的呢？最為權威的著作是郭廷以《中華民國史事日誌》一書，該書根本沒有提及有所謂「馬電」問題。他只承認：「十二月二十三日，宋哲元、韓復榘通電，主召開國是會議，和平解決西安事變（此電係出馮玉祥舊部何其鞏等）。」[2]這裡還特別點明「漾電」這份電報出自「馮玉祥舊部何其鞏等」之手。十二月二十七日，李宗仁、宋哲元、韓復榘、劉湘等紛電蔣委員長慰問。[3]十二月二十八日，宋哲元、韓復榘代表到京謁蔣委員長，徐永昌亦代表閻錫山到京。[4]

而「馬電」之說，更多的是在大陸流傳而已。

但是，歷史真相究竟如何？

在臺灣國史館保存的以「韓復榘」名字為「題名查詢」檔案五七七二件和以韓復榘名字為「相關查詢」檔案六六〇三件中，查無所謂韓復榘電張學良支持殺蔣的所謂「馬電」！現存韓復榘致電張學良共二十九通。

——根本沒有涉及到西安事變的任何電文！而且，在陝西省圖書館西安事變資料庫中，網址見

---

1 《民國人物傳．韓復榘》，中華書局，一九七八，二四六頁。

2 見郭廷以《中華民國史事日誌》第三冊，中央研究院近代史研究所，一九八四年，六六一頁。

3 見郭廷以《中華民國史事日誌》第三冊，中央研究院近代史研究所，一九八四年，六六二頁。

4 見郭廷以《中華民國史事日誌》第三冊，中央研究院近代史研究所，一九八四年，六六三頁。

http://www.sxlib.org.cn/dfzy/xasb/，也根本沒有所謂「馬電」的原始電文公佈。而且，由於受郭松齡事件和劉珍年事件的雙重影響，張學良長期以來對韓復榘心存戒備！韓復榘對張學良也是敬而遠之，雙方根本就沒有任何政治聯合以謀取共同利益的可能！

在臺灣國史館保存的以「西安事變」為「題名查詢」檔案共有一八五件，其中收錄韓復榘電文僅一通為真實可信，如下：一九三六年十二月三十日《韓復榘電蔣中正：頃聞鈞座以西安事變引咎辭職，惟國脈所繫，懇請以聖哲惘時信念，留任以維黨國前途》，編號為002-090300-00006-219。電文內容則是勸說蔣介石不要辭職。讚揚蔣介石：「平息禍亂，至誠所感，金石為開。方今物望所屬、國脈所悉，推在鈞座一人。」言詞誠懇而真實，根本沒有絲毫的虛情假意、幸災樂禍之心。這是電文被國民政府軍事委員會辦公廳機要室使用正式的來電紙記錄保存的電報，發自濟南，順序號為一六六五九。它出自韓復榘本人或其司令部之手，是無可置疑的。

而在臺灣國史館保存檔案一九三七年一月十四日《戴笠等呈蔣中正：據北平電稱，宋哲元派富占魁詢萬福麟對中央解決

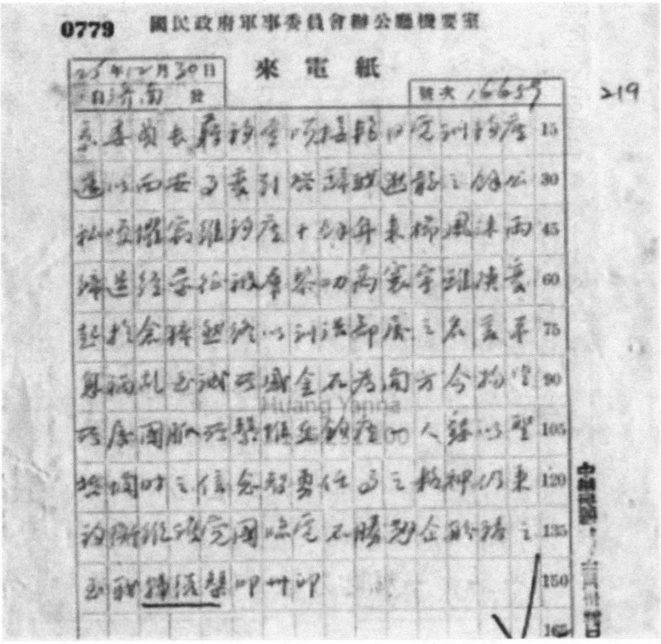
0779 國民政府軍事委員會辦公廳機要室

來電紙

圖七二　（首次公開機密檔案）

西安事變態度，及其擬再通電主張政治解進該事變等。情報日報表等六則》，編號為 002-080200-00492-004。這裡收了戴笠截獲的楊虎城致韓復榘的回電，但是內容只是楊虎城向韓復榘通報：祝紹周到達西安後，所談依然是接受中央命令，維持和平解決，避免內戰。可見戴笠的情報反映的是楊虎城向韓復榘說明祝的態度，其核心依然是維和反戰。韓復榘在此沒有任何謀反把柄被戴氏抓到。

那麼，在整個西安事變前後，韓復榘對蔣介石的真正態度是什麼呢？讓我們公佈一封長期被臺灣軍方作為機密檔案保存、最近才被解除查閱禁令的韓復榘西安事變後致蔣介石的唯一的一封親筆信，加以分析說明如下：

該信現在保存在臺灣國史館，檔案編號為 002-080114-00013-009。此信沒有寫作日期。我們隸定如下：

委員長駿鑒：謹稟者宥電
諒蒙
聽聽矣。溯自西安事變，舉國
同深憤慨。復榘乍聞茲訊，惶
駭莫名，寢不安席，食不下咽。

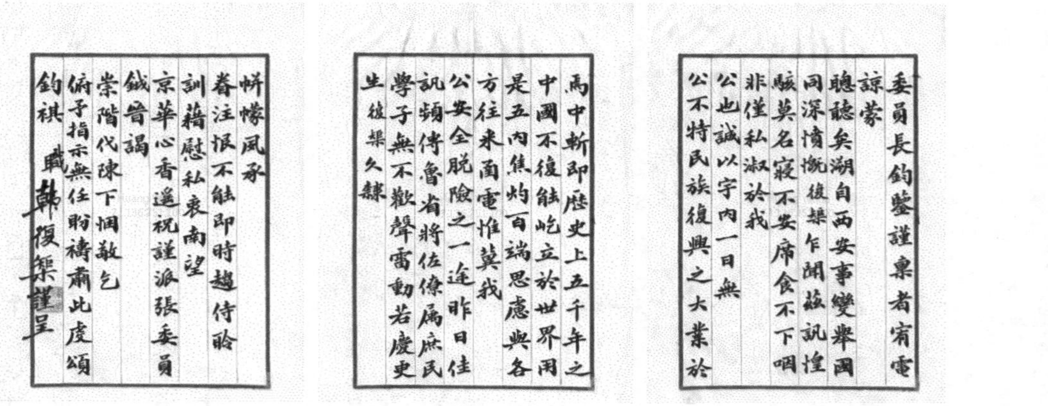
委員長鈞鑒謹稟者宥電
諒蒙
聽聽矣溯自西安事變舉國
同深憤慨復榘乍聞茲訊惶
駭莫名寢不安席食不下咽
非僅私淑於我
公也誠以宇內一日無
公不特民族復興之大業於
焉中斬即歷史上五千年之
中國不復能屹立於世界用
是五內焦灼百端思慮與各
方往來函電惟冀我
公安全脫險之一途昨日佳
訊頓傳魯省將佐僚屬庶民
學子無不歡聲雷動若慶更
生復榘久隸
帡幪夙承
眷注祇不能即時趨侍聆
訓藉慰私衷南望
京華心香遙祝謹派張委員
鉞晉謁
崇階代陳下悃敬乞
俯予指示無任盼禱肅此虔頌
鈞祺 職韓復榘謹呈

圖七三　（首次公開機密檔案）

非僅私淑於我
公也。誠以宇內一日無
公，不特民族復興之大業於
焉中斬，即歷史上五千年之
中國不復能屹立於世界。用
是五日內焦灼，百端思慮與各
方往來函電，惟莫冀我
公安全脫險之一途。昨日往
訊頻傳魯者，將佐僚屬庶民
學子，無不歡聲雷動，若慶史
生。復榘久隸
帡幪，夙承
眷注，恨不能即時趨侍聆
訊，藉慰私衷。南望
京華，心香遨祝！謹派張委員
鉞晉謁
崇階，代陳下悃。敬乞
俯予指示，無任盼禱。肅此虔頌
鈞祺！　職韓復榘謹呈。

這是最為真實的韓復榘在西安事變前後的對蔣態度！如前所說，此信有寫信日期，是因為韓復榘親自派遣張鉞前往南京當面轉交。根據此信的送達地點為南京，我們知道蔣介石從西安平安返回後到南京時間為一九三六年十二月二十六日中午十二點一刻。則張鉞來南京當面送信時間應該在十二月二十七日至十二月二十九日這三日之間！因為十二月三十日韓復榘又發了新的電文，勸說蔣介石不要辭職。因此之故，我將此信寫作日期定為一九三七年十二月二十七日！

這封信分幾層意思。首先是說明了西安事變的發生後的國情：「溯自西安事變，舉國同深憤慨。」我們再看一九三六年十二月二十七日何應欽抄錄的韓復榘致他的第二封電文，其中也說了：「西安叛變，憤慨莫名！」[1]

其次說明了韓本人對於西安事變的擔憂：「復榘乍聞茲訊，惶駭莫名，寢不安席，食不下咽」。我們再看一九三六年十二月二十七日何應欽抄錄的韓復榘

1 見臺灣國史館保存檔案《何應欽呈蔣中正：西安事變錄上電報二十九件》，編號為002-080114-00013-007。

圖七四　蔣介石西安事變脫險後與有功人員合影

致他的第一封電文，其中也說了：「國家不幸，內外多事。弟聞之下，徹夜未眠。」[1]

可見這裡的「惶駭莫名，寢不安席」是真實的描寫。

第三說明了蔣介石個人安危牽扯到整個國家和民族的安危：「誠以宇內一日無公，不特民族復興之大業於焉中斷，即歷史上五千年之中國不復能屹立於世界。用是五日內焦灼，百端思慮與各方往來函電，惟莫冀我公安全脫險之一途。昨日往訊頻傳魯者，將佐僚屬庶民學子，無不歡聲雷動，若慶史生。」在一九三六年十二月二十七日何應欽抄錄的韓復榘致他的第一封電文中，韓復榘明確提出了「唯有設法營救委座為第一要招」[2]的鮮明立場！在上述第二封電文中，他說：「復榘等分屬軍人，義無反顧，是以血誠在中央統一指揮之下，唯命是從！」[3]

在上述第三封電文中，他說：「舉國人心咸以委座平安歸來為首要！」[4]在上述第四封電文中，他說：「固國本於苞桑，戡叛亂於西北。大義是申！」[5]在上述第三封電文中，他還說：「方今舉國矚目，所盼著領袖安全脫險，恢復統一狀態耳！」[6]最後說明了韓是以蔣介石為自己人生導師的立場：「復榘久隸帡幪，夙承眷注，恨不能即時趨侍聆訊，藉慰私衷。南望京華，心香邀祝！」——哪裡可有一絲一毫的虛情假意或幸災樂禍？分明是將自己的命運、國家的前途和蔣介石個

---

1 見臺灣國史館保存檔案《何應欽呈蔣中正：西安事變錄上電報二十九件》，編號為002-080114-00013-007。

2 見臺灣國史館保存檔案《何應欽呈蔣中正：西安事變錄上電報二十九件》，編號為002-080114-00013-007。

3 見臺灣國史館保存檔案《何應欽呈蔣中正：西安事變錄上電報二十九件》，編號為002-080114-00013-007。

4 見臺灣國史館保存檔案《何應欽呈蔣中正：西安事變錄上電報二十九件》，編號為002-080114-00013-007。

5 見臺灣國史館保存檔案《何應欽呈蔣中正：西安事變錄上電報二十九件》，編號為002-080114-00013-007。

6 見臺灣國史館保存檔案《何應欽呈蔣中正：西安事變錄上電報二十九件》，編號為002-080114-00013-007。

人緊密聯繫在一起的真實寫照。這大概就是這封親筆信長期被封鎖、作為機密檔案嚴禁查閱的根本原因！因為社會上和一些歷史著作中宣佈的是所謂的「馬電」！反正張學良長期被軟禁、無法自由發言；反正張學良和韓復榘長期失和；反正韓復榘是個被殺的反面教材；無論是大陸學者還是臺灣學者全可以自由自在的陳述一個實際上並不存在的韓復榘密電張學良，支持他殺蔣的「馬電」傳聞！

——可是，歷史難道是人皆可夫的娼妓？總有些人熱衷於甘當歷史嫖客，喜歡道聽途說，立刻就見諸文字，肆意胡說，傳播謠言以混淆是聽。

關於著名的「漾電」，這是引起了蔣介石深感不快、馮玉祥為此多次解釋的一封電文它是否出自韓復榘之手呢？這封電報共兩頁，見圖七六。

其中總被大家所引用的就是下面三點：

目前急務，約有三大原則：第一，如何維持國家命脈？第二，如何避免人民塗炭？第三，如何保護領袖安全？以上三義，夙夜彷徨，竊維處窮處變之道，迴與處經處常不一，似宜儘量採取沉毅與靜耐，以求政治妥善通適之解決，設趨極端斷然之途徑，上列三義，恐難兼顧，或演至兵連禍結，不堪收拾之時。

最後署名是「宋哲元、韓復榘」。但是，根據當時蔣伯誠的密報，見圖七七。

這封電文起草人不是韓復榘，而且如果不是韓復榘修改，原始電文語言措辭更加激烈：「漾電亦克之起稿，原稿措詞更壞！向兄親改後始發」[1]。

1 見臺灣國史館保存檔案《何應欽呈蔣中正：西安事變錄上電報二十九件》，編號為002-080114-00013-007。

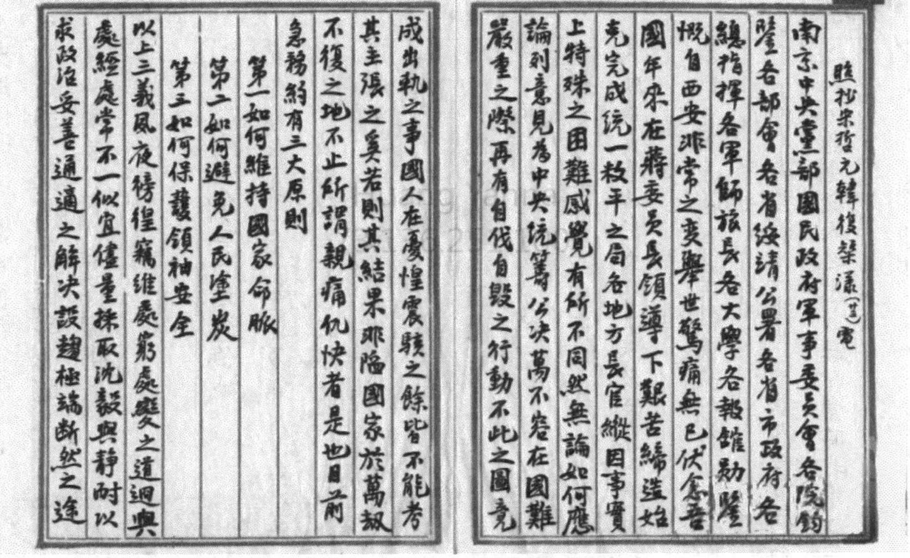

照抄宋哲元韓復榘漾（廿三）電
南京中央黨部國民政府軍事委員會各院鈞
鑒各部會各省綏靖公署各省市政府各
總指揮各軍師旅長各大學各報館勛鑒
慨自西安非常之變舉世驚痛無已伏念吾
國年來在蔣委員長領導下艱苦締造始
克完成統一救平之局各地方長官縱因事實
上特殊之困難感覺有所不同然無論如何應
論列意見為中央統籌公決萬不容在國難
嚴重之際再有自伐自毀之行動不此之圖竟
成此軌之事國人在憂惶震駭之餘皆不能考
其主張之奚若則其結果非陷國家於萬劫
不復之地不止所謂親痛仇快者是也目前
急務約有三大原則
第一如何維持國家命脈
第二如何避免人民塗炭
第三如何保護領袖安全
以上三義夙夜彷徨竊維處變之道迥與
處經處常不一似宜儘量採取沈毅與靜耐以
求政治妥善適當之解決設趨極端斷然之途

圖七五　（首次公開機密檔案）

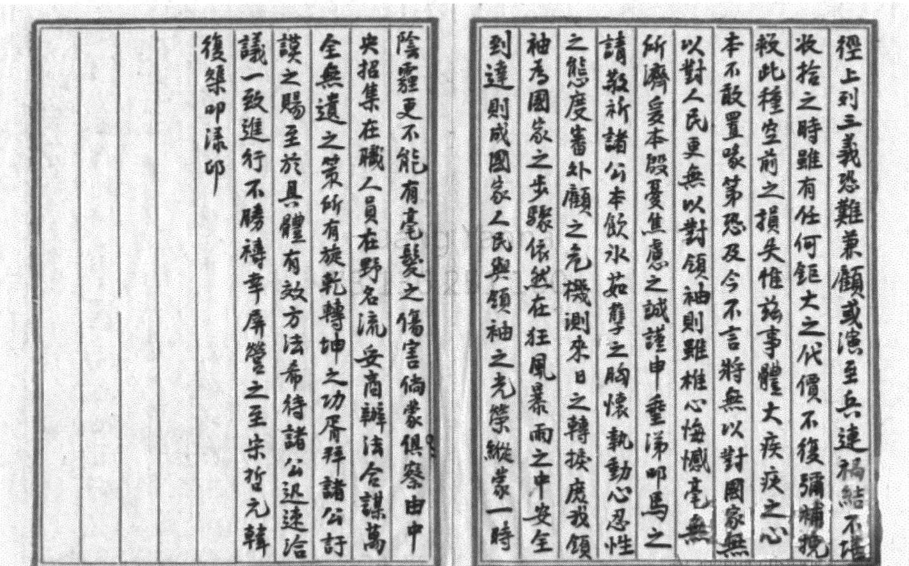

經上列三義恐難兼顧或演至兵連禍結不堪
收拾之時雖有任何鉅大之代價不復彌補挽
救此種空前之損失惟茲事體大疾疢之心
本不敢置喙第恐及今不言將無以對國家無
以對人民更無以對領袖則雖椎心悔憾毫無
所濟爰本殷憂焦慮之誠謹申壘涕叩馬之
請敬祈諸公本飲冰茹孽之胸懷執動心忍性
之態度審外顧之先機測來日之轉捩庶我領
袖為國家之步驟依然在狂風暴雨之中安全
到達則成國家人民與領袖之光榮縱蒙一時
陰霾更不能有毫髮之傷害倘蒙俱察由中
央招集在職人員在野名流妥商辦法合謀萬
全無遺之策所有旋乾轉坤之功胥拜諸公討
謨之賜至於具體有效方法希待諸公迅速洽
議一致進行不勝禱幸屏營之至宋哲元韓
復榘叩漾印

圖七六　（首次公開機密檔案）

與此同時，一向承擔監視韓復榘的青島市長沈鴻烈也發密電給何應欽彙報如下，對於事情原委說明比較中肯和如實：

> 烈昨晨到濟，適蔣伯誠兄先期抵此。曾與向方晤談。知彼對陝變，仍主張先用政治方法以營救委座。倘無效果，則一武力解決。對於「召開會議討論國是」一節，並無一語提及。足見該電仍系何克之、王芳亭等小人所為。向方於文字上未及注意，竟被播弄，深為可惜！[1]

為此，馮玉祥曾經為韓復榘進行了三點解釋：

一、庸之說，「韓、宋個人之電均為擁護中央，而此電不同，奇怪。」二、不是仔細看稿之人，難免受人之愚。三、當時我說：「韓、宋在北伐時，皆勇敢善戰，但讀書太少，心思太

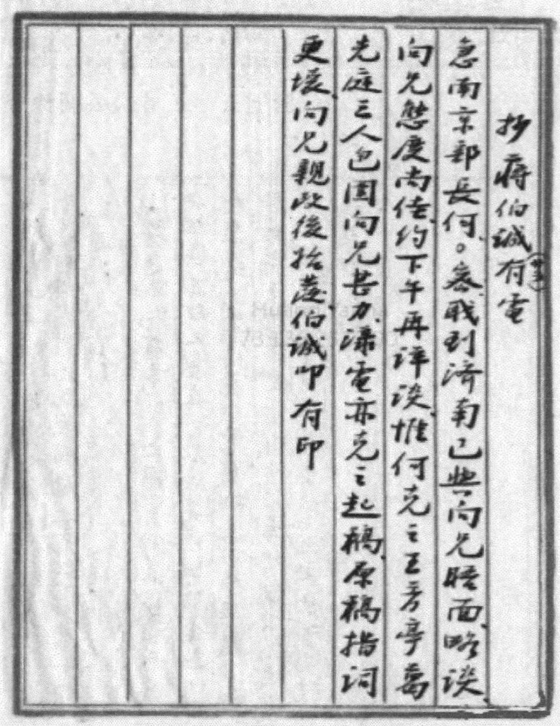
抄蔣伯誠有電
急南京部長何。密。戌到濟南，已與向兄晤面略談
向兄態度尚佳，約下午再詳談。惟何克之、王芳亭為
先庭之人包圍向兄甚力，沸電亦克之起稿，原稿措詞
更壞，向兄親改後始蓋。伯誠叩有印

圖七七　（首次公開機密檔案）

1 見臺灣國史館保存檔案《何應欽呈蔣中正：西安事變錄上電報二十九件》，編號為002-080114-00013-007。

粗，發電前必未一句一字有所研討，可以不必顧慮，不過去人看看，把中央意旨詳告，確有必要。然所去人選，須特別注意，既須老成，說話又須為韓、宋素所尊重之人，最好如朱子橋先生為最合用也。」孔、林、程均以為然，季陶亦以為然，故定朱先生去云。[1]

我們可以看出：何應欽是殺氣騰騰的搜集了《西安事變錄上電報二十九件》，準備作為定罪韓復榘的證據，但是最讓蔣介石惱怒的「漾電」，居然是如此出籠的！而且，蔣伯誠、沈鴻烈二人全回覆密電無形中對韓復榘說情。這實在不是何應欽所希望看到的效果！但是，即便如此，在何應欽搜集整理的《西安事變錄上電報二十九件》這一黑材料中，當時也根本就沒有所謂的「馬電」，如果真的存在，何豈有不收之理？這份「馬電」可比「漾電」措辭嚴重得多！

由此而來，製造所謂「馬電」以加重韓復榘罪名的人，只有可能就是何應欽！因為只有他才有權力「抄錄韓復榘」的「來電」而蔣介石並不去查驗原始電文及其「接收紙」的真偽問題！而西安事變後何應欽搜集的《西安事變錄上電報二十九件》中沒有「馬電」，說明當時並未敢將私貨攙入其中。當事人全健在，最關鍵的是無法提供原始的電報接受記錄紙！而一旦韓氏被殺，這時再偽造一個所謂的「馬電」，張學良已經身陷牢獄，無法站出來說明。（哪怕他有良心想證明真偽的話）而「馬電」更是加重韓復榘謀逆之罪的最佳證據。

現在，讓我們看看沈氏原始電文全文，見圖七八。

接下來，我們將西安事變前後何應欽抄錄的韓復榘七封電報原文公佈，見圖七九～八五。

1 《馮玉祥日記》卷四，江蘇古籍出版社，一九九二年，八六九頁。

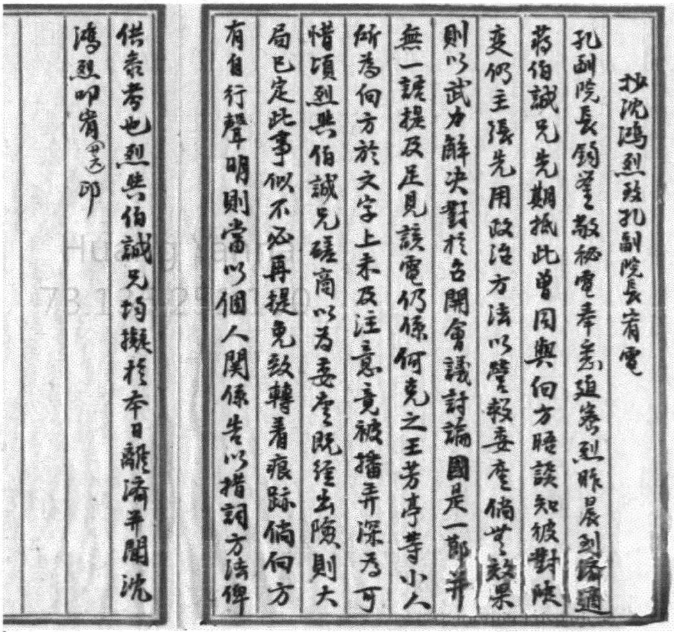
抄沈鴻烈致孔副院長宥電
孔副院長鈞鑒：敬秘電奉悉，逭寒烈昨晨到濟，適
蔣伯誠兄先期抵此，曾同與何方晤談，知彼對陳
案仍主張先用政治方法以營救委座，倘無結果
則以武力解決，對於召開會議討論國是一節，并
無一語提及，足見該電仍係何克之、王芳亭等小人
所為，何方於文字上未及注意，竟被播弄，深為可
惜。頃烈與伯誠兄磋商，以為委座既經出險，則大
局已定，此事似不必再提，免致轉着痕跡，倘何方
有自行聲明，則當以個人關係告以措詞方法，俾
供參考也。烈與伯誠兄均擬於本日離濟，并聞。沈
鴻烈叩宥（廿九）印

圖七八
（首次公開機密檔案）

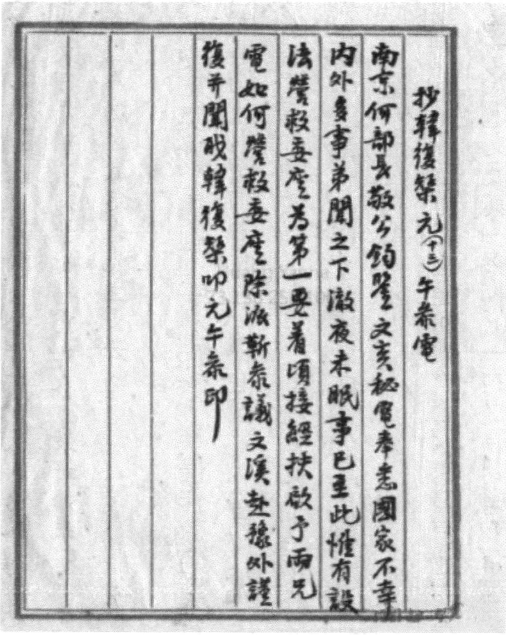
抄韓復榘元（十三）午參電
南京何部長敬公鈞鑒：文亥秘電奉悉，國家不幸，
內外多事，弟聞之下，徹夜未眠，事已至此，惟有設
法營救委座為第一要着，頃接經扶、敬之兩兄
電，如何營救委座，陳派靳參議文溪赴豫外，謹
復，并聞。弟韓復榘叩元午參印

圖七九　第一封（首次公開機密檔案）

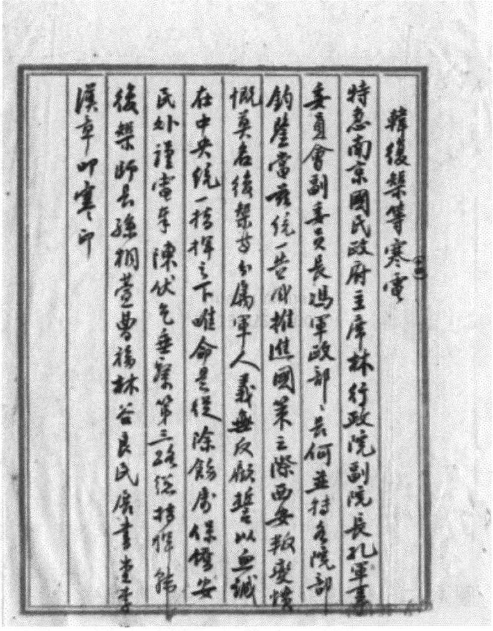

韓復榘等寒電

特急南京國民政府主席林行政院副院長孔軍事
委員會副委員長馮軍政部部長何並轉各院部
鈞鑒當茲統一告成推進國策之際西安叛變驚
慨莫名復榘等分屬軍人義無反顧誓以無誠
在中央統一指揮之下唯命是從除飭屬保護安
民外謹電奉陳伏乞垂鑒第三路總指揮韓
復榘師長孫桐萱曹福林谷良民展書堂李
漢章叩寒印

圖八〇　第二封（首次公開機密檔案）

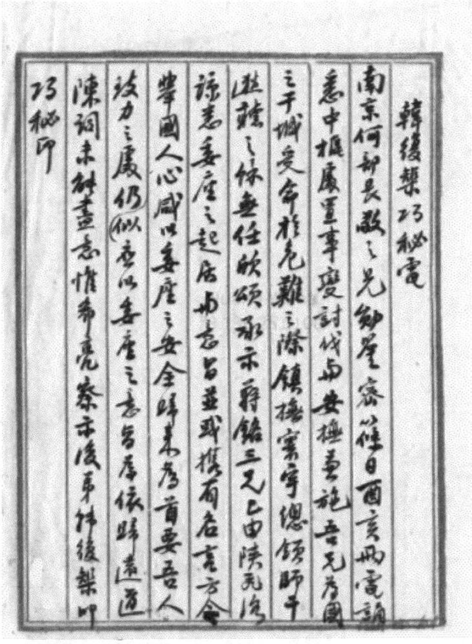

韓復榘巧秘電

南京何部長敬之兄鈞鑒密篠日兩電誦
悉中樞處置事變討伐與安撫並施吾兄為國
之干城受命於危難之際鎮撫寰宇總領師干
欽佩之餘無任欣頌承示蔣銘三兄已由陝飛洛
諒悉委座之起居而意旨並或携有若干方命
舉國人心咸以委座之安全歸來為首要吾人
效力之處仍似應以委座之意旨為依歸遠道
陳詞未能盡意惟希亮察示復弟韓復榘叩
巧秘印

圖八一　第三封（首次公開機密檔案）

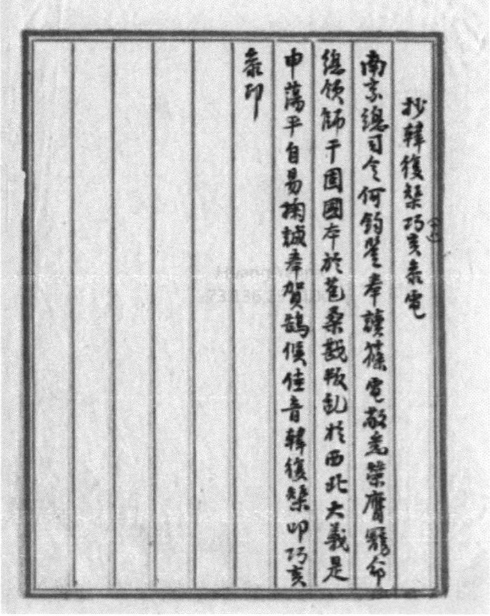

抄韓復榘巧亥泰電
南京總司令何鈞鑒奉讀篠電敬悉榮膺新命
總領師干固國本於苞桑戡叛亂於西北大義是
申蕩平自易摘誠奉賀鵠候佳音韓復榘叩巧亥
泰印

圖八二　第四封（首次公開機密檔案）

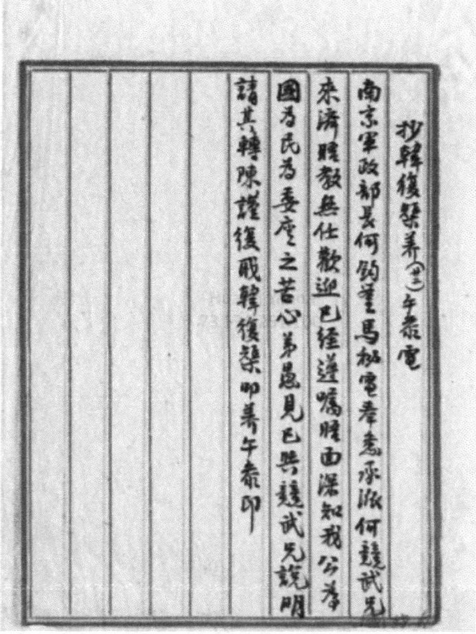

抄韓復榘養（卅三）午泰電
南京軍政部長何鈞鑒馬秘電奉悉承派何競武兄
來濟暢叙無任歡迎已經遵囑暢晤而深知我公為
國為民為委座之苦心弟愚見已與競武兄說明
請其轉陳謹復戚韓復榘叩養午泰印

圖八三　第五封（首次公開機密檔案）

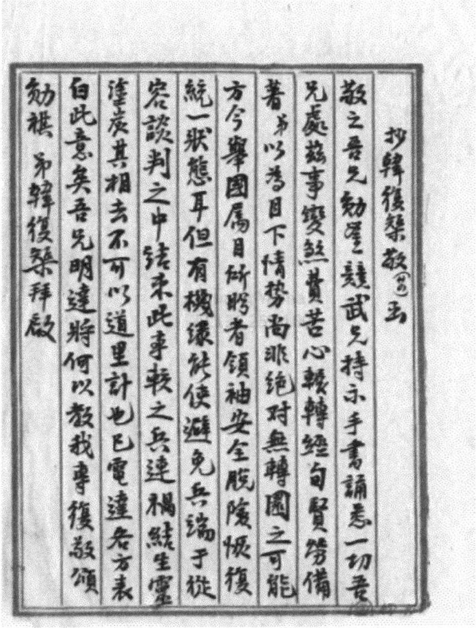

抄韓復榘敬(廿四)玉
敬之吾兄勳鑒鏡武兄持示手書誦悉一切吾
兄處茲事變煞費苦心輾轉經旬賢勞備
著弟以為目下情勢尚非絕对無轉圜之可能
方今舉國屬目所盼者領袖安全脫險恢復
統一狀態耳但有機緣能使避免兵端于從
容談判之中結束此事較之兵連禍結生靈
塗炭其相去不可以道里計也已電達各方表
白此意矣吾兄明達將何以教我專復敬頌
勳祺 弟韓復榘拜啟

圖八四　第六封（首次公開機密檔案）

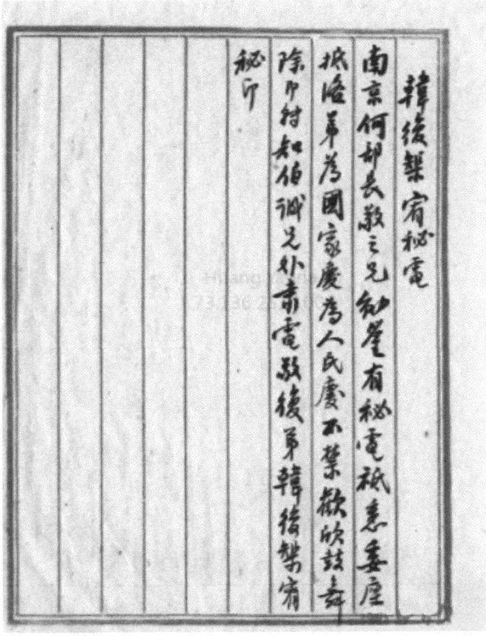

韓復榘宥秘電
南京何部長敬之兄勳鑒有秘電祗悉委座
抵洛弟為國家慶為人民慶不禁歡欣鼓舞
除已付知伯誠兄外特電致候弟韓復榘宥
秘印

圖八五　第七封（首次公開機密檔案）

第十四章
韓復榘和李宗仁的關係

一直有人說：是因為李宗仁的舉報和要脅，才促使蔣介石殺了韓復榘。事實究竟如何？讓我們在本章加以詳細研究。

在李宗仁口述、唐德剛撰寫的《李宗仁回憶錄（下冊）》中，卻公然聲稱：

韓氏與中央素有隔閡，抗戰開始後，對最後勝利也無信心，所以自始至終想保存實力。敵軍佔領平津，沿津浦線南下時，即傳韓復榘秘密派遣代表，與敵軍華北派遣軍總司令小磯國昭和津浦北段指揮官西尾壽造秘密接洽，希圖妥協。無奈雙方條件相去太遠。敵人要韓復榘宣佈山東獨立，正式充當漢奸。而韓氏之意，只希望日軍不犯魯境，以達其保存實力的目的，雙方條件相距太遠，當然無法談得攏。但是敵人總還是希望韓氏當漢奸，而不願逼其抗戰，故津浦北段的日軍遲遲未渡黃河，以期待韓氏的叛變。這樣反給我們以充分的時間來從容部署。[1]

李宗仁的這一指控是致命性的！這個反蔣的軍事將領、這個指揮了臺兒莊大捷的抗日名將，他的指控對於韓復榘具有絕大的殺傷力！

但是，根據我的調查：

日本陸軍中將小磯國昭一九三二年八月八日來華，就任日本關東軍參謀長。一九三四年三月五日，他接替二宮治重，轉任第五師團長，駐防範圍遠在中蘇邊境和西伯利亞地區。一九三五年十二月二日調往朝鮮就任朝鮮總督。在他就任關東軍參謀長三年期間，根本就沒有見過韓復榘，也從來沒有擔任過少將級別的這一不大不小的所謂「華北派遣軍總司令」這一職位。而且他後來成為日本

1 李宗仁口述、唐德剛撰寫《李宗仁回憶錄（下冊）》，廣西人民出版社，一九八一年，四九九頁。

陸軍大臣、一九四四年七月二十二日他當選為日本第四一屆內閣總理大臣。而日本陸軍中將西尾壽造一九三四年三月五日接替小磯國昭就任關東軍參謀長。一九三七年，他就任日本近衛師團長日軍第二派遣軍司令官。根本不是什麼少佐級別的這一小小的「津浦北段指揮官」。

可見在給韓復榘網羅罪名的問題上，李宗仁的口述喪失了基本的公正和歷史事實，公然撒謊，捏造史實。而且一直堅持到他口述回憶錄之時！這實在讓人感到可怕和無奈。所謂口述歷史，當事人當然享有信口開河的自由，但是採訪者和口述記錄人在公開出版和發佈之前，必須要經過嚴格的檔案史料和文獻史料的審查和核對！必須剔除當事人的無心口誤、記憶差錯、有意歪曲和偽造史實等諸多偽史因素才可以被學術界接受！努力恢復歷史的本來面目。而不是照本宣科、直錄口述，製造史料垃圾。

一九二八年七月十一日，蔣介石約見馮玉祥、閻錫山、李宗仁、吳敬恒、朱培德、鹿鍾麟、商震、白崇禧、陳紹寬、張群、何成浚、宋子文、石敬亭、韓復榘、劉鎮華等人，一同在北平湯山聚會，討論整理軍事方案及

圖八六　小磯國昭和西尾壽造像

軍事意見書。

——這是我所見到的李宗仁和韓復榘二人的最早見面時間。而在《李宗仁回憶錄》中卻變成「這是我和韓復榘第一次見面」[1]的所謂「回憶」。

一九三〇年二月二十三日，閻錫山、馮玉祥、李宗仁、鹿鍾麟、何鍵、韓復榘、劉文輝、毛光翔、石友三、王金鈺、張發奎、孫殿英、劉存厚、田頌堯、楊森、鄧錫侯、楊虎城、劉桂堂、盧興邦等冀、晉、察、綏、陝、甘、新、豫、川、黔、桂、閩各地將領四十五人通電，主由一、二、三屆中央委員組織臨時國民黨幹部會議，於最短期間成立四屆中央委員會。這是我所知道的李宗仁和韓復榘的最早合作。

一九三一年八月十九日《中央導報》第八期第五頁上發表李宗仁自己撰寫的《北方反蔣新局面》一文，該文中居然聲稱：「雖然蔣中正命令各軍任何部不能收容石部，可是韓復榘已極力保護，使石部到德州整頓。」這似乎是在暗示蔣介石應該立刻消滅韓軍。接著，李宗仁又心懷叵測地說：「東北方面也不敢擾入山東一步，恐防韓可藉口出兵，而再形成一個反蔣新局面。」這似乎又在鼓勵韓復榘出面，振臂一呼出現一個他所謂的「北方反蔣新局面」！但是，韓復榘並沒有中計。李宗仁在這裡的如此險惡居心已經暴露無疑。當時，李宗仁代表的桂系和韓復榘投蔣後的歸屬，自然引起了李宗仁的反感和不快。

一九三六年七月十三日，在國民黨二中全會決議：（一）撤銷西南執行部及西南政務委員會，（二）陳濟棠免職，改任余漢謀為廣東綏靖主任兼第四路軍總司令，以李宗仁為廣西綏靖主任，白

1 李宗仁口述、唐德剛撰寫《李宗仁回憶錄（下冊）》，廣西人民出版社，一九八一年，五〇〇頁。

崇禧為副主任，（三）任林雲陔為廣東省政府主席，（四）組織國防會議，以各省軍事領袖李宗仁、白崇禧、陳濟棠、劉峙、張學良、宋哲元、韓復榘、劉湘、何成浚、顧祝同、龍雲、何鍵、楊虎城、蔣鼎文、徐永昌、朱紹良、傅作義、余漢謀為委員。同年七月十五日，任命西南政務委員會任陳濟棠、李宗仁為抗日救國軍第一、第四集團軍聯軍總副司令，蔣光鼐為參謀長，蔡廷鍇為第十九路軍總指揮。同年七月二十五日，韓復榘函復蔣介石，表示始終服從擁護。同年七月二十七日，李宗仁、白崇禧電馮玉祥，謂「政府更調職務，違法失信，其中必有重大原因。」同年七月二十八日，蔣介石致電李宗仁等，勸其接受任令。同日，李宗仁、白崇禧抗命。同年八月一日，蔣介石致電李宗仁、白崇禧，說明中央意旨，懇勸接受新命，擬赴粵面商。第二天，蔣介石再次致電李宗仁，仍勸接受命令。同年八月五日，韓復榘親自打電話給李宗仁、白崇禧，勸說他們接受新命。足見韓復榘和李宗仁的交往和關係。同年九月六日，國民政府令：（一）特派李宗仁為廣西綏靖主任，（二）特任白崇禧為軍事委員會委員，並指派為常務委員，（三）命黃紹竑回浙江省府任主席（廣西問題解決）。九月九日，李宗仁、白崇禧電程潛、居正，聲明接受新命（廣西軍開始復員）。

一九三七年十一月二十八日，梁漱溟《七七事變前後的韓復榘》一文中記載：

李宗仁到濟南視察（李當時任第五戰區司令長官，駐徐州；韓為副司令長官，故來視察）。二十九日我攜帶上述建議去千佛山找韓細談，計自午前十時談至午後三時。韓對我們的建議不表示接受或不接受，只是再三強調他本人不能勝任，不能作頭子，不如宋哲元能夠服眾，而部下也無能力強的幹部等等。其實這是托詞，因韓此時只想急切退走，自然無意發動民眾，也不會顧惜地方，而一心想如何在退走時將壯丁帶走，將槍支、財款攜去，以擴充自己實力。這是我與韓最後一次談話。恰好在這天李宗仁來電報要我去徐州，我即於三十日經兗州到濟寧看視後於十二月三日到徐州。

在徐州停留兩天。李宗仁對我說，他十一月二十八日在濟南視察時，韓當面部署其部隊撤往周家口、偃城一帶，對他毫不迴避。我也將韓無意作戰，而一心西撤，以保存自己的種種事實詳細地告知李宗仁，請李制止其西撤。[1]

就在日軍佔領濟南前兩日（十二月二十五日）白崇禧還對徐永昌說，不主張李宗仁「力戰」：「健生昨日談話不主德鄰軍力戰，以為在一地力戰，只守不了一星期，不如預留游擊之力量為得計。」對此，徐永昌在日記中譏諷白崇禧曰：「人慮向方（韓復榘）不力戰，而慮德鄰（李宗仁）力戰，此等情形只能責己，不好尤人也。」[2]其實，面對日軍咄咄逼人的進攻，白崇禧早就力主：「開放戰場，後退決戰」。

在李宗仁口述、唐德剛撰寫的《李宗仁回憶錄（下冊）》中，再次聲稱：

我初到徐州時，即顧慮到韓氏抗戰意志不堅定乃親赴濟南一行。在韓氏的總司令部中住宿一宵，和他作竟夕之談。這是我和韓復榘第一次見面。韓氏雖識字不多，言談也很粗俗，但是卻生得眉清目秀，皮膚白皙。驟看之下，儼然是一位白面書生。[3]

1 梁漱溟《七七事變前後的韓復榘》，《傳記文學》，一九八八年七期，二九—三三頁。
2 《徐永昌日記》，一九三七年十二月二十六日，團結出版社，二〇一四年。
3 李宗仁口述、唐德剛撰寫《李宗仁回憶錄（下冊）》，廣西人民出版社，一九八一年，五〇〇頁。

這裡且不說「韓氏雖識字不多，言談也很粗俗」，這本身就嚴重脫離事實！單就所謂「是我和韓復榘第一次見面」，只要看了我們本章的考證和敘述，就明白韓復榘、李宗仁二人並非是到了此時才出現「和韓復榘第一次見面」這樣如此怪異的回憶了！既然如此作假，這裡接下來該回憶錄下冊四九九頁開始往後到五〇一頁的長文大段描寫李宗仁對韓復榘的有關當前國際形勢和愛國主義教育的「長官訓話」也就完全失去了可信度！這樣偽造史實的回憶錄，完全是李氏再次落井下石而已！

其實，當我們知道當時竭力主張殺韓復榘的正是李宗仁，也就不難理解為何李宗仁在回憶錄中還要四處偽造史實、繼續攻擊韓復榘了：

他（趙）說：「你們韓主席與李司令長官鬧翻了，你知道嗎？」我說：「不知道，怎麼回事？」他說：「詳細情況我也不十分清楚，只聽說你們主席有幾個電報對李長官毫不客氣。李惱火了，將韓違抗命令，不聽指揮的情形告到委員長那裡。聽說蔣要在開封召開軍事會議，解決這個問題。最好請你們主席好好準備準備，來打這場官司。」我問韓打的什麼電報。趙說：「我只聽到大家傳說，他這些電報在措辭上、語氣上都很欠斟酌。李長官認為他目無長官，若不予以懲辦，今後將無法指揮作戰。你回去查查這些來往的電報就知道了。」

以上出自《一代梟雄韓復榘》一書中劉熙眾《韓復榘被殺前後》一文的回憶。見中國文史出版社，一九八八年，二六八頁。

也許上述屬於文學作品，那麼我們看看原始檔案：

一九三七年十二月三十日，李宗仁電蔣介石、何應欽二人，向他們通報了韓復榘給他的來電。

韓復榘說明自己為何要移駐泰安，因為當時數千日軍在十二架飛機幾百發炮彈轟炸和掩護下，韓軍傷亡嚴重。[1]其實，這封電報韓復榘已經發給了蔣介石。

一九三八年一月八日，第五戰區司令長官李宗仁召皖主席蔣作賓及魯主席韓復榘之代表教育廳長何思源到徐州會議。同年一月二十三日，國民政府發佈對韓復榘的軍法會審判書，見臺灣國史館保存檔案編號為001-101470-0004。該判決書中明確指出：「褫其上將原官及一切榮譽勳典，並予以逮捕，交付軍法審判。」

又見秦孝儀《總統蔣公大事長編初稿》：

> 韓復榘失地誤國，軍事委員會提付高等軍法會審終結，判處死刑，於漢口執行。先是，當山西戰事緊張之際，統帥部曾嚴令第三集團軍總司令兼山東省政府主席韓復榘向德縣、滄州出擊，以資策應，而韓抗命不前，卒致太原陷失；嗣敵自濟陽、青城間渡河後，韓復榘不戰而退，撤出濟南、泰安；至一月初，韓再放棄大汶口、濟寧、鄒縣，退至運河西岸，使青島孤立陷敵。政府以韓屢違軍令，失地誤國，乃明令「褫其上將原官及一切榮譽勳典，並予以逮捕，交付軍法審判」，繩之以法。[2]

根據我們前面的分析研究，我們發現國民政府發佈對韓復榘的軍法會審判書和所謂的十大罪狀之說，基本上是靠不住的。所謂「不戰而退」就與韓復榘的歷史事實不符。所謂「撤出濟南、泰安」

---

1 見臺灣國史館檔案，編號為《李宗仁電蔣中正、何應欽：據韓復榘稱二十四日移駐泰安》，編號為002-090200-00035-087。

2 見http://dbj.sinica.edu.tw:8080/handy/index。

更是主動彙報了屬於戰略撤退。而所謂的「退至運河西岸」無非是韓復榘準備進駐武勝關駐守的掩飾。最大的原因還是韓復榘沒有接受一九三七年十二月三十一日蔣介石向他下達的帶兵到泰山一帶打游擊的這一最後軍令和軍事部署。

至於韓復榘如何被抓和會議上如何發言又再次頂撞了蔣介石，如此等等，大陸和臺灣出版了很多相關論著可資參考。

比如，

韓復榘認為：丟失山東他可以為此負責。但是丟失東北、丟失南京，誰又該對此負責?!

韓復榘又認為：既然已經是全面抗戰，在山東抗戰和在河南抗戰有何區別?!難道武勝關不是一個最佳的阻止日軍南下的戰略要塞?!

韓復榘再認為：為何非要在泰山山脈一帶打游擊？怎麼可以得到中央支持和部隊後援補給?!

韓復榘認為：既然蔣介石多次提出讓他把山東各個銀行的現金攜帶出來，交給中央政府，山東的經濟民生怎麼辦？軍隊供給怎麼辦？這難道不是中央要放棄山東戰場又是什麼?!

韓復榘又認為：他執行了蔣介石的焦土抗戰政策，焚毀了山東各地大大小小的日本企業，配合焦土抗戰打擊日軍，何錯之有?!

韓復榘再認為：在山東多地戰場與日軍進行了半年多的大小激戰，在敵強我弱又得不到中央軍的支持和援助後才進行的戰略撤退，並且立刻致電給蔣介石，向蔣彙報，蔣為什麼沒有反對和制止他的戰略撤退?!

如此等等，涉及到了很多很多的蔣、韓之間的相互往來電報、蔣介石下達的軍事命令和韓復榘的立刻執行行為，當然更有蔣介石信任的在韓軍中的監軍蔣伯誠的為韓復榘軍事行動、尤其是撤退戰略的解釋，全可以充分支持韓復榘的反駁。這些太多太多的話題、原始檔案和當事人見證材料，無論我們再怎麼陳述，都無法改變一個歷史事實：

——在蔣介石最需要殺人祭血以振奮民族精神的時候，他選擇了韓復榘！

而根據我們對蔣介石、韓復榘、宋哲元等人往來電報和檔案文獻的解讀，這個被祭血的人物，曾經被選定是宋哲元！當時宋哲元來電準備放棄北平和天津，蔣介石急了，立刻回覆了措辭嚴厲的電文，勒令宋哲元不惜代價也要保住北平和天津。否則就……

本書就不想再多說了。

因為至今沒有保存下來這一會議的相關檔案文獻加以記載和詳細說明。在場當事人如何事後說明和「回憶」，無法得到百分之百的證實。

到了一九三八年一月十三日，戴笠致電宋子文，向他通報說：「蔣中正尚在開封，明日可回。韓復榘不聽命令，擅自撤退，並勒索山東人民款項，已撤職扣留，交軍法懲辦。」[1]同日，戴笠致電簡樸刻：「弟押解韓復榘回鄂，於上午十一時過信陽。准在江岸車站下車。由鄂漢碼頭渡江。請準備輪車，並佈置警戒。第三路駐漢辦事處搜查結果如何？至念。郵電檢查方面，務請轉飭。特別注意韓解到時，決暫押行營三科。請即稟陳付主任妥為佈置」[2]。這件檔案，臺灣國史館錯誤標注為「本件日期1937/12/12」。我查看了原始檔案，該信出自戴親筆書寫的時間為「26、12、12」，其時間含義是指一九三七年的農曆十二月十二日，也就是一九三八年一月十三日。這一天是韓復榘

1 見臺灣國史館保存檔案，編號為144-010101-0002-042。
2 見臺灣國史館保存檔案，編號為144-010106-0004-070。

二八

確惟は精鋭なる軍隊と生產能力ある民衆との完全なる結合の下に前記の要素を完備して初めて成功す。土匪を改編して軍隊と民衆との結合を弛むることは決して遊擊戰を成功せしむるものにあらず」と。

——こゝにゲリラ戰術及びその支那軍の內容を暴露せるものであつた。

韓復榘の死刑

一月十一日、徐州にて李宗仁のため逮捕された山東省主席韓復榘は、十二日、漢口に護送され、軍事當局の取調べの結果、韓は中央の命に從つたとはいへ、事實は何らの努力をもせず敗色的な日和見主義の態度を持し、管轄下の濟南、袞州を相次いで喪失し、軍人の職務怠慢と認め、最も嚴重な處罰を加へることに一致、遂に軍法會議にかけられた結果、銃殺に決定。

蔣の長期戰略

わが政府の積極的なる對支聲明により、日支外交關係の事實上の破裂を見、蔣は益ゝ長期抗戰を

1400

圖八七

被押回武漢的日子。而根本不是「本件日期 1937/12/12」。

我們再看看日本檔案的記載。見日本國立公文書館「アジア歷史資料センター」(即亞洲歷史資料中心)保存檔案《韓復榘の死刑》,檔案編號為 C11110872200。

> 韓復榘の死刑
>
> 一月十一日、徐州にて李宗仁のため逮捕された山東省主席韓復榘は、十二日、漢口に護送され、軍事當局の取詞ぺの結果、韓は中央の命に從つたとはいへ、事實は何らの努力をもせず灰色的た日知見主義の態度を時し、管轄下の濟南、袞州を相次いで喪失し、軍人の職務怠慢と認め、最も厳重疫処罰を加へることに一致、遂に軍法會議にかけられた結果、銃殺に決定。

這封電文的大意是:

> 《韓復榘死刑判決》
>
> 一九三八年一月十一日,在徐州因為李宗仁的舉報而被捕的山東省主席韓復榘,十二日,已經被移送到漢口。根據國民黨軍事當局的調查結果,大家一致認為:韓復榘對中央的命令雖然口頭上服從,但是事實上他並沒有做任何努力,而是採取了曖昧的投機態度,致使他管轄下的濟南、袞州相繼失守,嚴重喪失了軍人的職責,應當加以最嚴厲的處罰。於是軍法會作出了執行槍決的決定。

第十五章
蔣介石殺韓復榘的真正原因大揭密

盡人皆知，世間流傳至今的蔣介石殺韓復榘是因為他不戰而退，為了保存實力。事實果真如此嗎？讓我們在本章中加以詳細考察。

一九三二年十月三日《馮玉祥日記》記載當時的韓復榘對於蔣介石要攻打韓軍的傳聞，認為「以韓說，尚不能成事實」。[1]但是，馮玉祥的日記是記載當時聞承烈、鄧哲嗣二人之言。也許是馮玉祥想說明韓復榘「無學問」的一個例證吧。同年的十月四日，余心清來見馮玉祥，轉告了馮玉祥：「他們（指蔣、何）對韓備戰事」。這是蔣介石要消滅韓復榘的前期準備。同年十月五日《馮玉祥日記》更進一步記載：「吳古月先生來，談蔣要用武力解決韓，告我注意。」[2]而當時韓復榘的反應則是：韓復榘已知有蔣介石的軍隊準備攻打他。但他還說「有把握」云云。[3]同年十月七日，在馮玉祥和韓復榘告別時，馮玉祥正式警告韓復榘：「我說陳、陳、楊、馬之事均可了結，為何山東不能呢？定有文章也。」[4]

同年十月十二日，因為韓復榘、劉珍年兩軍連日在山東掖縣、萊陽等地激戰。雙方誰也不能快速戰勝對方。同年十月十三日，韓復榘、劉珍年兩軍停戰。同年十月十八日，中華民國行政院電令韓復榘、劉珍年遵照中央所定解決辦法。第二天，何應欽致電韓復榘、劉珍年兩軍，撤退原防，指定掖縣、萊陽等五縣為劉防地，韓軍必須退出。同年十月二十一日，韓復榘不滿中華民國軍政部劃定劉珍年部防地辦法，電辭山東省府主席。這一天，蔣介石發出了這樣的話，代表了他內心深處對

1 《馮玉祥日記》卷三，江蘇古籍出版社，一九九二年，七〇二頁。
2 《馮玉祥日記》卷三，江蘇古籍出版社，一九九二年，七〇三頁。
3 《馮玉祥日記》卷三，江蘇古籍出版社，一九九二年，七〇三頁。
4 《馮玉祥日記》卷三，江蘇古籍出版社，一九九二年，七〇四頁。

韓復榘的真實態度：「但余既有預定方針，且準備亦未完事，何可因小不忍而亂大謀乎？忍之忍之，姑使此劣徒在魯，以作掩護，可暫免倭寇之妒嫉而著急也。」[1]

一九三三年四月二十五日《馮玉祥日記》中記載：「本日會劉熙眾，談及國是亡了少半，人是到處破產，如何能好呢？韓是非幹不可。」[2]

這裡還是指韓復榘的倒蔣之心。可見韓復榘、蔣介石內鬥一直很緊張。同年五月十三日日記中再次記載「韓有決心的事」，即倒蔣。同年五月十六日，馮玉祥給韓復榘寫信，委託李錫九轉交。顯然還是談論此事。

一九三三年三月二十四日，汪精衛提議國民政府嚴懲張學良的不抵抗行為。[3]馮玉祥以為「誠是」。顯然，他是支持嚴懲張學良的。畢竟張學良在中原大戰時進軍，導致了馮玉祥的下野。馮玉祥的日記中多稱張學良為「小張」。同年八月十一日《馮玉祥日記》記載：

十一時，溫晉城、李長清來。李談魯省韓復榘最近態度已較前不同。在韓、劉未作戰前，蔣介石對韓態度極為和藹，亦甚信任。自戰事發生，蔣態度即轉變，謂韓非心腹之人，終不可靠，故進來屢施壓迫及用離間計，使韓內部發生不安現象，而韓今確已自決矣。[4]

這已經是蔣介石、韓復榘徹底決裂的標誌。

---

1 引見《國史館館刊》，第二八期，五九頁。

2 《馮玉祥日記》卷四，江蘇古籍出版社，一九九二年，六〇頁。

3 《馮玉祥日記》卷四，江蘇古籍出版社，一九九二年，四八頁。

4 《馮玉祥日記》卷四，江蘇古籍出版社，一九九二年，一五三頁。

一九三三年十月三十一日，馮玉祥在日記中還如此發問：「東三省能收回不能收回？熱河能收回不能收回？政府是不是真賣國呢？」[1]特別是「軍隊已有十幾種待遇，此種不平等真是使人難忍。」可見，當時馮玉祥對蔣介石心存疑慮和不滿的。同年十二月六日《馮玉祥日記》記載，蔣介石想殺韓復榘之心，連宋哲元也看出來了：

> 今天談些韓、宋對大局事。韓主「即行組織政府」。宋主「幹是要幹，不可給閻某作了飯，以免我們一動閻即要官要錢來對我們。」但宋說，「福建若不能倒蔣，蔣必先逐韓後去宋也」云云。[2]

於是，同年十二月十三日，馮玉祥再次給韓復榘去信警告。同年十二月二十八日《馮玉祥日記》再次記載李炘所言「宋有反蔣可能及找韓所說之話」。[3]馮玉祥則勸告他注意謹慎外交。最後，當天日記馮玉祥還記載：「又告一事，用紙寫之，即『要幹速幹』也。」雖然馮玉祥並沒有寫明是什麼事，但是這一句「要幹速幹」的話，韓復榘已經多次提出過了，客觀

圖八八　韓復榘夫婦和蔣介石夫婦合影

1 《馮玉祥日記》卷四，江蘇古籍出版社，一九九二年，二一五頁。
2 《馮玉祥日記》卷四，江蘇古籍出版社，一九九二年，二四〇頁。
3 《馮玉祥日記》卷四，江蘇古籍出版社，一九九二年，二五〇頁。

上印證了馮玉祥「又告一事」就是倒蔣之事。同年十二月三十日《馮玉祥日記》還特別記載了「福建的事使我晝夜不安。韓對我說，他必動。」同年十二月三十一日《馮玉祥日記》又記載「推倒獨裁賣國政府。但是，辦起來時卻覺得很不容易也。」[1]

一九三四年一月五日，馮玉祥立刻將余心清來電中談到的福建情形派人轉告韓復榘，讓他充分瞭解事情進展。因為在這封密電中韓復榘告訴馮玉祥「軍事當局不願退集閩南作戰，現決調集大軍在閩北與敵相拚」。這一激烈戰鬥消息使馮玉祥有些絕望，他甚至想到了自殺，見一九三四年一月六日《馮玉祥日記》記載。[2]於是，同年一月七、八日兩天，馮玉祥要求別人向他彙報韓復榘、宋哲元對於福建戰事的態度。一周後的一月十四、十五日兩天，他又連續要人向他彙報福建戰況。可見，馮玉祥是極其希望福建可成或者此時韓復榘、宋哲元在北方發生倒蔣戰爭以呼應南方福建的。可是，這一局面沒有出現。同年一月十八日日記中記載馮玉祥「為福建的事，心中焦慮萬分」。[3]當然，福建倒蔣運動最後以失敗告終。韓復榘也幾個月沒來見馮玉祥。

馮玉祥總希望韓復榘、宋哲元能聯合閻錫山或者陳濟棠等人出現集團倒蔣的局面。但是這一願望最後落空。馮玉祥卻從來沒有認真而徹底反思落空的原因和教訓究竟是什麼。

梁漱溟認為，「蔣介石借此殺了韓復榘，是殺一儆百，還是消滅異己，史家評論，都認為著重在後者，我以為是有道理的。」[4]

---

1 《馮玉祥日記》卷四，江蘇古籍出版社，一九九二年，二五一、二五二頁。
2 《馮玉祥日記》卷四，江蘇古籍出版社，一九九二年，二五八頁。
3 《馮玉祥日記》卷四，江蘇古籍出版社，一九九二年，二六四頁。
4 參見《梁漱溟答汪東林》，載《人物》一九八六年第六期。

直到一九三四年三月二十三日，韓復榘來泰安剿土匪劉桂棠的軍隊。這一天，韓復榘建議馮玉祥到蓬萊各處一遊。同年三月二十五日《馮玉祥日記》記載了「劉桂棠之害民，是蔣、何二人所養成」。[1]而韓復榘圍剿劉桂棠，蔣介石在幾天前就已經致電韓復榘、劉峙等人，要求圍剿劉桂堂，防止劉軍向東逃跑。[2]

因為韓復榘在山東剿匪，大見成效。一九三四年九月十七日，蔣介石準備將韓復榘調到江西攻打蘇區。並且已經致電曹浩森、周駿彥，要求即刻匯給韓復榘部開拔費五萬元，並讓他們預備船隻運送韓軍來九江：

圖八九　韓復榘與宋哲元合影

> 羅匪近由閩北竄，致後方不安。兄部可否即日出發？協助清剿，以固後方。如能於本周內達到九江，尤為切盼。[3]

蔣介石以為這樣一來可以既解決江西蘇區，又可以免除他對山東出現自治的擔心。可以說是一

1《馮玉祥日記》卷四，江蘇古籍出版社，一九九二年，三〇〇頁。

2 見《蔣中正電示韓復榘劉峙劉鎮華王均希協商會剿劉桂堂匪部以防東竄》，檔案編號002-010200-00109-019。

3 見臺灣國史館保存檔案，編號為002-060100-00086-017。

箭雙雕的好計畫。如果真的施行了，相信韓復榘就徹底躲避了因為主動撤離戰場而被殺的結局。這一天蔣介石一天連續三次致電韓復榘，可見這件事對雙方來說都很重要。

一九三五年一月三日，山東省政府委員張葦村在看戲時突然遇刺身亡。同年一月四日《馮玉祥日記》記載：「我以為南京之任意殺人，處處都可以證明。」[1]同年一月五日《馮玉祥日記》又記載：「談明日去見韓，我告以四事：一、為張須拿兇手。」[2]可見，韓復榘最初不想多管閒事，害怕得罪蔣介石的人。但是馮玉祥讓他抓人。同年一月十日，韓復榘將刺殺張葦村的人抓捕。劉定五將此事向馮玉祥彙報。韓復榘決定公開調查此事的態度，由此激怒了蔣介石。同年一月二十六日，為了證明自己的清白，蔣介石連續致電韓復榘，決定徹查此案。[3]

司徒雷登曾因赴山東募集中國教會大學捐助而與韓復榘結識，作為一個外國人他是如此講述蔣、韓關係的：

另一個獨立的地方高官是韓復榘，他能夠在國民政府之下保留自己的勢力。從很多方面來說，他都是一個進步的統治者。比如，他清剿了全山東的土匪。不過他這個人十分獨裁。日本人幾次三番地要拉攏他，他本人雖然也想站在一個堅定的立場上，但又擔心蔣介石不支持他。一九三五年，我去見蔣委員長，韓主席托傅涇波和我同去，以確定他的態度。一上來，蔣

1 《馮玉祥日記》卷四，江蘇古籍出版社，一九九二年，四七一頁。
2 《馮玉祥日記》卷四，江蘇古籍出版社，一九九二年，四七二頁。
3 見《蔣中正電韓復榘：徹查張葦村案其辦法已囑張靜愚面告》和《蔣中正電韓復榘：嚴緝張葦村兇犯以慰英魂》，編號為002-070100-00038-073和002-010200-00126-030。

介石就勃然大怒：「國策這種事，這些地方官無權過問。國家大事自然有人處理，你們只需要做好自己的工作。」

我向他解釋：「理是這個理，可數百年來，中國不是法治，而是人治。在中國文化中，最高尚的品德是忠心。想讓他們成為你真正的朋友，就需要和他們搞好關係。」

蔣介石被我這番話氣得夠嗆，最後他冷靜下來後說：「好吧，你跟他說，他只要堅守陣地，我就會不離不棄。」[1]

一九三五年四月四日，蔣介石借著給軍事將領評級的機會，再次開始拉攏馮玉祥。當天的《馮玉祥日記》記載：「晚見南京寄來之陸軍上將一級的公文，其意何在，明眼人無不知之也。」[2]而在《蔣介石日記》一九三五年九月二十九日卻如此記載他當天和日本司令官多田駿面談後的感想：「倭寇多田宣言，詈罵詆毀，對我黨國誣衊極矣。其政府又聲明取消此種蠻橫威逼。倭情上下既背離，內外又矛盾，其亂亡將不旋踵而至。惟國人識淺，魯韓（指韓復榘）態度可慮耳，華北偽組織醞釀，其必出現乎。」

同年十月三十一日，《蔣介石日記》再次記載：

（一）倭寇在華北策動五省自治獨立，必欲於六中全會或五全大會時達成目的，對各省主官威脅利誘，無所不至。魯韓尤為動搖，而閻（指閻錫山）則深明大義也。（二）由川飛陝豫

1 司徒雷登《原來他鄉是故鄉：司徒雷登回憶錄》，杜智穎譯，江蘇人民出版社，二〇一四年。又見團結網：http://www.tuanjiebao.com/lishi/2016-07/26/content_72276.htm。

2 《馮玉祥日記》卷四，江蘇古籍出版社，一九九二年，五一五頁。

入晉，訪問閻百川，商談國事，彼面允入京，參加大會，並表示拒絕華北自治運動，此於華北局勢實一轉危為安之先著也。(三)電邀南北委員入京參加大會，閻、馮皆如期來京，而電胡回國，粵方對大會共同一致，不加異議，此實本黨復合之先著。

而一九三五年十一月十一日，馮玉祥到南京出席了「五全大會」。同年十一月十五日，馮玉祥在開會時見到蔣介石。蔣介石對於韓復榘的評價是：「向方能抗為最好。蔣自己『帶隊去援助他』。」[1]當時蔣介石公開表示「對日非抗不可」的態度。這些被馮玉祥詳細記載在日記中。可見，當時蔣介石一直在擔心韓復榘會出現自治的問題。這段時間韓復榘做了什麼？根據我們前面的研究，知道當時正是日方抓緊時間多人次和韓復榘見面策動他自治的關鍵時期。這個時期，蔣介石得到了什麼樣的內線情報使他對韓復榘感到擔憂，在本書的第十三章「日方對韓復榘的打算」中我們大致已經揭示了。因此之故，當時的韓復榘已經給蔣介石留下了「能抗為最好」(即不抗戰)的擔心！

一九三六年一月十二日《馮玉祥日記》中設想：「如日人攻平、保如何？我以為韓應出兵抄敵之側背。如敵攻山東如何？則徐州應出兵援山東也。」[2]特別請注意這句話：「如敵攻山東如何？則徐州應出兵援山東也」。這是馮玉祥的軍事眼光，也是韓復榘的底線！一旦蔣介石的中央軍沒有親自援助韓復榘和山東，則韓復榘自以為可以自行決定的時刻來了。一九三六年二月三日，馮玉祥和蔣介石面談時如下記載：「又談明軒回山東事，請其派人去看，請其特別注意。蔣亦甚注

1 《馮玉祥日記》卷四，江蘇古籍出版社，一九九二年，六三九頁。
2 《馮玉祥日記》卷四，江蘇古籍出版社，一九九二年，六六九頁。

意。」[1]

這個記載證明了當時蔣介石對韓復榘的不放心！馮玉祥本著主動請蔣介石派人去查看山東情況，以圖達到為韓復榘解釋的效果。但是蔣介石的過分關注反而讓馮玉祥有些不知所措。同年二月四日，韓復榘來電給馮玉祥，闡明見到了明軒（指宋哲元）。當時的韓復榘，宋哲元以「形容憔悴，諸事困難」八個字說明。[2]同年二月七日，鄧仲芝歸來見馮玉祥，詳細說明了見到韓復榘的全部談話，並攜帶了一封韓復榘給馮玉祥的親筆信。該信內容，《馮玉祥日記》中沒有公佈。同年二月十二日梁式堂來見馮玉祥，彙報宋哲元當時抗日的堅決態度。馮玉祥頗欣慰。他日記寫到：「宋能忠於國家，我的臉上亦稍覺好看」。[3]顯然，他是在擔心韓復榘。同年二月二十日，這一擔心表現出來：

> 同熊哲民談，此次到山東一去一來的結果很好。韓說：「希望中央有辦法」。熊告以「辦法有的：一、一定抗日。二、竭力準備。三、找機會再打。」韓對此甚滿意。三個團體：一政、二軍、三顧，此三團體均以韓須抗日，故未出事云。[4]

韓復榘的「希望中央有辦法」表態，已經把他的無奈和無能的底線透露出來。但是熊哲民的三點答覆，顯然不是出自他本人，應該是代表了蔣介石、馮玉祥二人對他的答覆「一、一定抗日。二、

1 《馮玉祥日記》卷四，江蘇古籍出版社，一九九二年，六八〇頁。
2 《馮玉祥日記》卷四，江蘇古籍出版社，一九九二年，六八一頁。
3 《馮玉祥日記》卷四，江蘇古籍出版社，一九九二年，六八三頁。
4 《馮玉祥日記》卷四，江蘇古籍出版社，一九九二年，六八六頁。

竭力準備。三、找機會再打」。這裡使用的「一政、二軍、三顧，此三團體均以韓須抗日」進一步表達了馮玉祥對韓復榘的擔心。所以才使用了因為有上述三個團體存在和施加壓力，韓復榘因此而「故未出事」。

當時，韓復榘在軍事上的最大困難是以下兩點：一、所謂雜牌軍隊，人人自危，不敢打仗。二、所謂雜牌軍隊，平時餉少，戰時不補充。[1] 韓復榘很清楚自己的這一位置。他尤其不想在整個國家並沒有正式向日宣戰之時，他就山東犧牲自己的地盤和軍隊去和日軍進行零星的反抗。他認為那是蔣介石又在使用他的借刀殺人、排除異己的一貫把戲。

一九三六年六月七日，馮玉祥特別寫信給韓復榘：「熊哲民先生來，要往山東去。我告以到山東要注意。並寫信一封，對韓有點暗示。」[2]

究竟在暗示什麼？馮玉祥雖然沒有在日記中寫出。但是他在第二天的日記中一開始卻莫名其妙地如實記載為：「不論怎樣，自己不可打起來，須要平心靜氣的想一想方好。」[3] 根據《蔣介石事略稿本》一九三六年六月二十二日記載：

上午，接宋哲元、韓復榘聯名通電。致慮。應注意三點：一、宋、韓聯名致國府「馬電」，其通逆跡象已灼然若見矣。二、對宋、韓仍應曉以利害與大道。[4]

---

1 《馮玉祥日記》卷四，江蘇古籍出版社，一九九二年，七三一頁。
2 《馮玉祥日記》卷四，江蘇古籍出版社，一九九二年，七三五頁。
3 《馮玉祥日記》卷四，江蘇古籍出版社，一九九二年，七三六頁。
4 見臺灣國史館保存檔案，編號為002-060100-00114-022。

請注意，這裡使用了「馬電」一詞，時間是一九三六年六月二十二日。和西安事變後出現的所謂「馬電」是風馬牛不相及的事情。這是蔣介石對宋哲元、韓復榘極端不信任的一次表示。當年的六月二十五日，《濟南日報》發佈了宋哲元、韓復榘決定不傾向中央和兩廣任何一方的中立態度的和平通電。這讓蔣介石略為放心。因為這一時期的蔣介石在面對南方的兩廣反叛之時，最擔心北方的宋韓也聯名反叛，那樣的話就會出現南北同時夾擊南京政府的局面。

到了同年七月九日的日記中則終於明確寫出了蔣介石要發起攻打兩廣、處理陳濟棠的軍事行動。這為我們提供了馮玉祥暗示的內容是什麼！即，馮玉祥暗示韓復榘：蔣介石為了報復當年的倒蔣行為已經開打兩廣了，很快就要打韓復榘。因為韓復榘和兩廣一直有結盟關係。所以，蔣介石本人在一九三六年七月十四日當面告訴馮玉祥：「最好韓、宋二位不管此事，因恐時太久發生意外之事」，蔣介石又說「已見式堂先生，告知其意，請其函告韓」。[1]當時，蔣介石已經接到密報：宋哲元和韓復榘二人可能要付逆、成立華北自治政府。他甚至要向閻錫山請教如何對付宋哲元和韓復榘二人！證據可見：臺灣國史館保存檔案《蔣中正接宋哲元、韓復榘聯名通電：其通逆結寇之陰謀，已灼然若見》、《又預定問閻錫山：對宋哲元、韓復榘之道，另注意倭態與其陰謀並共匪之趨向》，編號為 002-060100-00114-022 和 002-060100-00114-024。

一九三六年六月二十五日，馮玉祥寫信給韓復榘，委託梁式堂轉交。同年七月二十一日，馮玉祥再次寫信給韓復榘。同年八月十七日，馮玉祥見到張嶽軍，於是二人又談到韓復榘：「見張嶽軍

1 《馮玉祥日記》卷四，江蘇古籍出版社，一九九二年，七五五頁。

先生，談在青島見韓之事。又談到何其鞏之起電稿末有頭尾，韓看過始加頭尾之事。」[1] 同年八月二十一日《馮玉祥日記》記載：

> 同吳蔭卿先生、李協和先生、陳雪軒在功德林吃素飯，……陳雪軒說：「宋可靠，韓油滑。」……唯他說北方無坦克車及高射機槍等，乃是實話。[2]

可見，武器的欠缺是馮玉祥、韓復榘二人的心病！這是最基本的事實。但是，蔣介石為了保證支持韓復榘抗日，一九三六年八月十四日，他特別下令：要求必須給韓軍足夠的武器！證據請見：臺灣國史館保存檔案《蔣中正電囑何應欽分期發足韓復榘所需軍械》，編號為 002-010200-00164-037。糾纏蔣介石在關鍵時刻從韓軍撤走了重炮武器才造成韓復榘主動逃跑的傳言和觀點。因此，武器彈藥的欠缺之說並不是韓復榘主動撤離戰場的根本原因。

西安事變發生後，韓復榘和宋哲元再次聯名發表和平通電。馮玉祥將此事記錄在日記中。[3] 但是，這件事似乎引得蔣介石不高興。因為在同年十二月三十一日，馮玉祥見戈定遠時，戈定遠向他轉達了四個要點：

> 一、說韓、宋通電係韓主稿。二、韓在原稿又加幾句，宋不知道。三、韓的手續似有不妥。四、已見蔣先生，然未多談。

1 《馮玉祥日記》卷四，江蘇古籍出版社，一九九二年，七七七頁。
2 《馮玉祥日記》卷四，江蘇古籍出版社，一九九二年，七八〇頁。
3 《馮玉祥日記》卷四，江蘇古籍出版社，一九九二年，八六一頁。

而馮玉祥這時已經感到了問題的嚴重性，他為韓復榘進行了三點解釋：

一、庸之說，「韓、宋個人之電均為擁護中央，而此電不同，奇怪。」二、不是仔細看稿之人，難免受人之愚。三、當時我說：「韓、宋在北伐時，皆勇敢善戰，但讀書太少，心思太粗，發電前必未一句一字有所研討，可以不必顧慮，不過去人看看，把中央意旨詳告，確有必要。然所去人選，須特別注意，既須老成，說話又須為韓、宋素所尊重之人，最好如朱子橋先生為最合用也。」孔、林、程均以為然，李陶亦以為然，故定朱先生去云。[1]

問題的嚴重性在此表現出來！按照《民國人物傳．韓復榘》一書的記載：

一九三七年冬，蔣介石退出南京，到達武漢，準備入川。韓復榘與劉湘密謀，企圖由劉湘封閉入川道路，不讓蔣介石入川；韓則準備向南陽、夜樊、漢中一帶撤退，並派人聯絡宋哲元，要宋部撤守潼關以西，然後由劉、韓、宋聯合倒蔣。蔣介石接到了這一策劃的密報，遂決心殺韓。[2]

但是，這一說法我尚未見到有力的證據和檔案材料。可以說，根本不存在所謂的「韓復榘與劉湘密謀，企圖由劉湘封閉入川道路，不讓蔣介石入川」的事實。相反，我們根據秦孝儀《總統蔣公大事長編初稿》一書記載得知：

---

1 《馮玉祥日記》卷四，江蘇古籍出版社，一九九二年，八六九頁。

2 《民國人物傳．韓復榘》，中華書局，一九七八年，二四七頁。

中華民國二十六年（一九三七）
十一月十二日
決定遷都重慶。先是公於民國二十四年入川剿匪之際，即認定四川為民族抗戰復興基地。蓋其地大、物博、人衆，足以支援長期戰爭，且四川深入內陸，不致遭受敵人之直接威脅。迄川康軍整理方案完成，省主席劉湘近復來京請示整理四川財政方針及川省國防建設計畫，並力促中樞遷川，領導長期抗戰。[1]

而且，在一九三八年一月二十日，當川康綏署劉湘主任在漢口病危時，蔣介石親自前往探視：「旋得其於當日去世消息，頗悼惜之。二十二日，國民政府令：任命張羣為四川省政府主席。又令褒揚劉湘，追贈陸軍一級上將。[2]因此，上述「韓復榘與劉湘密謀，企圖由劉湘封閉入川道路，不讓蔣介石入川」之說是無中生有、造謠中傷的虛假的口述史料，完全不可以相信。

一九三七年的最後一天，蔣介石致電韓復榘，要求他務必帶兵返回泰安、臨沂一帶，絕對不可將國土白白送給日軍，該電文如下：「第三路軍向方兄所部，務希遵照前令，其主力須分佈於泰安至臨沂一帶泰山山脈地區之各縣，以為將來收復失地之根據，萬勿使倭寇垂手而定全魯也。」[3]原始照片如圖九〇。

---

1 見http://dbj.sinica.edu.tw:8080/handy/index。

2 見http://dbj.sinica.edu.tw:8080/handy/index。

3 見《蔣中正電李宗仁第三路韓復榘部務遵前令其主力分佈於泰安至臨沂》，檔案編號002-020300-00010-002。

但是，韓復榘沒有執行。應該說，這才是蔣介石最終決定殺韓復榘的致命導火線。如果真的是因為他在此之前的幾次主動撤退而放棄了濟南和泰安、大汶口等地，那麼就不會出現十二月三十一日的蔣介石再次下達軍事部屬的問題了！因為，我們發現在此之前，韓復榘的每一次撤離行為均通知了蔣介石，至少是得到了蔣介石的認可。如果韓復榘能夠在一九三七年十二月三十一日繼續接到蔣介石的軍令和軍事部署後，證明了當時的蔣介石認可了韓復榘在幾個城市以往就出現過的軍事撤退行為。只要韓復榘可以立刻帶兵「分佈於泰安至臨沂一帶泰山山脈地區之各縣」，也就是蔣介石安排他留下來與日寇打游擊戰，那麼韓復榘的戰略撤退將得到認可和免責。但是，韓復榘不是不想這樣做，只是因為他選定的游擊地點是武勝關，而不是泰山山脈地區。

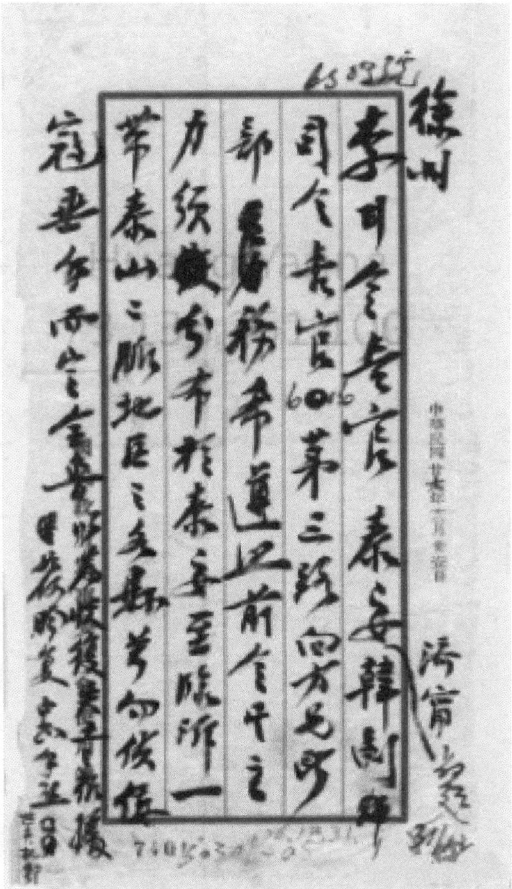

圖九〇

一九三八年一月十一日，蔣介石召開高級軍事將領會議，討論對韓復榘的處理問題。蔣認為：「因其抗戰以來，迭次不遵命令，擅自撤守，致軍事上重大損失。」最後，大家一直通過決議，對韓復榘撤職拿辦。

第十六章
韓老太爺和侯寶林：究竟誰在「關公戰秦瓊」

無論蔣介石內心中殺韓復榘大真實理由是什麼，總之，韓復榘被殺成為抗日戰爭時期的蔣介石的祭旗，這是無可改變的歷史事實。

韓復榘生前無論如何也設想不到：在一九四九年新中國建國後，他居然再次成為人民大眾娛樂文化的反面角色。不過，這次被娛樂的重點卻是他的父親韓老太爺。這就是盡人皆知的著名相聲《關公戰秦瓊》。

這個段子說的是民國早期時代一個戲班子到韓復榘的父親家去給韓老太爺祝壽唱堂會，據說當時上演了京劇名段《千里走單騎》、《過五關斬六將》。而壽星佬韓老太爺因為不知道戲劇舞臺上的「紅臉」演員是誰？在得知原來是關公後，問手下人這個關公是哪兒的人？在得知關公的家鄉為山西運城後，立刻質問「山西人為嘛到我們山東來殺人？有我們的命令么？你知道他是誰的人不？他是閻錫山的隊伍！」一表示了強烈的不滿，並當場要求演員們唱一段隋唐時期山東大將秦瓊和這個山西大將關公比武的戲。因為關公和秦瓊相差幾百年之多，因此鬧出了極大的笑話。

這段相聲如下：

侯寶林：您說那年頭兒戲園子裡夠多亂？

圖九一

郭啟儒：有人說堂會戲還好點兒。
侯寶林：啊，堂會戲呀？更亂了。
郭啟儒：堂會戲也亂哪？
侯寶林：有一次我在山東濟南，就在大軍閥韓復榘他們家裡頭看了一回堂會戲。
郭啟儒：就是那個大軍閥呀！
侯寶林：對呀，給他爸爸辦生日。呵，那天戲挺熱鬧。
郭啟儒：都演的什麼戲呀？
侯寶林：那天呀？那個戲，頭一齣是《百壽圖》。
郭啟儒：那是拜壽的戲嘛。
侯寶林：第二齣是《御碑亭》大團圓。
郭啟儒：吉祥啊。
侯寶林：三一齣是紅淨戲。
郭啟儒：什麼戲？
侯寶林：《千里走單騎》關雲長過五關斬六將……
郭啟儒：這個戲是文武帶打啊！
侯寶林：是啊。那壽星佬坐在頭一排。就是那個韓復榘他爸爸。
郭啟儒：為他演的戲嘛。
侯寶林：人家別人都叫好。他不願意聽。
郭啟儒：他不愛看？

侯寶林：《千里走單騎》唱得正熱的時候。
郭啟儒：嗯。
侯寶林：他站起來了：「別唱了。你們這是嘛戲啊？都下去！」
郭啟儒：轟了啊！
侯寶林：把你們的管事的叫來。
郭啟儒：怎麼了？
侯寶林：演員不知道怎麼回事啊。
郭啟儒：就是啊。
侯寶林：趕緊跑下去了。管事的來了：「老太爺，您有什麼吩咐啊？」
郭啟儒：對啊，什麼事啊？
侯寶林：你們唱的這是嘛戲啊？
郭啟儒：聽了半天不知什麼戲。這是《千里走單騎》關公戲。
侯寶林：那紅臉的是誰啊？
郭啟儒：好嘛，不知道是誰？紅臉的那是關雲長啊。
侯寶林：那關雲長他是哪裡的人啊？
郭啟儒：他是山西人。
侯寶林：山西人？
郭啟儒：哎。
侯寶林：山西人為嘛到我們山東來殺人？

郭啟儒：怎麼了？
侯寶林：有我們的命令嗎？你知道他是誰的人不？
郭啟儒：他是誰的人啊？
侯寶林：他是閻錫山的隊伍。
郭啟儒：什麼亂七八糟的這是。
侯寶林：為嘛不唱我們山東的英雄？
郭啟儒：關公也是英雄啊！
侯寶林：我們這裡有好漢秦瓊秦叔寶為嘛不唱呢？
郭啟儒：哦，愛聽秦瓊的戲。
侯寶林：是。老太爺，不知道您喜歡聽什麼戲？那就請您點戲吧。
郭啟儒：你點一齣吧。
侯寶林：我問問你：「是這個關公的本事大還是這個秦瓊的本事大？」
郭啟儒：他們這事誰知道啊？
侯寶林：他們倆人沒比過。
郭啟儒：不是一朝代的。
侯寶林：今天讓他們比比。
郭啟儒：哦，比比啊？
侯寶林：來個《關公戰秦瓊》
郭啟儒：好嘛！

在《我的父親韓復榘》一書中，韓子華先生十分輕描淡寫地答覆了這一問題：

二〇世紀五六十年代，有段相聲《關公戰秦瓊》，說的是前山東省政府主席韓復榘在濟南為其父祝壽，辦堂會，壽公亂點戲譜，鬧出諸多笑話。父親一九三〇年九月在濟南出任山東省政府主席，而爺爺早於一九二五年即在北京去世，何來濟南祝壽之說？[1]

然後，該書還特別提供了一段文字講述現今的學者對侯寶林藝術改編《關公戰秦瓊》的意見：

大連大學師範學院原名譽院長於植元教授在一次學術報告會上講：「有一年，我和侯寶林先生在一起半個多月，我說：你那個相聲《關公戰秦瓊》得改，為什麼？因為韓復榘雖是軍閥，但他是一位學者。他的古文字學、音韻學的修養很深，詩寫得好，字也不錯。記得黃侃先生有一次在北京講學，回來很激動地說：『我發現了一個人才——韓復榘，那麼多人聽我講學，只有韓復榘全懂。他對古音韻學超出一般人的理解。他是大家，詩寫得好，字寫得好。』瀋陽故宮裡有他的字。寫文藝作品的人誤會了他，他們是把山東督軍張宗昌的事給韓復榘安上了，相聲上這麼一講，韓復榘就是魯莽之人了，這個東西很可怕。所以我們現在不學歷史，只看文藝作品，看電影，聽相聲，以後還不一定把人都教成什麼樣子了。」[2]

這裡最為核心的史料就是韓復榘一九三〇年九月在濟南出任山東省政府主席之時，而他父親韓

1 《我的父親韓復榘》，中華書局，二〇一三年，二三〇頁。
2 《我的父親韓復榘》，中華書局，二〇一三年，三六頁。

老太爺已經逝世五年之久！在這個問題上，究竟誰在「關公戰秦瓊」這還用說嗎?!

根據史料記載：

一九三〇年九月五日，中華民國政府國務會議決定：改組山東省政府，韓復榘接替陳調元，出任省政府主席。

在整個民國時期的山東省，舉辦過堂會為自己父親祝壽的唯一的一個山東軍閥就是張宗昌。一九二五年四月開始，他被張作霖任命為山東軍務督辦。直到他一九二八年九月逃亡大連，實際統治了山東省四年。歷史上的張宗昌並非時下所流傳的「狗肉將軍」！在軍事實力上，他擁有當時中國最精銳的裝甲列車部隊，是近代中國裝甲戰車之父。

但是，實際上最早表演《關公戰秦瓊》這段相聲的人是天津市著名相聲表演藝術家小蘑菇。小蘑菇是相聲大師常寶堃的藝名。他生於一九二二年，一九五一年四月二十八日犧牲在抗美援朝慰問演出活動中。

而在相聲大師常寶堃表演的那段相聲裡的主人公並不是韓復榘及其父親韓老太爺，而是舉辦過堂會為自己父親祝壽的山東軍閥、有著「中國裝甲戰車之父」稱號的張宗昌。

將這一傳統相聲加以改編的卻是侯寶林。正是在他筆

圖九二　張宗昌與韓復榘像

下，《關公戰秦瓊》的主人公成了韓復榘。隨著侯寶林傑出的表演及其日益增加的聲譽，連帶著這一相聲段子也日益著名、盡人皆知！

黃德和在《〈關公戰秦瓊〉的由來》一文中陳述：「據《中國相聲史》記載，《關公戰秦瓊》這段相聲早在三〇年代即已問世。」該文記載這段相聲的創作人是長期在北京和西安兩地表演相聲的著名相聲表演藝術家張傑堯。他生於一八九三年，一九七一年逝世。

雖然有些人努力將此段相聲的創作素材上溯到晚清和民初。但是完整的《關公戰秦瓊》卻是出現在上個世紀三十年代。和韓復榘、和韓老太爺沒有任何關係。真正的關聯人是張宗昌。他熱衷於辦理祝壽活動。在主政山東期間短短四年就主辦了多次祝壽活動，每年有四大壽慶：他自己、他親生父母、他的養母。此外，他還給自己的兩個姨太太舉辦壽慶活動。一九二五年四月二十九日至五月一日，張宗昌以山東軍務督辦的身份，首次為生母祝壽，舉辦堂會，約請了著名京劇表演藝術家言菊朋、程硯秋、蔣君稼等到家。這才是《關公戰秦瓊》這一相聲素材的直接來源。因此，《關公戰秦瓊》這一相聲的產生最早不會早過一九二五年五月，最晚不會晚於一九三〇年九月！這是筆者對這個問題的考察和結論。

有人主張：侯寶林在五十年代初因回應當時批判梁漱溟這一時代條件下才對相聲進行了改編，將主角換為韓復榘。

圖九三　著名相聲表演藝術家小蘑菇像

圖九四　著名相聲表演藝術家張傑堯像

即，為了回應批判梁漱溟的號召，才揭批當年賞識梁漱溟並支持他在民國時代大搞「山東鄉村建設運動」的韓復榘。是否如此，請讀者自我思考和判斷。

當然，我們很高興看到，今天這個相聲段子已經被修改了。不再提是韓復榘和韓老太爺的名字了。這是一個正視歷史的進步。

但是，在侯寶林版的《關公戰秦瓊》中，韓復榘的老爸韓老太爺成了一個無知、粗暴、蠻橫的地方土豪、惡霸的典型代表和典型形象。歷史上的韓老太爺究竟是怎樣一個人物呢？讓我們進入下一章的敘述和考察。

第十七章
歷史上的韓老太爺究竟是怎樣一個人物

根據《霸縣新志．韓淨源先生墓表》記載，韓復榘的老爸韓老太爺，原名韓世澤，字淨源。而韓宗喆在《韓復榘與西北軍》一書中卻介紹說：

韓復榘的父親韓世澤，字靜源，生於清咸豐十一年（西元一八六一年），耕讀為業，家道小康，光緒十二年（西元一八八六年）為博士弟子（秀才），後在本村和鄰村任塾師多年。村塾收學費極廉，每個學生一年不過五百枚制錢，教授幾十名學生也就是五吊錢，如此微薄的收入，實難養家，韓世澤還要下河撈魚捕蝦，以維持家庭生活。光緒二十八年（西元一九〇三年），朝廷提倡新學，霸州開始興辦新式學堂。韓世澤被鄉人公舉赴縣城參加師資甄別，合格後任本村初等小學堂教員。一九二五年秋，韓世澤病逝於北京西城毛家灣七號寓所，享年六十四歲，臨終前遺訓子孫：「世世勿忘為讀書人。」[1]

這裡主張韓世澤「字靜源」，根本沒有提到過韓世澤「字淨源」的地方方誌記載。但是，我在《霸縣新志．韓淨源先生墓表》中並沒有發現類似於韓世澤「又字靜源」之類的記載。按照原始版本的家譜族譜及其抄件的權威性要遠遠大於地方誌史料記載這一角度來說，如果韓家的原始家譜、族譜中沒有力證支撐韓世澤「字靜源」的話，那麼，《韓復榘與西北軍》一書中所介紹的「韓復榘的父親韓世澤，字靜源」應該值得商榷。

而在《民國人物傳．韓復榘》中居然介紹說：「父韓靜原」。[2]可見此文作者的輕率和失於考證。

1 《韓復榘與西北軍》，團結出版社，二〇一二年，三頁。

2 《民國人物傳．韓復榘》第一卷，中華書局，一九七八年，二四三頁。

按照《霸縣新志．韓淨源先生墓表》記載，韓世澤的祖籍，則是「世居武昌蒲圻。明永樂間徙順天霸州，即今霸縣。世以儒術著。」這裡的「蒲圻」，也就是今天的赤壁市。當時隸屬於武昌縣。這是韓家遠祖祖籍。

韓宗喆《韓復榘與西北軍》一書介紹：

據韓氏族譜記載：韓氏祖居湖廣布政司武昌府蒲圻縣（今湖北省赤壁市）大車裏村。「蒲圻」因「湖多蒲草」而得名，三國時期孫權在此設縣。[1]

而這支韓氏，則是「明永樂間徙順天霸州，即今霸縣。世以儒術著。」《霸縣新志．韓淨源先生墓表》中並沒有說明「世居武昌蒲圻」時代是否家族就已經「世以儒術著」這一問題。但是，從明代永樂年間遷移到順天府霸州以後，才出現了「世以儒術著」這一現象。

圖九五　韓復榘的祖籍所在地

韓宗喆《韓復榘與西北軍》一書介紹：

韓氏自第八代至第十七代有男性直系後裔二〇人，皆為學子，其中庠生（科舉制度中府、州、縣學生員之別稱）九人，貢生（挑選府、州、縣秀才中成績優異者，升入京師國子監讀書，稱為「貢生」或「太學生」）九人。韓復榘（韓氏第十八代孫）之父是秀才，祖父和叔父都是

1 《韓復榘與西北軍》，團結出版社，二〇一二年，二頁。

圖九六　霸州的地理位置

圖九七　霸州名勝張家大院

太學生。[1]

這一介紹是可信的，基本可以在《霸州州志》和《霸縣新志》中得到記載和反映。因此，至少到了韓家遷移到順天霸州為止，韓家並不是一個無知、粗暴、蠻橫的地方土豪、惡霸的典型代表和典型形象。

那麼，地方誌中記載的韓老太爺是個什麼樣的人呢？讓我們先將這一史料記載如實公佈如下：

我們將這篇珍貴的史料全文抄錄如下：

《霸縣新志．韓淨源先生墓表》

霸縣高步瀛撰文

恩施幡增祥書丹

先生諱世澤，字淨源。姓韓氏。世居武昌蒲圻。明永樂間徙順天霸州，即今霸縣。世以儒術著。曾祖允訥、祖曾玉。考應徵，妣氏楊。兄弟二人。先生其長也。先生之子復榘，娶予從兄之子，故予與先生為婚姻，而予幼居外方，戚友多不相知。民國

1 《韓復榘與西北軍》，團結出版社，二〇一二年，二頁。

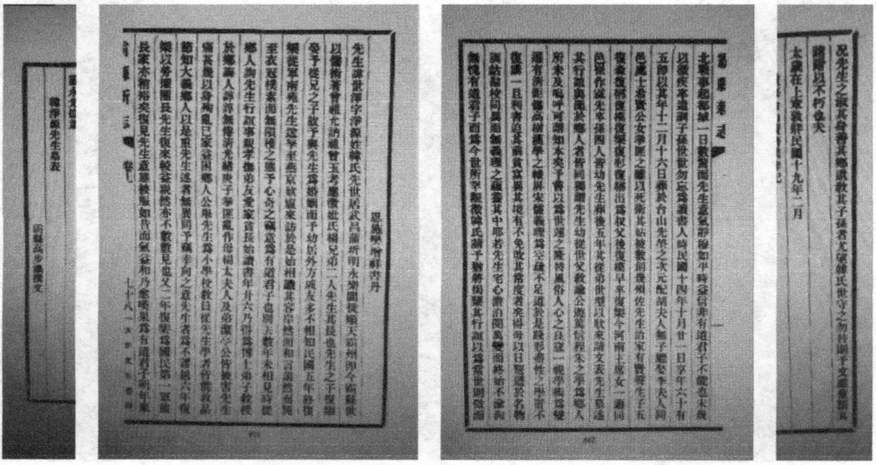

圖九八　地方誌史料記載的真實的韓復榘的父親韓老太爺

五年終，復榘從軍南苑。先生送拏至燕京，款廬來訪。於是始相識。其容岸然，而和言藹然而朏。至衣冠樸素，而無隕獲之態。予心奇之，竊意為有道君子也。

別去數年未相見。時從鄉人詢先生行誼，事親孝，撫弟友愛。家貧，長始讀書。年廿六乃得為博士弟子，教授於鄉，誨人諄諄無倦。

清光緒庚子，拳匪亂作，母楊太夫人及弟潔亭公皆被害。先生痛甚，幾以身殉亂已。家益困，鄉人公舉先生為小學教員。從先生學者皆能敦品節、知大義。鄉人以是重先生述者，無異同。予竊幸向之意先生者，為不謬。

越六年，復榘以勞擢團長。先生復來較益親然不數數見也。

又二年復榘為國民第一軍旅長，家亦稍裕矣。復見先生意態被服如昔而氣益和，乃愈歎為有道君子。

明年，東北戰事起。都城歷數驚。而先生意氣靜穆如平時，益信非有道君子不能也。未幾以微疾卒。遺訓子孫：「世世勿忘為讀書人」。時民國十四年十月廿一日。享年六十有五。即以其年十二月十六日，葬於臺山先塋之次。

元配胡夫人，無子。繼娶李夫人，同邑處士希賢公女。拳匪之難，以死衛其姑，被數創幾殞。佐先生治家，有賢聲。生子五：復森、復棶、復模、復榘、復彬。復棶出為叔父[子]。後復模早卒。復榘今河南主席。女一，適同邑崔作霖。先卒。孫四人，皆幼。

先生葬後五年，其從弟世望以狀來，請文表先生墓。述其行誼與聞於人者，皆同獨謂先生「幼從世父教諭公遊。篤信程朱之學，為鄉人所未及。」嗚呼！可謂知本矣。

予嘗以為世運之隆替，風俗、人心之良窳，一視學術為變所遷。有清鉅儒，高樹漢學之幟，屏宋儒義理為空疏不足道。於是踐形盡性之學，置不復講。一旦利害迫其前，貧富異其境，有不免改其常度者矣。得毋以日襲孽於名物訓詁，勘校同異而無義理之蘊養其中耶？

若先生宅心澹泊，閱萬變而終不淪洵，無愧有道君子而為今世所罕覯。微韓氏請予猶將揭櫫其行誼，以為當世則效而況先生之淑其身、著其鄉、遺教其子孫者，尤望韓氏世守之勿替，則予文雖蕪類其諸附以不朽也夫！

這段見於史冊的文字，真實記載了韓老太爺的一生。

我相信侯寶林在改編《關公戰秦瓊》時絕對不知道有這樣一個真實的歷史文獻在世，否則他斷然不敢如此「關公戰秦瓊」一般的肆意胡編亂造了。

這段史料涉及到了韓家由來及其主要祖先的重大史實和韓老太爺的婚姻及其子孫情況。

「曾祖允訥、祖曾玉。考應徵，妣氏楊。兄弟二人。先生其長也。」

這是介紹韓老太爺的曾祖父叫韓允訥、祖父叫韓曾玉、父親叫韓應徵，韓老太爺的妻子姓楊。

韓老太爺兄弟二人，而他居長。韓宗喆《韓復榘與西北軍》一書介紹：

圖九九　韓宗喆撰寫的兩卷本《韓復榘與西北軍》一書

韓復榘的祖父韓應徵，字莘圃（一八三七—？），太學生，娶妻勝芳鎮楊氏，有二子一女。長子韓世澤，字靜源（一八六一—一九二五），韓復榘之父。次子韓世濂（一八六五—一九〇〇），字潔亭，太學生，博學多才。女嫁本縣薛各莊崔氏。[1]

顯然，這段記載應當共同出自《韓氏族譜》文獻。

「清光緒庚子，拳匪亂作，母楊太夫人及弟潔亭公皆被害。」

這是介紹韓老太爺的生母楊氏及其弟弟韓世濂一同死於一九〇〇年的義和團事變中。該墓表和《韓復榘與西北軍》一書都沒有解釋韓應徵是否也在這場事變中罹難。

從《韓復榘與西北軍》該書對於韓應徵的死亡時間寫作「一八三七—？」，可以得知這是韓家人不想留存的記憶之一。我們有理由懷疑韓應徵應該和夫人、次子一同罹難。或許就是逃命途中意外失散而生死不知。接下來記載的韓老爺本人的繼室也在這場事變中九死一生，可以想見當時韓家受到了多大的重創：「繼娶李夫人，同邑處士希賢公女。拳匪之難，以死衛其姑，被數創幾殞。」因此，一九〇〇年的韓家，可以說遭遇了滅頂之災！

韓宗喆《韓復榘與西北軍》一書對此問題的介紹是：

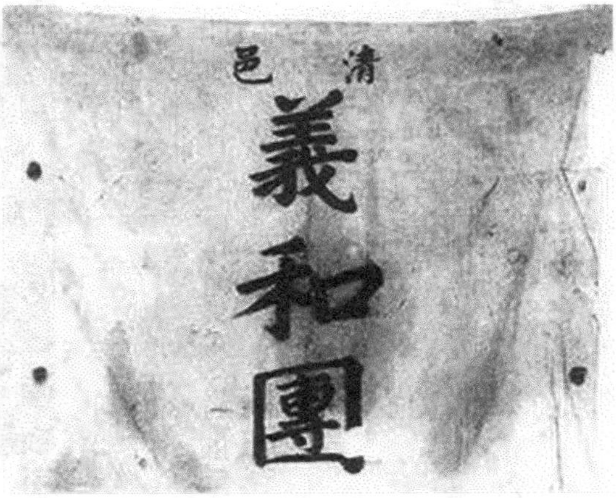

圖一〇〇　河北的義和團旗幟

1 《韓復榘與西北軍》，團結出版社，二〇一二年，三頁。

韓家原非教民，但韓復榘叔父韓世濂曾參與修築天津至山海關之鐵路工程，其間涉獵西學，粗通外語，家中又藏有一些西裝書，引起團民側目。陰曆五月二十一日，鄰村西臺山義和團指其為「二毛」，突襲韓宅，韓世濂被殺，庭院也付之一炬。韓復榘祖母楊氏，年邁體衰，未及逃出家門，葬身火海。韓復榘生母李氏挈孤幼出走，凡中槍擊者三，以救獲免。[1]

圖一〇一　法國畫家筆下的義和團攻打教堂場面

「述其行誼與聞於人者，皆同獨謂先生『幼從世父教諭公遊。篤信程朱之學，為鄉人所未及。』」

這段文字就已經明確闡述了韓老太爺的學術思想，和當時大多數讀書人一樣，是以程朱理學作為宗旨的。而指導他學習的是「世父教諭公」。這裡的「世父」，按照《爾雅．釋親》解釋：

> 父之晜弟，先生為世父，後生為叔父。

因此，也就是指「世父教諭公」韓應徵的哥哥韓教諭。但是，在已經出版的《韓復榘與西北軍》、《我的父親韓復榘》中只公佈了《韓應徵家族表》。沒有介紹「世父教諭公」的家族情況。

1 《韓復榘與西北軍》，團結出版社，二〇一二年，五頁。

相信應該記載在完整的《韓氏族譜》中。

其實，根據我的考證，韓氏家族中在晚清時代中舉者尚有多人！比如：光緒壬午科考中為「恩貢生」的韓應慧，和韓應徵為同族兄弟行。「世父教諭公」韓應徵的哥哥韓教諭的家族中也是能人倍出。比如：畢業於中央測繪學校的韓復遂、畢業於日本測量學校的韓復達，這二人和韓復榘又是同族兄弟行。

中央測繪學校，也就是最早創建於清光緒三十年（一九〇四年）的北京京師陸軍測繪學堂，一九一一年改稱為中央陸軍測量學校。當時，在接受德國軍事化教育的日本和晚清時期，學習測量絕對是先進而時髦的學科，也是走向國家軍事化的最佳途徑。下面這份檔案文獻證明了當時投身測量學校的急迫性和重要性。

韓氏家族中連續多人投身軍事，可見軍閥韓復榘的產生，絕非偶然因素！實際

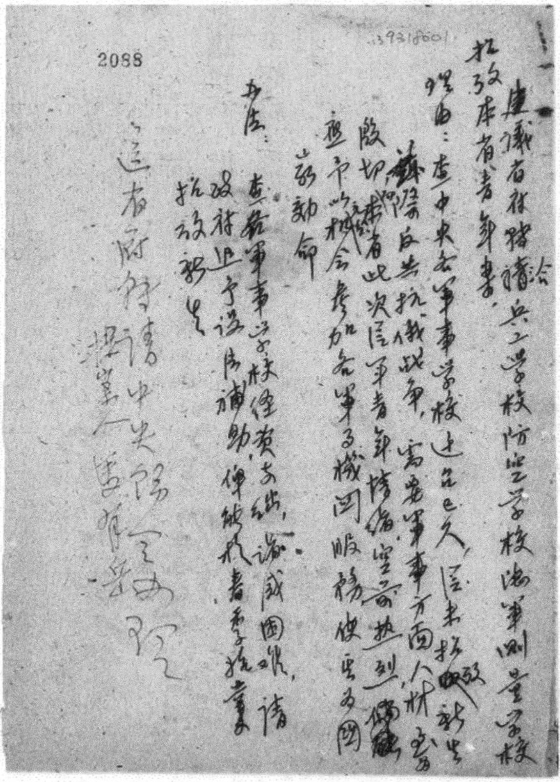

圖一〇二　《建議省府特請本省青年報考測量學校》的建議書

上是有著深厚的家族背景。這一點是很多同類論著所沒有注意到的。

在高步瀛撰寫的這篇墓表中，多處出現了以「有道君子」對韓老太爺的描述。第一次是在作者初見韓老太爺時：「先生送孥至燕京，款廬來訪。於是始相識。其容岸然，而和言藹然而肫。至衣冠樸素，而無隕獲之態。予心奇之，竊意為有道君子也。」這是韓老太爺的公子韓復榘尚未發達之時，所以韓老太爺本人則是「衣冠樸素」但是卻沒有表現出「隕獲之態」。這裡的「隕獲之態」，典出《禮記．儒行》：「儒有不隕獲於貧賤，不充詘於富貴」之說。指因為身處於困境而喪失了本來面目和志向。所謂「窮且益堅不墜青雲之志」，說的就是這種人！這是講「窮困」時。

第二次是在韓復榘從軍後晉升為國民第一軍旅長時：「家亦稍裕矣。復見先生意態被服如昔而氣益和，乃愈歎為有道君子。」這是韓復榘開始在軍中晉升，已經出現了「家亦稍裕」的現象。但是，這時作者和韓老太爺見面時，依然感受到「意態被服如昔而氣益和」！這次作者在得知韓家已經逐漸走出困局、開始

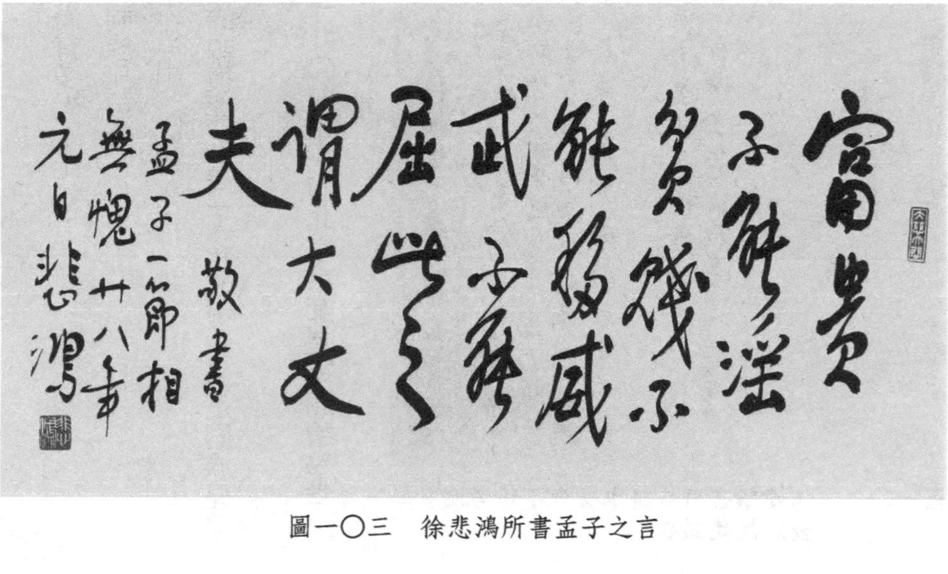

圖一〇三　徐悲鴻所書孟子之言

發達主時，韓老太爺依然故我，絲毫沒有「貴移交」的那些傳統陋習。於是，再次引出了作者對韓老太爺的「有道君子」的感歎！這是講「發達」時。

第三次是東北戰事發生之後，都城歷數驚：「而先生意氣靜穆如平時，益信非有道君子不能也。」在戰亂中，韓老太爺表現出了驚人的冷靜，這讓作者第三次讚歎他為「有道君子」。這是講「戰亂」時。

這裡連續出現的「有道君子」之說，我們有必要對它的含義進行解釋和考證。一般認為，它源於《論語・里仁第四》：

> 子曰：「富與貴，是人之所欲也，不以其道得之，不處也；貧與賤，是人之所惡也，不以其道得之，不去也。君子去仁，惡乎成名？君子無終食之間違仁，造次必於是，顛沛必於是。」

這一境界被孟子再次解釋，就成了著名的「大丈夫」的境界。見《孟子・滕文公下》：

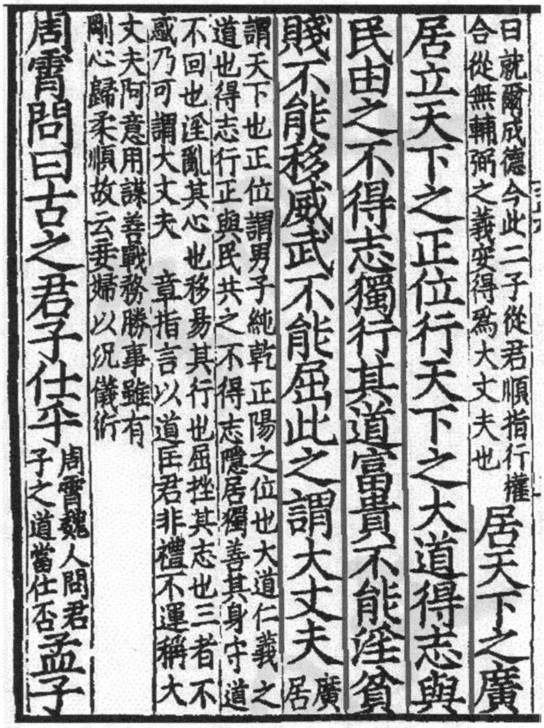
曰就爾成德今此二子從君順指行權合從無輔弼之義安得爲大丈夫也　居天下之廣居立天下之正位行天下之大道得志與民由之不得志獨行其道富貴不能淫貧賤不能移威武不能屈此之謂大丈夫　廣居謂天下也正位謂男子純乾正陽之位也大道仁義之道也得志行正與民共之不得志隱居獨善其身守道不回也淫亂其心也移易其行也屈挫其志也三者不惑乃可謂大丈夫　章指言以道匡君非禮不運稱大丈夫阿意用謀善戰務勝事雖有剛心歸柔順故云妾婦以況儀衍
周霄問曰古之君子仕乎　周霄魏人問君子之道當仕否　孟子

圖一〇四　景清內府藏宋刊大字本趙岐《孟子章句》

居天下之廣居，立天下之正位，行天下之大道。得志，與民由之，不得志，獨行其道。富貴不能淫，貧賤不能移，威武不能屈，此之謂大丈夫。

這段經典，漢代著名的經學家趙岐解釋為：

廣居，謂天下也。正位，謂男子純乾正陽之位也。大道，仁義之道也。得志，行正與民共之；不得志，穩居獨善其身，守道不回也。

將這兩者結合起來，應該才是《霸縣新志．韓淨源先生墓表》中所謂的「有道君子」的準確含義。第一次出現的「有道君子」是在「窮困」時，屬於孟子所謂的「貧賤不能移」。第二次出現的「有道君子」是在「發達」時，屬於孟子所謂的「富貴不能淫」。第三次出現的「有道君子」是在「戰亂」時，屬於孟子所謂的「威武不能屈」。實際上，高步瀛的此文連續舉出他和韓老太爺這三次的特殊見面和他對韓老太爺的「有道君子」的價值判斷，正是作者特意設計的富貴、貧賤、威武三個階段！高明的作者並沒有在文章中點出來，但是卻故意設下伏筆，留給後人和讀者去深刻領悟！請問，這樣的一個傳統文化世家和儒學精神的實踐者，究竟在哪裡表現出了「無知、粗暴、蠻橫的地方土豪、惡霸的典型代表和典型形象」了?!我們實在不知道，在那個特定的歷史時期，是什麼壓力和指示啟發了侯寶林如此改變傳統相聲的靈感和思路！

第十八章
歷史上的韓太夫人究竟是怎樣一個人物

前文介紹了歷史上真實的韓老太爺的形象。按照近現代中國醜化軍閥的習慣與傳統，一定會涉及到軍閥有幾房姨太太等熱門話題。現在，韓老太爺已經從一個傳統文化世家和儒學精神的實踐者，被醜化成了「無知、粗暴、蠻橫的地方土豪、惡霸的典型代表和典型形象」，那麼他的原配夫人和如夫人，想必也是大家所關心的熱點話題之一。可惜，製造了「關公戰秦瓊」般的偽劣相聲產品的改編者，並沒有「乘勝追擊」，深挖並繼續醜化韓老太爺家中的女人們！在那個瘋狂而失去理性的時代，這還真要謝天謝地。現在，我們在還原了一個真實的傳統文化世家和儒學精神的實踐者韓淨源老先生的歷史原貌之後，決定繼續探索，看看站在他身後的女人韓太夫人究竟是怎樣一個人物？

在上一章的《韓淨源先生墓表》一文中，已經涉及到了她：

元配胡夫人，無子。繼娶李夫人，同邑處士希賢公女。拳匪之難，以死衛其姑，被數創幾殞。佐先生治家，有賢聲。生子五：復森、復楙、復模、復榘、復彬。

這裡首先交代的問題是：韓老太爺元配無子，這才出現繼娶問題。繼娶夫人姓李。是韓老太爺同村的處士李希賢之女。所謂「處士」，指雖有德才卻隱居而不願為官之人；也泛指從未做過官的讀書人。《漢書·東方朔傳》中列舉了幾個這樣的處士：

圖一〇五　杜甫《贈衛八處士》詩配畫

今世之處士，魁然無徒，廓然獨居，上觀許由，下察接輿，計同范蠡，忠合子胥。

根據《霸縣新志．韓太夫人李氏墓誌銘》記載的「太夫人於民國十八年七月十九日病卒，享年七十有二」之說，則李夫人之生年當在一八五七年。又根據該墓誌銘「年二十二歸」的記載，則韓、李結婚之年當為一八七九年。這一年，韓老太爺年僅十八歲。而他的初婚之年大約在一八七七年前後，即他十六歲前後。當時的元配胡夫人應該在十四－十六歲之間。當年年初結婚，年底無子，來年年底依然無孕，這才作出了繼娶的決定。這在「無後為大」的明清時期是非常多見的事情。

這裡特別提到了「拳匪之難，以死衛其姑，被數創幾殞。」也就是一九〇〇年，當時她四十三歲。這裡的「姑」，一說指家姑；即婆婆。

根據《韓淨源先生墓表》記載：

清光緒庚子，拳匪亂作，母楊太夫人及弟潔亭公皆被害。

李夫人曾經冒死搶救自己的姑婆楊太夫人。也因此她身受三次槍傷。又見記載：

即而造庚子之變，盡室逃散。戚姑弱弟，咸造毒害。太夫人攜孤幼出走，凡中槍擊三，以救獲免。

這裡也說明了一同傷亡的還有「弱弟」，即韓世濂。這兩處記載相互印證，證明了這裡的「姑」即楊太夫人，李夫人的婆婆。

另外還有二說值得參考。一說指即是韓老太爺的妹妹。即韓宗喆《韓復榘與西北軍》一書中所介紹的「次子韓世濂（一八六五—一九〇〇），字潔亭，太學生，博學多才。女嫁本縣薛各莊崔氏。」[1]但是，還存在第三種可能，即指韓老太爺的長房元配胡夫人。根據韓宗喆《韓復榘與西北軍》一書對此問題的介紹是：

陰曆五月二十一日，鄰村西臺山義和團指其為「二毛」，突襲韓宅，韓世濂被殺，庭院也付之一炬。韓復榘祖母楊氏，年邁體衰，未及逃出家門，葬身火海。韓復榘生母李氏挈孤幼出走，凡中槍擊者三，以救獲免。[2]

這裡記載的是「韓復榘生母李氏挈孤幼出走，凡中槍擊者三，以救獲免」，我們完全無法知道她是如何的「以死衛其姑」的！如果是在家裡，那麼大火沖天，多次進出火場搶救也不是沒有可能。這裡的「以死衛其姑」就是搶救自己的家姑楊太夫人。如果是「韓復榘生母李氏挈孤幼出走」在外，再次遇到槍擊，那麼這時她的「以死衛其姑」的姑，就根本不是家姑楊太夫人，而只能在長房胡夫人和「女嫁本縣薛各莊崔氏」的那個小姑子之間作出選擇。

——很遺憾，在如此重大而混亂的家族史記載面前，韓家後人的著作沒有給予我們以清晰的解答。或者，他們沒有意識到「以死衛其姑」在這裡居然存在著三種解釋！

但是，至少這個李夫人的愛心、孝心已經使我們對她產生了好感！根據《霸縣新志・韓太夫人李氏墓誌銘》記載：

---

1 《韓復榘與西北軍》，團結出版社，二〇一二年，三頁。
2 《韓復榘與西北軍》，團結出版社，二〇一二年，五頁。

太夫人姓李氏，世為霸縣人。曾祖諱義堂、祖諱仁山、考諱希賢。

這裡首先交代了李夫人的曾祖父是李義堂、祖父是李仁山、父親是李希賢。見圖一〇六。

我們將這篇珍貴的史料全文抄錄如下：

《霸縣新志・韓太夫人李氏墓誌銘》

桐城吳闓生撰文

肅寧劉春霖書丹

安陽呂吉祥篆蓋

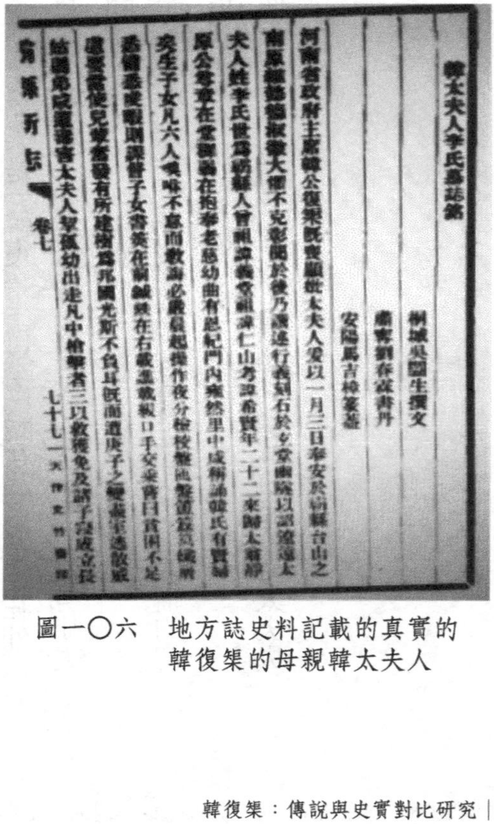

圖一〇六　地方誌史料記載的真實的韓復榘的母親韓太夫人

河南省政府主席韓公復榘既喪顯妣太夫人。爰以一月三日奉安於霸縣臺山之南原。維懿德淑徽，大懼不克，彰顯於後，乃撰述行義，刻石於玄堂幽隧，以詔遼遠。

太夫人姓李氏，世為霸縣人。曾祖諱義堂、祖諱仁山、考諱希賢。年二十二歸太翁靜原公。尊章在堂，孱弱在抱，奉老慈幼，曲有恩紀，門內雍然。里中咸稱誦「韓氏有賢婦矣」。

生子凡六人。噢咻不怠，而教誨必嚴。晨起操作，夜分檢校，盤匜盤簠，簋筥孅屑，悉備悉慮。暇則課督子女。書筴在前，針鉄在右。載譙載紉，口手交乘。嘗曰：「貧困不足慮，要當使兒輩奮發，有所建樹，為邦國光，斯不負耳！」

即而造庚子之變，盡室逃散。威姑弱弟，咸造毒害。太夫人攜孤幼出走，凡中槍擊者三，以救獲免。

及諸子濅成立，長子復森行賈黑龍江。餘亦各有所得。太夫人乃稍慰。而復榘遂以軍功顯擢，洊膺河南省政府主席，奉迎板輿至開封就養。節鉞崇隆，門戶昌大。識者皆曰：「韓氏今日之光耀，皆太夫人積累之所致也。」

太夫人慈祥愷悌，老而不衰。常以「盡忠國事，愛惜民生」為復榘誡。嗚呼！鼎革以來，國家搶攘，兵戈屠僇之釁，無日無之。所賴英琦將帥，維匡鎮攝方州，遺黎庶獲安枕鄉者，流離之禍，太夫人之惠澤流衍，當世者蓋未始有極也。豈獨矜閥閱之尊榮而已哉！

太夫人於民國十八年七月十九日病卒，享年七十有二。子復森、復懋、復榘、復彬。女一適崔作霖。孫嗣燮、嗣烺、嗣煉、嗣烈。

銘曰：「幽薊之郊，古多粤俠，土俗淳深，川原復疊，是建是營，崇邱揭蘖，庶奠幽靈，永廣億葉。」

這段史料涉及到了李家、韓家及其主要祖先的重大史實和韓老太爺的婚姻及其子孫情況。

「尊章在堂，樨弱在抱，奉老慈幼，曲有恩紀，門內雍然。里中咸稱誦『韓氏有賢婦矣』。」

這裡的「尊章」，亦作「尊嫜」。指自己丈夫的父母，即自己的公公、婆婆。《漢書．廣川惠王劉越傳》：「背尊章，嫖以忽，謀屈奇，起自絕。」顏師古《漢書注》：「尊章，猶言舅姑也。今關中俗婦呼『舅』為『鐘』。鐘者，章聲之轉也。」韓愈《扶風郡夫人墓誌銘》記載：「協於尊章，畏我侍側。」又見《剪燈新話．愛卿傳》記載：「記尊嫜抱病，親供藥餌；高塋埋葬，親曳麻衣。」

這裡的「穉弱」，即「稚弱」。「穉」字，本字作「稺」。《楚辭．大招》中有「穉朱顏只」一語，《楚辭注》解釋「穉」字為：「幼也」。

這裡的「恩紀」，指待人寬厚而不枉法。《南史．蒯恩傳》中「撫士卒甚有恩紀」一語。這裡的「雍然」，又可用為「雍雍然」，指氣度雍容大方。

上述二十個字，就已經寫出了韓老夫人的賢德和才幹！故此才得到了大家一致的推崇「韓氏有賢婦矣」！

「生子凡六人。噢咻不怠，而教誨必嚴。晨起操作，夜分檢校，盤匜盤簠，筥筥孅屑，悉備悉慮。暇則課督子女。書筴在前，針紩在右。載譙載糿，口手交乘。嘗曰：『貧困不足慮，要當使兒輩奮發，有所建樹，為邦國光，斯不負耳！』」

這裡的「噢咻不怠」，指安撫而沒有鬆懈。《新唐書．高郢傳》：「縱未能出禁財，贍鰥寡，猶當稍息勞弊，以噢休之。」明張居正《門生為師相中元高公六十壽序》：「問民所疾苦，撫摩而噢咻之。」

這裡的「盤匜盤簠，筥筥孅屑」，以常見的幾種青銅食器，代指日常生活用具。由於此文作者是當時著名的金文學家，他習慣於使用青銅器來代替現實生活中的用具。

這裡的「針紩」，本意指縫補衣服。這裡的「載譙載糿，口手交乘」，指動手動嘴，教育子女。

這幾句是描寫在艱苦生活環境下，韓老夫人不忘教育子女，並以身作則。

「太夫人慈祥愷悌，老而不衰。常以『盡忠國事，愛惜民生』為復榘誡。」

這裡的「盡忠國事，愛惜民生」深刻襯托出韓老夫人對韓復榘的教誨。這是古代岳母「精忠報國」的現代版。

此文作者吳闓生，生於一八七八年，卒於一九四九年。清末民初著名的金文學家、詩人、政治家。學者尊稱北江先生，吳汝綸之子。曾官至民國政府的教育次長。他和高步瀛是好友。他的弟子眾多，最有成就的如著名古文字學家於省吾教授、著名文史學家齊燕銘教授、謝國楨等。

《韓淨源先生墓表》一文出自高步瀛，而《韓太夫人李氏墓誌銘》則出自吳闓生。這一對兒文壇好友、學林鉅子，分別給韓老太爺夫妻寫墓誌銘。高步瀛，生於一八七三年，卒於一九四〇年。雖然他和韓家有姻親關係，又是同鄉，但是他更是當時學界鉅子、吳闓生之父吳汝倫的學生。因此，他和吳闓生是兄弟關係。他們一起留學日本，又一起在民國時代教育部任職，更一起主持了著名的奉天萃升書院。

而根據《韓淨源先生墓表》一文記載，我們知道：「先生之子復榘，娶予從兄之子」這樣一個姻緣關係。即，高步瀛的「從兄之子」是韓復榘的岳父。所謂「從兄」，顏師古《漢書

圖一〇七　清末民初著名學者吳闓生、高步瀛像

注》：「父之兄弟之子，為從父兄弟也。言本同祖，從父而別。」也即所謂的堂兄。

根據《韓復榘與西北軍》一書的記載：

光緒三十四年秋，光緒皇帝與慈禧太后相繼病逝，聖諭全國舉哀。是年，韓復榘十七歲，與本縣北莊頭村高氏之女高藝珍結婚。韓、高兩家之所以選擇此時舉辦婚事，緣為「斷國孝」期間，婚嫁概不准動用絲竹及鑼鼓響器；衣著不准染有紅紫諸色；待客不准擺設宴席等等。如此男方不僅可以節省一大筆費用，女方也可為陪嫁寒酸磣遮羞。高氏家族原為世代書香的大戶人家，後中落，但仍以「文」名見稱於鄉里，高藝珍之父與韓父韓世澤當年為同窗好友，其堂叔為著名學者，北學領袖人物高步瀛。[1]

可見，這裡說明了高步瀛是高藝珍的堂叔。又見該書：

高藝珍，字淑德，一作聖坤，長韓兩歲，韓呼之大姐。高氏性格開朗，心底善良，雍容大

圖一〇八　青年時期的韓復榘夫人高藝珍像

1 《韓復榘與西北軍》，團結出版社，二〇一二年，六頁。

度，榮辱不驚，深受韓復榘敬重。[1]

類似記載還出現在《我的父親韓復榘》一書中。該書還特別記載了高、韓二人的交往：

一九二〇年代初，父親駐軍北京南苑，因仰慕高先生的道德文章，偶爾進城，輒前往府上拜訪。先生時任政府高官，父親僅為區區團長，恒待之以禮。先生記誦博洽，辭章典故，如數家珍。父親每遇古人詩文難解之處，輒向先生請教。先生必命父親從其堆積如山的藏書中取出一冊冊書卷，再令其翻至某某頁，溯本求源，解析精微，不厭其煩，令父親佩服得五體投地。[2]

這一拜訪不只是侄女夫婦拜訪堂叔，而是學生拜訪老師的含義。正說明了韓復榘夫婦一生好學不倦的精神追求。特別是高步瀛、吳闓生二人皆為桐城派古文大師吳汝倫之直系正宗弟子，則韓復榘、高藝珍夫婦的求學於堂叔之門，就具有了正式的學術脈絡。

最後再介紹韓老太太的一件善事：

顯然，看京劇成了韓老太太晚年的愛好。她很喜愛梅派京劇。特別愛聽梅派杜麗雲的唱功和表演。特地將杜收為乾女兒。

一九三〇年，中原大戰爆發，蔣伯誠奉派至山東，任討逆軍第一軍團（總指揮韓復榘）總參議，任軍事聯絡員並有對韓軍的監軍之意。根據蔣幹城《族叔祖蔣伯誠傳略補述》、鍾一龍《蔣伯誠杜

---

1 《韓復榘與西北軍》，團結出版社，二〇一二年，七頁。

2 《我的父親韓復榘》，中華書局，二〇一三年，二三二頁。

圖一〇九　杜麗雲戲劇照、便裝照

圖一一〇　韓老太太乾女兒杜麗雲夫婦合影

麗雲患難夫妻》等文章記載：

> 伯誠居山東時，結識京劇坤旦杜麗雲，經韓復榘母親撮合，結為伉儷。[1]

即：正是在山東，蔣伯誠在韓家結識京劇坤旦、韓母收的乾女兒杜麗雲，經韓母撮合，結為伉儷。但是，此說可能有誤。因為韓復榘母親亡於一九二九年七月十九日，而韓復榘一九三〇年九月五日正式出任山東省政府主席。因此，很有可能介紹人是韓復榘的二夫人紀甘青女士。因為紀是著名的河南墜子演員，她認識很多京劇界名家。

杜麗雲，浙江寧波人。初師王瑤卿，後師梅蘭芳。京劇著名的四大坤旦之一。蔣伯誠夫妻結婚時間，據考證在一九三三年。婚後生一女一子，女兒蔣梅瑛生於一九三四年。幼子生於一九三七年，早逝。

---

1 見http://www.history.com.tw/pe/15/15071301.htm。

跋

此書實在非常難寫。因為在大陸和臺灣兩岸的史學界，韓復榘是被定論的人！儘管在我看來，對他的指控是最不被證據認可的！但是，在海峽兩岸無人敢於觸動國民政府時代劃定的這個底線！於是，我決定只看不說，幾年下來，我翻遍了中、日文的各種有關韓的檔案文獻和研究論著、看過幾十種相關人士的回憶錄和日記，對他的認識逐漸清晰起來。這才決定撰寫一本有關韓復榘的書，是《韓復榘年譜》、是《韓復榘評傳》，還是《韓復榘史實研究》一直沒有定下來。當然，我更不知道此書在大陸是否有出版的可能。

平心而論，韓復榘主政下的山東時代是整個民國時代難得的穩定和發展時代。尤其在那個動亂的軍閥混戰、外敵入侵、民不聊生的上個世紀二、三十年，韓復榘取得了輝煌的政績。

一九七八年，美國威斯康星大學歷史系教授鮑德威博士（David Buck）出版了他的《中國城市變遷：一八九〇——一九四九年山東濟南的政治與發展》（*Urban Change in China: Politics and Development in Tsinan, Shantung, 1890-1949*）一書，此書的中文譯本在二〇一〇年由北京大學出版社出版。該書第七章則全面介紹和評價了韓復榘主政時代的山東。張玉法在《研究近代中國城市發展的一個個案》一文中對該書進行的介紹中陳述：

一九三〇年九月十日轉任山京省主席。韓就任主席後，濟南秩序恢復。他在任六年，此六年是袁世凱時代以後山東和濟南最穩定的年代。韓復榘主魯時期，每年都將應繳給中央的稅款解交南京。由於青島和膠濟鐵路的收入由中央控制，山東的稅收百分之六十三點九來自田賦。在社會建投上，韓任河南省主席時，已使梁漱溟從事鄉村建社，到山東後，繼續請梁在鄒平從事鄉村建社的實驗，這使韓得到改革者的令名。一般省政，韓注意建設道路，修整運河，擴建電報、電話等，但不重工商業，這在中國各都市都從事工商發展的一九三〇年代，韓的政策是保守的。韓對教育也很重視，但著者認為他的教育政策是雙軌的：教育廳長何思源是國民黨人，在城區執行國民黨的教育政策；在鄉區則採取梁漱溟的辦法。用中國傳統的一套。[1]

又見該文：

韓復榘治下的濟南，有進步的一面，也有不進步的一面。一九三三年濟南有人口四二七〇〇〇人（自一九一九年以後年增百分之三），有三百個歐洲人，二千個日本人。在商埠區居住的雖然大部為中國人，但有許多西式建築。中國人居住的地方通常陰暗、骯髒，沒有公共衛生設施，當時濟南的一般運輸仍然靠人力，一九三三年只有二十五輛公共汽車。報業較前進步，此時濟南有八家日報，總銷路約一萬份。[2]

---

1 《近代史研究所集刊》第一一期，三八一頁。

2 《近代史研究所集刊》第一一期，三八一頁。

韓復榘主魯時代，濟南的工商業不景氣。但公共建設較前增加。[1]

這一評價非常客觀而且公正，讓我們看到了當時的韓復榘在治理山東上取得的輝煌政績。在史直的《主席韓青天》一文中，介紹了韓在整頓吏治上的成就：

韓主魯期間，最吃苦的是公務員，在濟南的尤甚。夏季晨五時集合，升旗，早操，中午十一時下班，午飯後休息，下午辦公時間是三至六時，遲到早退絕對不准。冬季則自晨七時開始，衣著限棉質黑色，夏季白或淺灰，免著皮鞋，胸前帶符號，寫明服務單位，職稱與姓名。公務員之間一律生活儉樸，不准往來酬酢。嫖妓或聚賭一經查出等於自砸飯碗。

韓除了尊孔孟等古代先賢外最佩服的是包拯。他常微服外出，探察民隱。每到一地他最喜有民眾喊冤告狀，叫一聲「青天老爺」。至此他必下車或止步傾聽苦訴，然後查個水落石出，將那貪官污吏土豪劣紳繩之以法，於是人心大快。韓復榘榮獲「青天」之令譽自此為始。[2]

其次就是對教育的重視。韓復榘非常重視教育。一九三二年四月十四日，韓給中央政府提議：《韓復榘等呈救國圖存復興民族救濟知識份子等建議》，檔案編號 001-050060-0002。

一九三六年一月二十三日，邱憲章來見馮玉祥，向他彙報「韓時常問學校如何」[3]。同年二月

1 《近代史研究所集刊》第一一期，三八二頁。

2 見《寰宇古今》，二〇〇六年第五期。或http://www.ebaomonthly.com/ebao/readebao.php?a=20060517。

3 《馮玉祥日記》卷四，江蘇古籍出版社，一九九二年，六七五頁。

二十日，唐佛哉來見馮玉祥，也講明了「韓對打壩、學校各事，均竭力辦理云云」[1]。同年五月十七日，鹿瑞伯來見馮玉祥，再次談到韓復榘近況：「韓則很勤於軍民兩事」[2]。為此，五月十九日，馮玉祥再次給韓復榘寫信。並且記載其內容是「為國家民族之事也，另有留稿」。[3]足見馮玉祥對於此信的重視。

一九三三年八月十六日《馮玉祥日記》中記載：

現在山東的軍隊在韓主席指導之下，仍未減去西北時代之精神，大多都知道自己的責任。我相信日本兵如能夠到山東來，一定不會像東三省那樣不抵抗，或者作熱河之假抵抗的。前些時，我在張垣晤到一位山東朋友，那位朋友告訴我山東已不像往年那樣糟糕啦！政治、軍隊都是從未見過的那樣。官不愛錢，兵不擾民。不猶如是，有時地方駐軍替人民作工、造路。在麥忙的時候，替我們老百姓收麥，將其所帶有之農具盡借於我們。我聽了就知道老百姓對於官兵的願望，在現下沒什麼大的企求，只要官不貪，兵不擾害，渠等之願足矣。然而現在中國的軍隊，只要如這樣好的還沒有多哩！我們山東軍隊已成中國模範軍人。[4]

這是馮玉祥對韓復榘治理山東各項政策和成果的公開肯定。韓復榘治理山東有了如此成績，過去幾乎沒有任何人的文章中對此加以肯定、宣傳和關注。

1 《馮玉祥日記》卷四，江蘇古籍出版社，一九九二年，六八六頁。
2 《馮玉祥日記》卷四，江蘇古籍出版社，一九九二年，七二五頁。
3 《馮玉祥日記》卷四，江蘇古籍出版社，一九九二年，七二六頁。
4 《馮玉祥日記》卷四，江蘇古籍出版社，一九九二年，一六三頁。

當然，關於韓復榘治理河南省和山東省取得的政績、關於他對教育的注重，等等，都不是我們本書的研究範圍。因為，韓復榘治理山東有多大成就和業績，全被他的主動撤退被殺給抹殺掉了。幾乎沒有任何人想去認真研究一下他的歷史真偽。相反，幾乎每個人全可以興高采烈地講述一段又一段的有關韓復榘的傳說和笑話。大家是那麼熟悉他，又是那麼陌生他！

比如說，關於他的「不打日本」的承諾究竟是怎麼回事？

一九三五年十一月二十二日當晚，蔣介石接到舉報密電：

> 據確報：花穀武官於昨日離濟，臨行時與韓（復榘）晤談，韓表示：「本人為地方疆吏，責在捍衛地方，至外交事，故應由中央辦理。」花穀謂：「山東與日人相處素洽，將來中日間縱有事變，日本決不糜爛山東。想貴主席屆時決不與日軍為難」云云。

以上可見臺灣國史館保存檔案，編號為 002-080103-00020-100。

韓復榘的態度十分明確，他不想聯省自治，他認為這屬於外交事物，聯省自治不是他的權力範圍。可見韓復榘答覆如此得體和聰明。但是這封密電則有將日人的答覆強加給韓頭上的嫌疑：製造一個韓復榘準備「不與日軍為難」的假象。其陰險用心由此可見。然後，花穀的「想貴主席屆時決不與日軍為難」這樣的一句話到了第二天十一月二十三日在另一個舉報者電文中，就已經演變成了「韓允將來不打日本」了——花穀的話，變成了韓復榘的話！

> 花穀自言所得的結果即「山東不參加華北自治運動，但韓允許將來亦不打日本。」

證據請見臺灣國史館保存檔案，編號為 002-080103-00020-102。

而根據一九三五年十一月二十二日上面我們所引的秘密電報內容，我們知道：「韓允許將來亦不打日本」這個允許並非出自韓復榘的承諾，而是出自花穀自己的主動要求：

花穀謂：「山東與日人相處素洽，將來中日間縱有事變，日本決不糜爛山東。想貴主席居時決不與日軍為難」。

如此重大的一九三五年十一月二十二日歷史談話，卻很快就被舉報者加以錯誤理解和傳播！好在還有一個現場證明人、一直替蔣介石監視韓復榘的青島市長沈鴻烈的言行的存在及其當晚的致蔣介石的秘密電文可以證明事實真相！

從傳記文學作品茅民的《復興記》到張毓中《隨衛蔣介石之特勤人員的回憶錄》等等著作，都在傳播著一個無法證實又無人證偽的傳說：「韓復榘暗中通日軍」、「韓復榘幻想山東獨立」、「韓復榘不戰而退」……再如所謂的西安事變中韓復榘給張學良發了支持殺蔣的密電，即所謂的「馬電」！我查找了保存至今的有關西安事變問題的全部電文、韓復榘給張學良的全部電文，根本沒有發現這一電文曾經真實存在過的蛛絲馬跡！就連著名的「漾電」也有多人證明根本不是出自韓復榘之手！相反，我找到了一直作為絕密檔案不對外公布的韓復榘在西安事變中致蔣介石的親筆信和二封電報、還有何應欽抄錄的另外七封電報。這些電文觀點可以相互印證，證明了韓復榘的清白！

其實，大家最關心的還是韓復榘是否真的不戰而退？

本書中，我們特別說明幾點事實真相：

一九三七年七月二十六日，韓復榘致電蔣介石說：「倭寇登陸，當拚命一決」[1]。

同年九月二十三日，蔣伯誠致電蔣介石，向他彙報：「據韓復榘云：『決遵鈞座意旨，抗日到底』」[2]。

同年十一月二十四日，韓復榘再次致電蔣中正，鄭重其事表明了自己的立場：「誓當追隨，與國家共存亡」[3]。

可見，韓復榘的抗日準備和決心十分堅定。

——實際上，韓復榘領導的周村保衛戰之殘酷和激烈程度！首先是「激戰六小時，傷亡奇重」的戰況！而且，「六四旅及六六旅之一團全部日來犧牲殆盡」！既然如此，何談韓復榘為了保存實力而逃跑?!他哪裡還有實力可保?!

因此，本書從撰寫之初，就立志於對原始檔案文獻的使用，完全排除了既有的又似是而非的觀點。利用真實可信的原始檔案文獻，努力恢復韓復榘的歷史本來面目，不掩非，不飾是，不拔高，不貶低，一切評價皆首先考慮在當時的歷史環境下和其他人的橫向對比，再得出結論。而且，力爭每一章都是先從有關韓復榘的傳說入手，在傳說和檔案文獻的對比研究和考證，逐漸得出真實可信的結論和原始事實經委。

本書科研和寫作之初，老父已經病重在床，依然聽我談完此書全部構想和重大史料發現，多次

1 見臺灣國史館保存檔案，編號為002-090105-00004-589。
2 見臺灣國史館保存檔案，編號為002-090105-00001-196。
3 見臺灣國史館保存檔案，編號為002-090105-00004-340。

警告我小心謹慎，不要輕率得出結論。現在書稿寫完，老父也已經跨鶴西去一年有餘！掩卷深思，悲痛如濤濤江水，綿綿不絕……

刘正　於美國家中
二〇一七年九月二十八日初屬文
二〇二二年十二月中旬再讀而後定

國家圖書館出版品預行編目(CIP) 資料

韓復榘 : 傳說與史實對比研究/劉正著. -- 初版. --
臺北市 : 元華文創股份有限公司, 2024.12
面 ; 公分

ISBN 978-957-711-418-1 (平裝)

1.CST: 韓復榘 2.CST: 傳記

782.886 113017997

韓復榘：傳說與史實對比研究

（美）劉 正 著

發 行 人：賴洋助
出 版 者：元華文創股份有限公司
聯絡地址：100 臺北市中正區重慶南路二段 51 號 5 樓
公司地址：新竹縣竹北市台元一街 8 號 5 樓之 7
電 話：(02) 2351-1607 傳 真：(02) 2351-1549
網 址：www.eculture.com.tw
E-mail：service@eculture.com.tw
主 編：李欣芳
責任編輯：立欣
行銷業務：林宜葶

排 版：菩薩蠻電腦科技有限公司
出版年月：2024 年 12 月 初版
定 價：新臺幣 550 元

ISBN：978-957-711-418-1 (平裝)

總經銷：聯合發行股份有限公司
地 址：231 新北市新店區寶橋路 235 巷 6 弄 6 號 4F
電 話：(02)2917-8022 傳 真：(02)2915-6275